시민성 이론과 시민교육

시 민 교 육 핸 드 북

시민성 이론과 시민교육

발행일	1판 1쇄 2020년 11월 9일
	2쇄 2021년 12월 13일
지은이	추병완, 이범웅, 변종헌, 조주현, 김형렬, 박보람
펴낸이	박민우
기획팀	송인성, 김선명
편집팀	박우진, 김영주, 김정아, 최미라, 전혜련
관리팀	임선희, 정철호, 김성언, 권주련
펴낸곳	(주)도서출판 하우
주　소	서울시 중랑구 망우로68길 48
전　화	(02)922-7090
팩　스	(02)922-7092
홈페이지	http://www.hawoo.co.kr
e-mail	hawoo@hawoo.co.kr
등록번호	제475호

ISBN 979-11-90154-75-8 93300

값 17,000원

시민성 이론과 시민교육

추병완
이범웅
변종헌
조주현
김형렬
박보람

머리말

이 책은 현대 사회에서 주목을 받고 있는 여러 가지 시민성 이론을 상세하게 분석하고 그것의 시민교육적인 함의를 다룬 국내 최초의 이론서이다. 시민교육의 목표인 시민성에 대한 올바른 이해가 전제되지 않고서는 제대로 된 시민교육의 실천이 어려움에도 불구하고, 그간 우리의 학계에서는 시민성 이론에 대한 심층적인 분석에 다소 소홀하였다. 시민교육의 차원에서 민주 시민성에 관한 논의는 비교적 상세하게 이루어졌지만, 최근에 강조되는 다양한 시민성 개념에 관한 학문적 논의는 관심의 초점이 되지 못했다. 이 책에서 우리는 시민교육에 커다란 시사점을 줄 수 있는 자유주의, 공동체주의, 공화주의, 세계시민주의, 다문화주의, 젠더 관점에서 시민성 개념을 분석하고, 그것이 시민교육에 주는 함의를 분석하는 데 초점을 맞추었다. 시민은 그냥 태어나는 것이 아니라, 만들어지고 되어 가는 존재라는 신념을 바탕으로, 우리는 각자 자신의 학문적 역량을 최대한 보여줄 수 있는 시민성 이론을 선정하여 그것이 시민교육에 주는 시사점을 분석하는 데 심혈을 기울였다. 이 책의 세부 내용을 상세하게 밝히면 다음과 같다.

1장은 자유주의의 시민성 이론과 시민교육을 다룬다. 1장에서 조주현 교수는 자유주의가 높은 수준의 목표를 지향하는 공동체주의나 공화주의와 달리 현대 사회에서 실천 가능한 시민성을 제시하고 있다는 점을 다양한 각도에서 조명한다. 또한 자유주의가 이기주의와 방종의 시민성이라는 오명을 벗기 위해서는 자립, 권리, 관용, 공정, 예의 바름 등의 가치와 덕목을 시민교육을 통해 제대로 가르쳐야 한다는 점을 주장한다.

2장은 공동체주의의 시민성 이론과 시민교육을 다룬다. 2장에서 이범웅 교수는 공동체주의가 시민성의 실천에 대한 헌신을 통해 시민의 마음을 다시 깨우려는 사명이 있으며, 자유주의에 대한 이론적 비판과 그 대안으로 출발했다고 주장한다. 그는 최근에 자유주의와 공동체주의 간의 수렴 및 접목이 나타나고 있으며, 이를 신공동체주의라고 부른다는 사실을 강조한다. 이범웅 교수는 자유주의의 권리 중심이나 절차, 정치제도를 강조하는 자유주의의 시민교육만으로는 현대사회에서 요청되는 올바른 시민의 육성이 어렵다고 보며, 공화주의의 시민성 그리고 공동체주의 미덕의 보완이 필요함을 역설하고 있다.

3장은 공화주의의 시민성 이론과 시민교육을 다룬다. 3장에서 추병완 교수는 공화주의가 시민성의 실천에 대한 헌신을 통해 시민의 마음을 다시 깨우려는 사명이 있고, 자유주의의 불간섭으로서 자유 모델이 제한적이라고 주장하면서 비지배로서 자유를 강조한다는 사실을 제시한다. 또한 그는 대부분의 현대 민주 국가에서 나타나고 있는 시민의식의 쇠퇴, 정치적 무관심의 증가, 정치 참여 감소 등과 문제점을 해결하려면, 공화주의에서 강조하는 시민교육 의제가 학교교육에서 중요한 위상을 차지해야 한다고 주장한다.

4장은 세계시민성 이론과 시민교육을 다룬다. 4장에서 변종헌 교수는 국가시민성과 세계시민성의 조화 가능성을 검토한 후 세계시민의 육성을 위한 시민교육의 과제를 제시하고 있다. 이를 위해 세계시민성 관념의 토대인 세계시민주의의 연원과 전개 과정을 개관한 후, 세계화와 정보화에 따른 새로운 환경과 주권국가의 위상 변화 속에서 세계시민성 논의의 배경과 의의를 검토하고 있다. 그리고 이를 토대로 국가시민성과 세계시민성이 조화된 새로운 시민의 육성을 위한 세계시민교육의 방향과 그 과제를 제시하고 있다.

5장은 다문화주의 시민성과 시민교육에 대해 다룬다. 5장에서 김형렬 교수는 문화를 민족(nation)이나 하나의 집단적 인민(people)과 같은 의미로 사용하는 킴리카(Kymlicka, 1995)의 해석을 따라 민족적이고 인종문화적인 차이로부터 발생하는 다문화주의에 초점을 맞춘다. 이에 사회 내 다양한 문화 집단의 조화로운 공존과 상호 인정을 목표로 하는 다문화주의 관련 논의의 양상이 어떻게 진화하고 변모되어 왔는지에 대해 살펴본다. 다음으로 킴리카(Will Kymlicka)를 비롯한 자유주의적 다문화주의가 제시하는 집단 차별적 시민성(group-differentiated citizenship)의 개념을 중심으로 다문화주의의 이론적 토대를 검토한 후, 다문화주의 시민성의 의의와 한계에 대해 논한다. 마지막으로 다문화 사회의 다양한 주체들에 따른 시민성의 다양한 모델들에 관해, 다문화주의 시민성이 오늘날 시민교육의 목표와 내용을 설정함에 있어 제공하는 실천적 함의들에 대해 규명한다.

6장은 성적 시민성 이론과 시민교육을 다룬다. 6장에서 박보람 교수는 성을 기반으로 하는 시민성 개념이 전통적인 시민성 개념에서 배제된 여성과 성 소수자(퀴어)의 시민성을 포함한다는 점에서 더 포괄적인 시민성 개념이라고 강조한다. 성적 시민성 개념은 신체와 성이라는 사적 영역을 포함하고, 시민권을 배분하는 결정적 요소로 인간의 보편적인 본능인 성을 포함한다는 점에서 공민권, 정치권, 사회권에 기초한 전통적인 시민성에 대한 새로운 대안으로 논의되고 있다. 성적 시민은 성행위, 성적 정체성, 성관계와 관련하여 다양한 선택을 행사할 수 있는 자율적 주체라는 자유주의적 개념은 오늘날 성적 시민성 논쟁의 중심을 이루지만, 이러한 성적 시민성의 사유화는 성과 관련하여 공적 영역에서 발생하는 문제에 접근하는 것을 막는다는 한계를 갖는다. 따라서 퀴어 주체들이 공적 영역에서 시민적 주체로서 참여하고 활동하는 것을 고무할 수 있는, 공적 영역에서의 시민교육 프로그램 마련이 필요하다.

  이 책은 교육부와 한국연구재단의 지원을 받아 예비 교사의 시민교육 역량 강화에 주력하고 있는 춘천교육대학교 시민교육 사업단의 연구 과제를 수행한 최종 산출물이다. 윤리교육과의 돈독한 선후배로 구성된 집필진은 시민성 이론에 대한 체계적인 분석이 필요하다는 공감대를 바탕으로 각자의 학문적 전문성을 발휘하였다. 우리는 모두 시민성 이론에 근거한 시민교육 입문서의 발간이 절실하다는 학문적 요구를 반영하기 위해 여름 방학 내내 집필에만 전념하였다. 그러므로 우리는 모두 이 책이 시민성 이론과 시민교육에 관한 새로운 지식의 창출에 조금이나마 기여할 수 있기를 바란다. 끝으로 어려운 출판 여건 속에서도 늘 좋은 책 만들기에 앞장서고 있는 하우 출판사 관계자 여러분에게도 진심으로 감사드린다.

2020년 9월
저자를 대표하여 추병완

차례

머리말 4

1장 자유주의 시민성과 시민교육
조주현(목포대학교 교수)

1. 자유주의란 무엇인가? 20
2. 자유주의의 인간관: 원자적 개인과 수단적 공동체 22
3. 자유주의의 윤리관: 자유와 권리, 개화된 자기이익 29
4. 자유주의의 정의관: 상호 이익과 불편부당으로서의 정의 37
5. 자유주의의 국가관: 중립성과 관용, 반완벽주의 42
6. 자유주의 시민성 이론과 시민교육 49
7. 요약 58

참고 문헌 64

2장 공동체주의 시민성과 시민교육

이범웅(공주교육대학교 교수)

1. 공동체주의의 출현 69
2. 공동체주의의 핵심 가치들 78
    1) 초기 공동체주의의 핵심가치들 80
    2) 신공동체주의의 핵심가치들 86
3. 공동체주의의 시민성 94
    1) 공동체 시민 의식 95
    2) 공동체주의의 미덕 97
    3) 공동체에 대한 책무 99
    4) 사회적 재화로서의 협동 능력과 집합적 효능감 100
    5) 다원화 사회에서 공동선의 추구 100
    6) 개인과 공동체의 공존 모색 102
    7) 민주적 심의기제로서 도덕적 대화와 목소리 103
    8) 공동체주의에서 민주적 절차 106
    9) 공동체에의 적극적 참여 109
    10) 공동체의 문화 111

4. 공동체주의의 시민교육 113
　1) 시민교육의 필요성 115
　2) 공동체주의의 시민교육 내용 117
　3) 공동체주의의 시민교육 방법 119

5. 요약 125
참고 문헌 129

3장 공화주의 시민성과 시민교육
추병완(춘천교육대학교 교수)

1. 공화주의란 무엇인가? 138
2. 공화주의의 역사적 기원 143
3. 공화주의의 자유 개념 146
4. 공화주의 시민성의 가치 152
5. 공화주의 시민성 이론과 시민교육 160
　1) 비지배로서 자유 개념의 중요성 165
　2) 시민의 덕 함양 169
　3) 시민 심의의 중요성 177

6. 요약 186
참고 문헌 191

4장 세계시민성과 시민교육

변종헌(제주대학교 교수)

1. 국가시민성과 세계시민성 196
2. 세계시민주의의 이념적 토대 203
   1) 견유파의 세계시민주의 203
   2) 스토아학파의 세계시민주의 206
   3) 칸트의 영구평화론 210
3. 세계시민성 논의의 배경 215
   1) 세계화와 상호의존의 심화 215
   2) 지구촌 위기의 확산 219
4. 세계시민성 관념의 비판적 검토 222
   1) 세계시민주의의 이념적 한계 223
   2) 국가 없는 상태에 대한 우려 226
5. 세계시민성을 위한 시민교육 230
   1) 세계시민주의의 갈래 230
   2) 세계시민과 시민교육 234
6. 요약 241

참고 문헌 247

5장 다문화주의 시민성과 시민교육

김형렬(서울대학교 교수)

1. 다문화주의의 역사적 변천　257
2. 다문화주의 시민성의 이론적 토대　262
3. 다문화주의 시민성의 의의와 한계　272
4. 다문화주의 시민성의 모델들　280
   1) 소수민족　281
   2) 이민자　284
   3) 고립주의적 인종 종교 집단　286
   4) 인종적 카스트 집단　289
5. 다문화주의 시민성과 시민교육　291
6. 요약　296

참고 문헌　298

6장 성적 시민성과 시민교육

박보람(강원대학교 교수)

1. 시민권과 성적 시민성   309
2. 젠더 맥락에서의 시민성   312
   1) 배제된 시민   313
   2) 젠더 이분법과 이성애규범성   315
   3) 젠더 시민성의 발달   316
3. 성적 개념으로서의 시민성   319
   1) 성적 권리   320
   2) 성적 시민성 정치   322
   3) 성적 시민성 연구   325
4. 성적 시민성 개념에 대한 재고   327
   1) 재생산 시민성   327
   2) 성의 새로운 경계와 배제   329
   3) 동성애 민족주의와 성 제국주의   330
5. 성에 대한 공적 담론과 시민교육   332
   1) 성 선택에서의 제약   332
   2) 성 사유화의 한계   335
   3) 성적 시민성에 대한 공적 담론   336
   4) 성적 시민성을 위한 시민교육   338

참고 문헌   342

찾아보기   348

1장

자유주의 시민성과 시민교육

조주현 · 목포대학교 교수

1장
자유주의 시민성과 시민교육*

조주현(목포대학교 교수)

이미 오래전에 "인간은 정치적 동물(zoon politikon)"이라고 설파한 아리스토텔레스의 주장에 누구도 이의를 제기하지 않을 만큼, 개인과 정치공동체의 관계는 밀접하다. 우리는 모두 국가공동체 안에서 태어나 삶을 영위하다가 삶을 마감한다. 누가 과연 국가공동체를 떠날 수 있는가. 혹시 한 국가를 떠날 수는 있겠지만, 무인도로 가는 것은 아니며, 또 다른 국가를 선택하는 것이 엄연한 현실이다. 누구라도 철저하게 '국가의 상태'를 떠나 '자연 상태'로 되돌아가거나 '무정부 상태'로 진입할 수는 없는 노릇이다.

하지만 이렇게 인간이 '정치적 동물'로 살아간다고 해서 개인과 국가 간의 관계, 즉 '시민성의 문제'가 완벽하게 정립되는 것은 아니다.

---

* 이 책의 1장은 조주현(2019)에서 일부 내용을 발췌하여 수정·보완한 것이다.

개인과 사회, 개인과 국가 간에는 여러 가지 형태의 관계를 생각해 볼 수 있기 때문이다. 개인에게 무게 중심이 쏠린 관계도 가능한가 하면, 반대로 사회나 국가 쪽을 중시하는 관계도 가능하다. 사적 이상이나 가치관, 이익, 사적 이니셔티브, 개인의 자율성을 중시하는 쪽으로 방향을 잡을 수도 있는가 하면, 공공이익, 공동선, 국가공동체에 대한 헌신, 국가에 대한 사랑, 혹은 시민적 유대를 중시하는 입장도 생각해 볼 수 있다.

이 시민성의 문제와 관련, 홉스, 로크, 칸트를 비롯하여 콩스탕, 밀, 그린, 홉하우스, 롤즈, 드워킨, 애커만 등은 시민의 자유와 권리, 그리고 정부의 역할에 대해서 매우 비슷하면서도 일관된 생각을 제시하고 있다(Damico, 1986: 68). 우리는 이 학자들과 그들이 주장하고 있는 시민성의 전통과 관련하여, '자유주의 시민성'이라고 부를 수 있다.

오늘날 시민이란 용어는 백성이나 신민이라는 말과는 비교할 수 없을 정도로 좋은 느낌을 불러일으킨다. 우리는 시민이라는 말에서 당장 시민권처럼 시민의 권리를 생각해낸다. 투표할 수 있는 투표권이나 복지권이야말로 사람들이 갈구해 마지않는 어떤 것들이 아닌가. 우리가 이러한 느낌이 드는 것은 바로 다름 아닌 자유주의 전통의 산물이다. 오늘날의 자유주의 사회는 공동 사회의 특성이 거의 나타나지 않는 'civility'(공손, 예의, 정중)의 사회, 즉 이방인들이 만나는 거대한 아고라(agora)라 할 수 있다. 이 장에서는 자유주의 시민성의 개념과 그것이 시민교육에 있어 어떤 함의를 가지는지 천착할 예정이다.

1. 자유주의란 무엇인가?

자유주의는 한국 사회에서 커다란 인기를 누리고 있는 사상체계는 아니다. 개인과 사회, 개인과 국가의 관계에 있어서 개인의 자유, 개인의 자율 쪽에 무게를 두는 자유주의는 실제로 공동체주의자와 공화주의자들로부터 신랄한 비판을 받고 있다. 공동체주의자들로부터는 그 원자적 개인주의로 말미암아 의무와 충성심을 찾아볼 수 없는 형식적이며 유명무실한 공동체, 즉 '클럽'과 같은 것만이 가능할지언정, 진정한 의미의 공동체, 즉 개인의 정체성을 구성하는 공동체, '좋은 삶'에 대한 목표를 공유하고 있는 공동체가 가능하지 않다는 점을 지적받고 있다. 또 공화주의자들로부터는 자유주의자들이 중시하는 자유와 권리의 개념에 절제의 논리가 부족하다는 공박을 받고 있다.

이러한 일련의 비판들을 감안할 때, 자유주의적 개인은 '바람직한 시민'이나 '좋은 시민'이 될 수 있을 것인가? 자유주의자들은 개인 스스로를 자신의 욕구와 이익에 의해서 행동하는 존재로 간주할 뿐 아니라, 다른 사람들도 자신의 욕구와 이익에 의해서 행동할 수 있는 권리를 가진 존재라고 생각한다. 이것은 나름대로 절제의 논리를 전제하는 셈이다. 그런가 하면 공적 영역이 유의미하며 중요한 영역이라는 점을 인정하면서도 공적 영역이 최고의 선의 영역이라는 점에는 동의하지 않는다. 오히려 사적 영역의 중요성을 강조한다. 그것은 우리가 사는 사회는 규범적 불확실성의 사회이며, 공공영역과 정치가 사적 영역을 압도할 만큼 우위에 있는지는 자명하지 않다고 판단하기 때문이다. 따라서 사회의 공공선은 반드시 공적 영역에 참여함으로써 비로소 이루어지는 것이 아니라, 사적 영역에 충실히 몰두함으로써 역시 실현 가능하다고 생각한다. 또한 자유주의자들은 덕목보다 이익의 개념을 중시한다. 이러한 자유주의자들의 사회가 시민적 덕목이 융성하고 있는 사회보다 낫다고 할 수는 없겠지만, 그렇다고 해도 시민적 격정이 횡행하고 있는 사회보다 더 나은 사회가 될 수 있을 것으로 믿고 있다.

한편 자유주의자들이 가치의 다원성을 신봉하고 있는 '가치다원주의자'라고 해서 전적으로 '도덕적 회의주의자'라고 못 박을 필요는 없다. 선, 즉 '좋음'에 대해서는 구성원들 사이의 합의가 불가능하나, 정의, 즉 '옳음'에 대해서는 구성원들의 합의가 가능하다고 주장하기 때문이다. 그뿐만 아니라 '최고선'이나 '좋은 삶'에 대한 구성원들의 합의는 불가능하나, '최고 악' 혹은 '나쁜 삶'에 대한 합의는 가능하다고 생각하는 것이 자유주의자들의 입장이다. 즉 '최고선(summum bonum)'에 대한 합의는 불가능하지만, '최고악(summum malum)'에 대한 합의는 가능하다는 의미로 보면 된다. 바로 이것이 자유주의자들이 계약주의를 선호하는 이유이기도 하다. 계약으로 최고악을 금지하는 자유주의 사회를 형성할 수 있다고 믿고 있기 때문이다(Scanlon, 1982).

확실히 자유주의 시민들이 사는 공동체는 '공감(empathy)'이나 '시민적 우정(civic friendship)'이 넘쳐흐르는 공동체는 아니다. 혹은 절제와 자기희생이 충만한 공동체는 아니다. 오히려 자신의 선호와 이익에 따라 행동하고 언제나 퇴출과 진입이 자유로운 '클럽'과 같은 공동체를 갈망하고 있다. 자유주의 공동체에서 권리의 개념은 중요하다.

자유주의 시민들은 자신들이 삶을 영위해 나가는 공동체는 아는 사람들끼리의 공동체가 아니라 익명의 이방인들에 의한 공동체임을 알고 있기 때문이다. 따라서 익명의 모르는 사람들 사이에서도 권리가 존중되는 정의로운 공동체, 혹은 자기 자신의 목표와 이익을 추구하면서도 이를 통하여 공적 영역의 선을 이루어나가는 공동체가 자유주의 시민들이 목표로 하는 공동체이다. 혹은 최종선에 대한 합의를 일구어내지는 못하지만, 절차적 정의에 대한 합의는 일구어낼 수 있는 공동체이다.

2. 자유주의의 인간관: 원자적 개인과 수단적 공동체

자유주의 이론은 목적론이 아닌 '실존론적(existential)' 관점에서 인간을 조망한다. 즉 지금, 여기에 있는 우리의 현존재의 모습에서 우리의 과거 모습을 바라보기 때문이다. 여기서 "실존, 즉 '엑시스텐시아(existentia)'가 '존재', 즉 '에쎄(esse)'를 선행한다"라는 명제가 실감 난다. 현대의 자유주의 이론에서 본성이라고 하는 것은 우리가 끝나는 지점, 즉 '테르미누스 아드 퀨(terminus ad quem)'이 아니라 우리가 시작되는 곳, 즉 '테르미누스 아 쿠오(terminus a quo)'이다. 현대 자유주의에 따르면, 자연적인 목적, 즉 '텔로스'에 관심을 가지는 플라톤이나 아리스토텔레스 이론은 근거가 없는 허구로서 단순한 추측에 불과하다. 현대 자유주의에 따르면, 우리가 알 수 있는 것은 우리 현재의 모습과 우리가 어디에서 왔는가 하는 정도의 문제일 뿐, 우리가 무엇인지를 알기 위해서는 우리의 시작, 특히 미천한 시작을 이해해야 한다고 주장한다.

현대 자유주의자들은 자연적인 인간은 아이, 좀 더 정확하게 말하면 그 생물학적 유산에서 찾을 수 있다고 생각한다. TV 쇼 혹은 영화에서 다루어지는 것처럼 본성에 따른 자연적 인간은 야생에서 사회, 한 걸음 더 나아가 언어 없이 자란 아이야말로 그 전형이다. 즉 목적론이 아니라 생물학이 인간의 운명이 되는 것이다. 본성이라고 하는 것은 세상에 태어나면서 가지고 있는 것으로 사물은 그 시작으로 정의된다. 사물의 기원에서 나타나지 않는 것은 본성에 따른 것이 아니므로, 인위적이거나 조작된 것이 된다.

현대이론은 분석적이다. 예를 들면 환자가 앓고 있는 병을 고치기 위해서는 병원체를 가지고 있는 병을 탐구해야지 병을 가지고 있는 환자를 탐구할 필요는 없다. 암이 있으면 그 암을 잘라내는 수술을 하면 된다. 암을 제거하면 암 환자는 낫는다고 믿는다. 이처럼 병과 환자는 구분된다. 마찬가지로 정의는 정의로운 사람과 구분되고 자유는 자유인과 구분된다.

현대의 자유주의자들은 사물에 대해서 알기 위해서는 그 사물을 부분으로 나누어야 한다고 주장한다. 그러한 과정을 통하여, 더는 나누어지지 않는 최종적인 부분, 사물이 그 관계들로부터 분리가 되었을 때 남게 되는 핵심적 요소를 발견할 수 있다고 믿고 있다. 그래서 '개인'을 의미하는 'individual'도 나누고 또 나누어서 더는 나눌 수 없을 때 남게 되는 존재다. '나눔'을 뜻하는 'dividere'와 부정의 의미를 갖는 'in'이 합해져 '개인'이 된 것이다.

현대의 자유주의는 필수적이지 않거나 분할되지 않은 모든 내용을 제거하려 한다. 이른바 '오캄의 면도날(Occam's razor)'을 갖다 대는 것이다. 현실이 상황에 의해 가려질 수 있다고 믿기 때문에, 우리를 혼동시키거나 이해를 복잡하게 만드는 사물의 주변적 및 우발적 측면들을 모두 제거하려 한다. 바로 이것이 롤즈가 행위자에게 '무지의 베일(veil of ignorance)'을 쓰도록 요구한 이유이기도 하다. 남녀의 성별, 태어난 곳, 자신의 능력, 사회적 위치, 모든 것이 우연적이고 '도덕적으로 임의적인(morally arbitrary)' 것이다.

자유주의자들에게 있어 자연과 본성은 정제되지 않았다는 점을 상정하고 있다. 사회계약론자들이 '자연상태', 즉 'state of nature'로 이해하고 있었던 것이 바로 그 점을 입증한다. 홉스(Hobbes)의 자연상태는 "비참하며 잔인하고 야비하며 단명하다." 끝없이 혼자서 돌아다니고 가정이나 친구를 사귈 수도 없을 정도로 야만적이었다. 자연상태에 사는 사람들은 당연히 협력이 요구되는 사슴 사냥도 못 한다. 사슴을 잡자고 사람들끼리 약속하고 자신의 길목을 지키지만, 토끼가 지나가면 그 토끼를 잡고자 사슴을 지키던 길목을 빠져나가 결국 다른 사람들과 같이하는 사슴 사냥은 무위로 끝난다. 그것은 사회성을 전혀 모르는 늑대소년의 상태와 다를 것이 없는데 아리스토텔레스가 상정한 폴리스적 인간과 얼마나 다른가. 사회계약론자들이 상정하는 자연이란 바로 저급한 본성의 상태다.

이러한 접근이야말로 실존적 사고의 결과인 것이 분명하다. 현대 자유주의에 따르면, 인간의 자연에서 그 상태를 확인하기 위해서는 그들의 교육, 학교, 언어, 문화, 공동체 경험 등을 모두 제거하여야 한다. 이러한 모든 것들은 관습과 우연의 결과로서, 반드시 그렇게만 일어나지 않았을 수도 있었으므로 본질이 아니라는 것이다. 그 결과 반(反)사실적 상황이 중요하고 혹은 사실이 아닌 가상적 사회계약이 주목을 받고 있다. 롤즈(Rawls, 1971)의 정의 원리를 구축하기 위한 계약 상황을 보라. 롤즈가 계약자들의 계약 상황과 관련, 반(反)사실적 상황이라고 할 수밖에 없는 가상적 상황을 전제하는 것도 타고난 능력과 사회적 위치가 제거된 인간을 상정하기 위함이다. 현대의 자유주의는 이러한 모든 무용지물이 제거되었을 때 비로소 남아있을 마지막의 인간성, 즉 샌델(Sandel, 1982)의 표현대로 '부담이 없는 자아(unencumbered self)'를 찾을 수 있다고 믿는다. 자유주의의 원자적 자아, 즉 개인은 이렇게 탄생하였다.

그렇다면 이러한 개인, 즉 원자적 자아들을 구성되는 사회는 어떤 모습일까? 상호 유대감 없이 개인의 권리만 주장하는 사람들로 이루어진 공동체일까. 일부 자유주의자들이 철새 도래지와 같이 쉽게 왔다가 쉽게 떠나는 '클럽'과 같은 임시 공동체의 비전을 말할 뿐, 깊이 뿌리를 내리고 사는 진정한 '공동체'의 비전을 말하지 않고 있는 것은 사실이다. 타이브(Tiebout, 1956)는 공동체와 관련하여 시장 모델을 원용하고 있으며, 그 대안은 클럽이다. 클럽이란 회원들의 진입과 탈퇴가 언제나 가능한 곳으로 회원들로부터 특별한 애정이나 충성심을 찾아볼 수 없는 곳이다. 테니스 클럽이나 낚시인 등의 동호인 클럽에서는 언제나 개인의 선호에 따라 진퇴가 가능하며, '퇴거권'이 보장되어 있다. 따라서 타이브는 손으로 하는 투표가 아닌, 발로 하는 투표의 모델까지 제시하고 있다. 각 지역 공동체가 다양한 서비스와 재화를 제공하여 주민들의 담세율도 다르다면, 각 주민은 자신이 가장 좋아하는 서비스와 재화를 제공하고 세금을 적게 요구하는 지역 공동체로 자유롭게 이동할 수 있을 것이다. 이처럼 대부분의 자유주의자는 정치나 정치 참여 및 공적 영역에 대하여 열광하고 있지 않으며, 오히려 사적 영역의 가치와 신성성을 공적 영역 못지않게, 혹은 그보다 더 중요한 것으로 간주하고 있다.

이러한 자유주의자들의 공동체는 공동체주의자들에 의해 상호간에 잘 모르는 이방인들 사이에 이루어지는 일련의 익명적 공동체에 불과한 것으로 비판받았다. 왈저(Walzer, 1980: 68)는 "자유주의는 가장 허용될 만한 형태인 경우에도 딱딱한 정치가 된다. 왜냐하면 자유주의가 제공할 수 있는 감정적 보상은 별로 없기 때문이다. 자유주의 국가는 시민들에게 있어 고향이 아니다. 자유주의 국가에는 따뜻함과 내면성이 결여되어 있다."라고 주장한다. 바버(Barber, 1984: 71)도 왈저의 주장에 동조한다. 자유주의 국가가 차갑고 시민들에게 고향의 느낌을 주지 못한다는 사실은 놀라운 일이 아니다. 왜냐하면 "이방인이라는 표현이 자유주의적 개인의 이익에 대한 자유주의적 비전은 개인과 그들의 이익에 달린 민주적 실천 방식을 훼손하기 때문이다."

샌델(1982)에 의하면 자유주의적 '이방인'들은 개인도 아니다. 이들은 단순한 '개인의 발현'에 불과하다. 즉 분해되고 분자화된 파편에 불과한 것이 자유주의 이방인들이다. 물론 왈저나 바버, 샌델이 자유주의적 개인에 대하여 동일한 내용의 비판을 하는 것은 아니지만, 자유주의적 개인이 바람직한 민주 시민이 될 수 없다는 점에서는 일치하고 있다. 즉 자유주의적 비전에서의 개인은 "이방인"으로서 비록 자율적 존재이기는 하지만 상호 부조주의(sense of mutuality)는 결여하고 있으며, 독립적 존재이기는 하지만 모든 공적 참여나 직무에 대해서는 의구심을 가지고 있는 존재이기 때문이다. 공동체주의자들이 생각하는 바람직한 민주 시민이란 자기 자신이 직면하는 사회관계에 의하여 상당한 부담감을 느끼는 존재로서 공적인 맥락에 있음을 깨닫고 헌신적인 태도와 자치적 능력과 태도를 지닌 존재이어야 한다. 그래서 샌델은 자유주의자들의 공동체를 도구적 공동체, 차등의 원칙을 받아들인 롤즈의 공동체를 감상적 공동체에 불과하다고 비판하면서, 제대로 된 공동체는 공동체의 문제를 나와 동일시하는 구성적 공동체이어야 한다고 주장한다.

이처럼 공동체주의자들이 자유주의자들에 대하여 제기하고 있는 비판이라면 자유주의자들은 '클럽'의 비전을 말할 뿐, '공동체'의 비전을 말하고 있지 않으며, '공동체'를 말한다고 해도 통치나 정치 참여의 가치에 주목하지 않고 사적 영역에 탐닉할 권리에 치중하고 있다는 점이 핵심이다. 그렇다면 자유주의자들은 공동체주의자들의 비판에 대하여 어떻게 답변하고 있을까? 이에 대하여 자유주의자들은 '공동체'를 말하지 않는 것이 아니라 면대면의 공동체를 말하지 않는 것일 뿐, 익명의, 다양한 이해관계를 가진 사람들의 공동체를 강조하고 있다고 항변한다. 특히 자유주의자들의 입장에서 자유주의 시민성에 대한 공동체주의자들의 비판이 불공정하다고 생각되는 이유 중 하나는 현대사회에서 시민 대부분이 상호 간에 모르는 '이방인'으로 남아있다는 명백한 사실을 인정하기를 공동체주의자들이 거부하고 있기 때문이다. 자유주의자들의 반론은 사람들이 서로 간에 모르는 관계라고 해서 그것이 개인들 상호 간에 단절되어 있다는 것을 뜻하는 것은 아니라는 점이다.

현대 사회에서 사회적 협력의 복잡성과 광범위한 노동의 분화는 상호 간의 의존성을 감소시키기보다는 증가시키는 결과를 초래하고 있다. 하지만 그렇다고 해서 상호 간의 의존성 증가가 사람들 모두의 관계를 더욱더 가까운 관계로 만드는 것은 아니다. 각 개인이 지닌 여러 가지 필요의 충족을 가능한 것으로 만드는 메커니즘은 제도적으로 작동하고 있어서 각 개인이 상호 간에 친숙한 개인들로서 정답게 만나기를 요구하는 것은 아니며, 다만 협력 관계에서 자기 자신이 맡은 몫을 완수하기를 기대할 뿐이다. 광범위한 사회 협력 체제의 참여자로서 각 개인의 복지는 다른 사람의 활동과 밀접하게 연계되어 있으나, 그것이 개인적 차원에서 사람들 사이를 가르고 있는 거리를 좁히고 있는 것은 아니다.

　이러한 점 때문에 자유주의자들은 사회가 다양해지고 급격한 변화를 거듭할수록 모든 가능한 타자들을 포함할 수 있는, 이른바 공동의 정체성(common identity)에 대해서 말한다는 것은 별로 의미가 없다고 생각한다. 오히려 사회의 상호 작용에 있어서 제도적인 행위자들이 개인을 대체하고 있는 상황에서 사회적인 거리가 존재한다는 것이 엄연한 객관적 사실이라면, 이러한 상황에서 권리나 이익의 개념에 집중하는 것이 더 좋은 해결책이 될 수 있다고 주장한다.

　자유주의자들은 개인을 생각할 때, "내가 누구의 자손"이나 "어느 지역 사람"이라는 식의 여러 가지 형태의 연고적 정체성으로부터 자유로운 자아를 상정한다. 따라서 자연 상태나 혹은 무지의 베일과 같은 구도를 상정함으로써 다른 사람들에 대하여 따뜻한 정을 느끼건 느끼지 않건 상관없이, 자유주의 성향의 시민들은 다른 사람들에 대하여 상호 존중의 태도를 취하도록 요청받고 있는 셈이다. 자유주의적 시민들은 다른 사람들에 대하여 그들 자신이 누구이든, 또 상호 간에 어떻게 생각하든, 그 사실이 다른 사람들을 대하는 데 있어 어떤 영향도 미치지 않기를 바라고 있다. 오로지 인간의 존엄성에 의하여 대접받기를 원하고 있다.

3. 자유주의의 윤리관: 자유와 권리, 개화된 자기이익

홉스에서 롤즈에 이르기까지 수많은 자유주의자는 자유를 생명 다음으로 중요한 최상의 정치적 가치로 간주한다. 주요 인권 선언들에서도 자유는 최상의 가치로 취급된다. 그렇다면 자유는 왜 그렇게 중요한가. 자유주의자들은 대체로 자유가 인간의 잠재능력, 즉 인간다움(personhood)을 개발하기 위한 필요조건으로서 중요하다는 데 동의한다. 그러나 대부분의 자유주의자에게 있어 인간다움의 배양과 완성은 자유를 논할 때 그렇게 중요하지 않다. 오히려 실존적 차원에서 개인의 삶 또는 인생(life)이라는 현실적 관점으로 접근하려는 경향이 강하다. 자유가 없으면 좋은 삶을 살 수 없다는 정도가 아니라, 인간은 '전혀' 삶을 살 수 없게 된다(Christman, 1989: 226-8).

이러한 자유주의의 자유 개념은 노예제와 비교하면 보다 잘 이해할 수 있다. 노예는 주인의 변덕과 자비에 의존해서 하루하루를 살아가면서 미래가 부정된다. 노예들은 주인으로부터 독립된 사회적 실존이 없다. 그들은 사회적으로 죽은 인간이며, 영원히 태어나지 않은 존재로 남아있다. 물론 대부분은 노예들도 최소한의 삶을 영위하기는 한다. 그런데 노예의 실존 일부마저 제거되었다고 상상해 보자. 즉 모든 것이 완전한 노예라고 가정된 어떤 사람을 가정해 보자. 완전한 노예는 어떠한 결정도 내리지 못할 것이다. 그가 깨어나서 잠자리에 들 때까지 모든 행위를 명령받고 수행할 것이다. 주인은 노예가 생각하는 것조차 명령하기 때문에 노예가 통제를 유지할 수 있는 실존적 자유의 공간은 일절 없게 된다. 그렇다면 그 노예는 무엇인가. 그 노예는 더는 삶의 주체가 아니다. 그는 로봇이나 도구에 불과한 것이다. 노예제도를 통해 우리는 자유의 가치를 명확히 알 수 있고, 자유 없이는 인간의 삶도 성립될 수 없음을 깨달을 수 있다. 이런 식으로 자유롭게 선택된 행위야말로 삶을 구성하는 요소이며, 강요와 간섭은 자유로운 삶의 방해물이자 제약이며 장애물이다. 그래서 추던 춤도 막상 멍석을 깔면 추지 않으려 한다. 강요된 것이기 때문이다.

사실 자유의 개념은 전통적으로 두 가지로 구분되어 왔다. 하나는 '소극적 자유'이며 또 하나는 '적극적 자유'다. 이것은 벌린(Berlin, 1969)의 분류이기도 하지만, 개념적 분류 이전에 우리가 경험적으로 친숙해져 있던 현상인 셈이다. 소극적 자유는 '무엇으로부터의 자유'이다. 즉 외부의 간섭으로부터의 자유로움이라고 할 수 있다. 이에 비하여 적극적 자유란 무엇을 위한, 혹은 무엇을 하기 위한 자유로움이다. 여기서는 목표의 개념이 들어 있는 것이 특색이다. 우리는 흔히 이 두 가지를 대비되는 개념으로 이해하고 있지만, 엄밀하게 말한다면 자유라고 할 때 이 두 가지가 다 포함되어 있다고 할 수 있다. 사람들은 무엇 때문에 외부의 간섭으로부터 자유로워지려는가. 간섭을 배격하려면, 적극적인 어떤 목적이 있어야 하지 않겠는가.

자유주의에서 강조하는 자유의 개념을 한마디로 정의하면 무엇일까? 그것은 바로 자기결정(self-determination)과 불간섭(non-interference)이라고 할 수 있다. 개인은 자기결정을 통해 가치 있는 삶의 목적을 선택하고 그것을 얻기 위하여 행동한다. 이 과정에서 국가나 사회와 같은 공동체는 개인의 자기결정에 있어 절대 배타적 간섭이나 강요를 행사할 수 없으며, 오직 개인이 선택하는 데 보조적 또는 도구적 역할에 그친다. 그렇게 선택된 목적들은 개인의 삶 속에서 계속해서 일관된 패턴을 가지며 지속적으로 행위를 끌어내는데, 그것을 개인의 가치관 내지는 선관이라고 부른다(Rawls, 1993: 27). 개인은 각자의 선관을 가지고 개인의 삶에 있어서 자신의 과업(project), 즉 프로젝트를 추구한다. 이를 통해 개인 모두는 자기 자신이 내 삶의 주인으로 느끼며, 존엄성과 자존감을 획득하는 것이다.

개인의 가치관에 따라 스스로 선택된 행위는 그 자신에게 즐거움과 이익을 제공한다. 개인 각자는 다른 사람보다 자기 자신에 대한 지식을 더 많이 가지고 있다. 다른 누구보다도 자기 자신이 자신에 대해서 가장 잘 알고 있어서 자신의 행위를 직접 스스로 결정할 때 다른 사람이 결정해 주는 것보다 더 나은 선택을 할 가능성이 커진다. 그런데 문제가 있다. 개인의 선택이 항상 좋은 결과로 이어지는 것은 아니기 때문이다. 그렇다고 좌절할 필요는 없다. 항상 실패하는 것은 아니기 때문이다. 그런가 하면 또 다른 문제도 있다. 여러 가지 행위를 동시에 또는 한 번에 하는 것은 불가능하므로 상대적으로 중요한 목적과 가벼운 목적을 나누어 우선순위를 부여해야만 할 때가 있다. 이때 필요한 것이 지혜와 신중함이다. 재화가 한정되어 있어서 기회비용을 생각하지 않을 수 없으며, 바람직한 선택을 하려면 합리적 계산이 필수적이다. 이런 식으로 목적을 추구하는 데 지혜롭고 신중하게 행위하는 능력을 가리켜 특별히 '분별(prudence)'의 덕목이라고 부른다(Lomasky, 1987: 21). 결국 개인의 이성을 통한 분별과 계산은 불간섭과 자기결정으로서의 자유를 추구하는 데 필수적이며, 개인의 이익과 행복을 극대화하도록 돕는다.

그런데 자유주의자들이 분별을 통해 추구하는 '이익(interest)'의 개념이 종종 오해되거나 비판받기도 한다. 좁은 의미에서 개인의 분별과 이익 추구는 타산적이고 이기주의적이며 사회적으로 분열적 성격을 내포하고 있다는 것이다. 자기 이익을 추구하는 사람은 분별력과 판단, 평가에 대한 능력을 사용하나, 그런데도 다른 사람들에 대한 수단주의적 입장을 지니고 있고 또한 더 커다란 이익이나 장기적 이익을 추구하기보다는 단견적 이익, 단기적 이익을 추구한다는 것이다. 그러나 자유주의자들에 의하면, '이익'에 의하여 동기 유발을 받은 행위가 반사회적이며 부도덕하고 무모하다는 비판은 특정 범주의 이익과 이들 이익을 추구하는 특정 범주의 전략의 성격에 달려 있다고 반박한다. 즉 이익의 개념 자체에 대하여 부정적인 견해를 가질 필요는 없다는 것이다. 예를 들어, 토크빌(Tocqueville, 1835)의 '개화된 자기이익(enlightened self-interest)'이나 밀(Mill, 1859)의 '발전적 존재로서 인간의 항구적 이익(permanent interest of man as a progressive being)' 등의 개념들은 일반적으로 비판자들이 우려하고 있는 이기주의적 사고와 행위에 해당하지는 않을 것이다.

특히 허쉬만(Hirschman, 1979: 32)에 따르면, '이익'과 '자기 이익'의 개념은 서구 사회에서 수덕주의자들(asceticist)이 비교적 친근감을 가졌던 '격정(passions)'을 통제하는 방안으로, 혹은 '격정'과 대비되는 개념으로 제시한다. 격정은 파괴적 힘의 개념으로 '이드(id)'와 비교될 수 있는 개념이다. 고전적으로 격정을 제어할 수 있는 역할을 만족스럽게 수행할 수 없다는 사실이 나타나면서 이익의 개념에 그 역할을 기대하려는 경향이 싹트기 시작하였다. 즉 격정이 파괴적이고 이성이 이러한 격정을 제어하는 데 효과적이지 못하게 되자 인간의 행동은 비관적인 성격을 지니게 되었다.

따라서 이 두 가지의 전통적 범주 사이에 이익의 개념을 도입하는 데서 희망의 싹을 찾을 수 있다. 이익의 개념은 자기 사랑의 격정을 한 수준 높이고 이성에 의하여 지배받는 격정을 가능케 했으며 이성은 방향을 제시하고 격정이 힘을 제공하는 것을 가능케 하였다. 허쉬만에 의하면 반성과 계산의 요소가 이익 개념의 근거를 이루고 있다.

그런데 자유주의적 자유를 논할 때 가장 중차대한 문제가 남아있다. 그것은 다름 아니라 개인 자신이 추구하는 자유가 다른 사람이 추구하는 자유와 충돌하거나 갈등을 일으킬 수도 있다는 점이다. 왜 사람들은 무한정의 자유를 누릴 수 없는 것인가. 왜 자유에 대한 제한과 제약이 존재하는가. 그것은 바로 자유의 역설 현상 때문이다. 자유의 역설이란 모든 사람이 무한정의 자유를 누리고자 한다면, 누구의 자유도 불가능하다는 논리다. 이러한 현상을 이해하기란 그다지 어렵지 않다. 누구나 자신이 원하는 것을 마음 놓고 하고자 하면, 다른 사람의 자유를 침해하기 마련이고 결과는 자기 자신에게도 미친다. "내가 주먹을 자유롭게 휘두를 수 있는 자유는 그대의 코앞에서 그친다."라는 준칙을 상기할 필요가 있는 것도 바로 이 때문이다.

이처럼 자유의 원리는 항상 자유 제한의 원리와 유기적으로 연계되어 있다. 왜 그럴까. 그것은 자유를 옹호하고자 한다면, 자유를 어떻게 합리적으로 제한해야 하는지의 문제를 생각하지 않을 수 없기 때문이다. 자유를 제한하는 원리와 관련, 우리는 자유를 크게 구속할 수도 있고 가장 작게 제한할 수도 있다. 이 최소한의 자유 제한의 논리에 관한 한, 밀(Mill, 1859)의 위해 원리는 가장 인상적이다. 밀은 인간의 행위를 크게 '자기 본위적 행위'와 '타인 본위적 행위'로 나눈다. 자기 본위적 행위는 그 행위의 결과가 일차적으로 자기 자신에게 돌아오는 경우를 말한다. 예를 들어 개인 자신이 잠을 자고 밥을 먹는 행위, 다이어트를 하는 행위 등은 모두 '자기 본위적 행위'이다. 그 결과가 일차적으로 자기 자신에게 돌아오기 때문이다. 이에 비하여 '타인 본위적 행위'는 그 결과가 일차적으로 타인에게 돌아가는 행위이다. 노래를 부르는 행위는 자기 본위적 행위지만, 밤에 사람들이 자는 주택가에서 고성방가하는 행위는 타인 본위적 행위이다. 고성방가는 그 행위의 결과가 다른 사람들의 휴식과 수면을 방해하는 등, 일차적으로 타인에게 미치기 때문이다. 밀은 타인 본위적 행위의 경우에 한하여 국가나 정부가 개입하여 개인의 자유를 구속할 수 있다고 주장하였다.

자유의 충돌 문제를 다룸에 있어서 본 연구가 특히 주목하고자 하는 해법은 바로 '권리(right)'이다. 자유의 충돌 문제를 원만하게 해결하기 위해서 자유주의는 모든 사람을 똑같이 고려하여 공평(impartial)하게 해결하려는 길을 모색한다. 자유를 추구하는 데 개인 상호 간에 발생하는 갈등 문제를 공정하게 해결하기 위해서는 특별한 사람이나 특정한 선호를 우위에 두지 않고 모든 개인이 받아들일 만한 비개인적(impersonal) 가치 기준이 필요하다는 것이다(Lomasky, 1987: 34-35). 구체적으로 어떤 비개인적 가치 기준이 공평한 도덕률로서 받아들여질 수 있을까. 자유주의는 권리(right)를 해법으로 제시하는 것이다.

자유주의에서 강조하는 권리는 개인주의를 바탕으로 한다. 여기에서 개인주의가 중요한 이유는 개인의 기본적인 권리를 침해하면서까지 어떤 이익을 추구하는 것에 반대하기 때문이다. 물론 이익을 극대화하기 위하여 권리침해까지도 가능하다고 보는 비개인적 최적화 모델(a maximization model)이 없는 것은 아니다. 앞서 분별의 덕에서 언급한 것처럼 어느 시점에서 특별한 만족이 일어났는가와 상관없이 인생 전체에 대해서 행복을 최대화하는 것이 합리적이라면, 특별히 누구에게로 한정 지어서 생각하는 것을 넘어서 사회 전체로 확장해 만족을 최대화하는 것도 비슷하게 합리적이라고 생각해 볼 수 있지 않겠는가. 이와 같은 입장의 대표적인 것이 공리주의라고 볼 수 있다. 공리주의 도덕은 쾌락과 유용성이라는 비개인적 가치 기준에 의해 승인된 효과적 교환(trade offs)을 추구하는 하나의 기술이고 의지며 예술인 것이다(Lomasky, 1987: 28). 반면, 권리에 대한 극도의 지지를 보이는 자유지상주의자들의 입장은 이러한 공리주의의 주장을 정면으로 거부한다. 그들에 따르면 권리침해에 대한 다른 보상이 존재한다는 사실 자체를 부인할 뿐만 아니라 모든 권리침해 사항들을 배제해야 한다는 측면 제약(side constraint)으로서의 권리 논변을 강하게 제시한다(Nozick, 1974: 28-33).

자유주의는 탄력적인 전자적 관점과 엄격한 후자적 관점 사이에서 그래도 하나를 고르라고 한다면 후자 쪽을 지지할 것이다. 인간은 타인의 이익보다는 자신의 이익과 유혹에 더 노출되어 있다. 이러한 인간의 동물적 측면 때문에 불행히도 이상적인 가치보다 현실적인 홉스적 인간관에 더 매력을 느낀다. 따라서 인간으로서의 품위를 유지하기 위해서는 어떠한 침입이나 습격으로부터 예방되어야 한다. 그래서 다른 사람의 권리를 희생시키면서 소중한 목표를 달성하려는 유혹에 신중해야 한다. 게다가 유용성을 최대화할 수 있는 인간의 능력에 의문을 제기할 수밖에 없다. 왜냐하면 공공재를 최적화시키는 행위와 파괴하는 행위를 완벽하게 구분해 내기란 쉽지 않기 때문이다. 이런 식으로 반대에 대한 유혹이 있을지라도 권리에 대한 정도를 벗어나지 않는 존중이 우선적으로 요구된다.

여기에서 권리가 왜 도덕의 구성요소라고 할 수 있는지 다시 한번 검토해 보자. 앞서 살펴본 바와 같이 자유주의 윤리학은 개인과 비개인적 사항, 둘 모두를 포함하는 영역을 찾아, 개인들 상호 간의 공정한 비개인적 가치 기준을 내세움으로써 홉스의 자연 상태를 탈출하려고 한다. 따라서 자유주의가 개인의 가치 추구와 권리 보호를 중히 여긴다고 해서 다른 사람들의 안위는 상관없이 자기 자신밖에 모르는 이기주의적 행위만을 하게 된다고 결론 내리는 것은 옳지 않다. 윤리에 대한 개인적 접근이 곧바로 이기주의적 탐욕으로 이어지는 것은 아니다. 자유주의를 도덕적이라고 할 수 있는 이유는 최소한 같은 집단 구성원의 행복을 비개인적인 차원에서라도 고려하고 있기 때문이다. 자유주의가 개인주의를 기반으로 하고 있지만, 많은 사람이 서로의 행위에 영향을 주고받으며 살아가고 있음과 한 인간의 성공은 수많은 사람의 행위에 어느 정도 의존하고 있음을 알고 있다. 이렇게 해서 자유주의는 개인을 최상의 가치로 고집해야 한다는 오해를 불식시키고자 한다.

물론 자유주의 윤리학이 거대한 공동체를 위해 개인의 모든 노력을 집중해야 한다거나 관행 또는 공동선의 이름으로 이타성을 요구하는 것까지 나아가는 것은 아니다. 그러한 비현실적이고 수준 높은 이상적 공동체의 도덕은 단호히 거부한다. 자유주의에서 강조하는 권리는 이타적인 것이 아니라, 어디까지나 다양한 선호와 목적을 가진 개인들 사이에서 불편부당하게 적용되는 비개인적 수준에 머물러 있다. 내가 나의 선호와 이익을 추구하는 것을 타인들로부터 존중받고 싶은 만큼만 나도 다른 사람의 선호와 이익을 존중하는 '개화된 자기이익(enlightened self-interest)'의 차원에서 나 자신을 포함해 우리 모두를 똑같이 대우하자는 것이다. 이렇게 이타적 차원은 아닐지라도 비개인적 기준 차원의 도덕률을 추구하면서 자기 자신의 선호에 대해서만 중히 여기는 이기주의적 유혹에서 벗어나고자 한다. 결론적으로 자유주의 윤리학은 이성을 작동시켜 자기중심적인 행위뿐만 아니라 다른 사람들도 동시에 고려할 줄 아는 비개인적 가치 기준 또한 중히 여긴다고 할 수 있다.

4. 자유주의의 정의관: 상호 이익과 불편부당으로서의 정의

앞서 살펴본 바와 같이 자유주의에 따르면 인간은 자기 자신에게 관심이 있고, 개인의 이익과 권리를 추구하는 존재다. 자유주의는 개개인에게 존재론적, 인식론적 우위를 부여할 뿐만 아니라 도덕적 우위까지 인정한다. 국가와 사회는 그러한 개인의 욕망과 이익을 충족하게 하는 조직체로, 레오 스트라우스(Strauss, 1959)의 표현에 의하면, '정치적 쾌락주의(political hedonism)'에 의해 정당화된다. 그런데 인간의 욕망은 무한하여서 우리가 자유롭기 위해서는 무한대의 권력이 필요하다. 우리의 이러한 모습은 동료 인간들에게도 마찬가지로 적용되기 때문에 각자의 자유를 추구하다 보면 서로의 자유가 충돌하거나 방해가 되기도 한다. 이런 식으로 자신에게 이익이 되면 친구가 되지만, 불이익이 되면 적으로 변한다. 그뿐만 아니라 인간은 예측하거나 신뢰하기가 더욱 어려운 존재이기 때문에 자연보다 사람이 더욱 위험한 경쟁자가 된다. 자기보존을 위해서 자연을 극복하듯이 다른 사람들도 극복해야 할 대상이 되는 것이다. 그래서 정의의 문제가 발생한다.

자유주의에 따르면 개인의 집합체인 사회와 국가 역시도 구성원인 자유를 중시하는 개인들의 '분별(prudence)'을 통하여 만들어진다. 자유주의 관점에서 볼 때 개인의 이성은 자연스러운 욕망, 욕구들을 실현하는 도구인 셈이다. 욕망이 이성의 지시를 받는 것이 아니라 이성이 욕망의 지시를 받는다. 욕망의 지시를 받는 이성은 인간이 인간에게 늑대가 되며 만인이 만인에게 적이 되는 이러한 끊임없는 분쟁이 어리석은 것이라고 알려준다. 설사 내가 싸움에 이길 능력이 있다고 하더라도, 내게 안전이 보장되는 것은 아니다. 홉스가 지적한 것처럼, 가장 허약한 인간도 속임수와 모반을 통하여, 가장 강력한 인간을 죽일 수 있기 때문이다. 따라서 이성은 우리에게 같이 협력하고 연합할 것을 알려준다. 안전을 도모하기 위해, 다른 사람이 잘 때 한 사람이 보초를 서는 규칙이 가능하다. 우리가 그러한 규칙에 동의하는 것은 그러한 규칙이 우리에게 자유, 안전, 번영, 권력을 주기 때문이며, 그것이 국가를 구성하는 구성원 모두에게 궁극적으로 이익을 가져다줄 것이라는 사실을 이성으로 알 수 있기 때문이다.

여기에서 자유주의 이론가들을 위한 자연적 정의를 떠올려 보자. 자연적 자유처럼 자연적 정의는 내가 가질 수 있는 모든 것이다. 내가 획득할 수 있거나 만들 수 있는 것은 나의 것이다. 그러나 정치사회에서 자유라고 할 수 있는 시민적 자유가 자연 상태의 자유와 다른 것처럼, 정치사회에서 정의라고 할 수 있는 시민적 정의(civil justice)도 자연 상태의 정의와 다르다. 우리는 우리 각자의 행동의 자유를 제한하는 규칙과 절차를 만든다. 우리는 규칙을 준수하고, 절차에 따르기로 동의하지만, 동료 시민들과 가치와 목표, 희망을 공유하거나 수용하겠다고 동의한 것은 아니다. 또한 그 동의조차도 명시적 동의냐, 묵시적 동의냐 하는 문제를 가지고 다툰다. 로크는 명시적 동의보다 묵시적 동의를 강조했지만, 동의의 대상이 되는 것은 협력의 규칙에 불과할 뿐, 협력의 정신까지일 필요는 없다.

그런 의미에서 자유주의적 정의론은 최상이 아닌 차선에 해당하는 정의관으로 간주된다. 현대 자유주의에 따르면, 우리 각자 모두는 하고 싶은 것을 즉시 행할 수 있는 자유분방한 독재자가 되기를 원한다. 그러나 앞서 살펴본 자유의 충돌 문제와 같이 그러한 유형의 독재가 현실적으로 불가능하므로 우리는 이른바 같이 살기 위한 방식인 '모두스 비벤디(modus vivendi)'를 전제로 하는 정치적 정의 및 시민적 정의의 절차에 합의하게 된다. 좋은 삶, 즉 '에우젠(euzen)', 혹은 폴리스적 삶을 살겠다며 영혼이 들어 있는 정치적 정의에 더 높은 충성을 맹세할 필요는 없다. 즉, 인간의 자기 파멸이라는 '최악의 악', 즉 '숨뭄 말룸(summum malum)'을 피하기 위한 것일 뿐, '최고선', 즉

'숨뭄 보눔(summum bonum)'을 구축하기 위한 합의는 아니다. 이러한 정의관은 플라톤의 국가에 나오는 글라우콘의 생각이었고, 또한 홉스와 로크와 같은 사회계약론자들이 내세운 비전이며, 롤즈와 같은 자유주의 정의론자들이 지향하고 있는 기본 사고이다.

한편 자유주의적 정의론의 특징은 개인주의적(individualistic)이고, 분배주의적(distributive)이라고 할 수 있다. 여기서 개인주의적 특성이라고 하는 것은 공동체보다 개인이 관심과 분석의 대상이 된다는 의미이며, 분배주의적 특성이라는 것은 몫에 초점이 맞추어져 있다는 의미이다. 재산을 뜻하는 로마의 용어인 'proprietas'는 영어 'property'의 어원이 되었으며, 이것은 개인에게 고유하다는 의미가 있다. 이처럼 '개인의 몫'에 대한 강조야말로 자유주의 정의론 안에 실재하는 특징적 요소이다. 그것은 17세기 홉스(T. Hobbes)의 사회계약론 이래로 현대 자유주의 사회까지 정치적 사고 안에서 지배적 원리가 되어 왔다.

이러한 자유주의적 정의론은 크게 '상호 이익으로서의 정의'와 '불편부당으로서의 정의'로 나누어서 생각해 볼 수 있다. 먼저 '상호 이익으로서의 정의'는 "모두의 능력, 재능, 선호 등에 대한 공동의 지식을 바탕으로 기대되는 효용(utility)의 극대화"를 위해 서로에게 위해를 가하지 않는 관습을 채택할 것이라고 본다(Hausman & McPherson, 1996: 158). 정치공동체의 사회계약은 이익의 개념에서 출발하여 이러한 관습을 채택하는 과정으로서 성립되는 것이다. 홉스의 사회계약론이 표방하는 목적도 사람들이 공동체에 모여 살면서 자신들의 이익 추구를 스스로 제약하는 것이 모두에게 혜택이 된다는 사실을 증명함으로써 도덕원리를 정당화하고 있지 않은가? 고티에(Gauthier,

1986: 4)에 의하면, 이러한 사회계약을 '합리적 선택(rational choice)이라는 비도덕적 전제에서 생성되는 합리적 제약(rational constrain)'의 양식이라고 정의한다. 합의를 이루고자 하는 동기는 자기 이익이며, 자기 이익에 충실한 사람들은 자신에게 이익이 될 때만 타인과 합의를 통하여 자신의 행동을 제약할 정의의 원칙에 합의하는 것이다. 그런데 여기에서 문제가 있다. 합의의 기준이 되는 것이 자기 이익의 증진 여부이기 때문에 지나치게 허약하거나 힘이 없는 나머지 타인과 협력적 이익 관계의 형성이 어려운 사람은 상호 이익(mutual advantage)의 관계를 구축할 수 없다.

이러한 문제점을 해결하기 위해 현대의 자유주의는 '불편부당으로서 정의(justice as impartiality)'를 대안으로 제시한다. 이러한 접근은 허약하거나 힘이 부족한 사람들을 정의의 영역 밖에 있는 것이 아니라 정의가 확장되어야 할 유형의 사람들로 간주한다. '상호 이익으로서의 정의'가 협력적 이익에 합의해야 하는 당사자로서 개인을 구체적으로 파악하는 것과는 달리 '불편부당으로서의 정의'는 각 개인을 구체적 자아를 제거한 추상적 자아로 전제한다. 불편부당한 입장을 취하기 위해서는 불평등한 힘이나 재능 또는 협상 수단과 같은 개인차를 제거하고 모든 사람을 동등하게 바라볼 수 있어야 하기 때문이다(Moore, 1998: 36). 이러한 입장으로 대표적인 것이 롤즈(Rawls, 1997)의 『정의론』이다. 롤즈는 '무지의 베일'을 통하여 개인의 '도덕적으로 임의적인' 측면 혹은 도덕적으로 관련이 없는 측면들을 고려의 대상에서 제외한다. 모든 사람의 도덕적 동등성이 강조되는 이유는 바로 불편부당성의 확보에 있다. 롤즈에 따르면 정의의 원칙은 각 개인의 특정 이익에 대하여 중립적인 방법으로 도출되어야 할 뿐 아니라 서로 다른 도덕적 가치관을 가진 개인 간의 분쟁에서도 호소력을 가져야 한다는 점에서 불편부당해야 한다.

물론 롤즈에게 '상호 이익으로서의 정의' 개념이 전혀 없는 것은 아니다. 롤즈에 의하면 '임의로 선택된 한 개인의 입장에서 보면' 사회적 재화의 분배에서 평등한 몫 이상을 기대하는 것은 순리적(reasonable)이지 않고 그 이하에 합의하는 것은 합리적(rational)이지 않기 때문에 개인이 정의의 첫 번째 원칙으로서 '평등한 분배'를 인정하는 것은 상식적이다. 다만 최소 수혜자와 같은 구성원들은 정의의 첫 번째 원칙만으로는 상호 이익의 영역에 속해 있다고 할 수 없으므로 그들까지도 자유주의 사회의 계약의 당사자로서 아우르기 위해서는 불편부당성으로서의 정의, 즉 차등의 원칙이 추가로 요청되는 것이다. 또한 사회경제적인 불평등이 최소 수혜자에게 해가 되지 않으면서 사회 전체적으로 이익을 가져다준다는 맥시민 전략(Maximin strategy)을 정의의 원칙이 굳이 거부할 필요는 없다고 보는 것이다.

5. 자유주의의 국가관: 중립성과 관용, 반완벽주의

자유주의는 국가와 사회생활에 있어 사적 영역과 공적 영역의 구분이 가능하며 필요하다는 상정을 하고 있으며, 정부의 권위를 제한된 공적 영역에 국한되어야 한다고 주장하고 있다. 자유주의자들의 주장처럼 현대인에게 있어 공적 영역의 엄숙함보다는 사적 영역의 아름다움과 매력이 더 끌린다는 점은 부인하기 힘든 사실이다. 인간의 사적 영역은 어원적으로 봤을 때 영어에서 'private'이란 용어를 쓴다. 이 'private'이라는 용어는 처음부터 소극적 의미를 가진 용어였다. 즉 public, 즉 공적인 것과 비교했을 때 빼앗기고 남은 것을 의미했기 때문이다. 따라서 '레스 푸블리카'가 '레스 프리바타'와 대비되었을 때 '레스 푸블리카'의 위대함과 엄숙함은 더 말할 나위가 없었다. '프라이빗', 즉 사적 영역 가운데 대표적인 것은 바로 가정이다. 그러나 그리스에서 보는 것처럼 오이코스의 영역은 이성적 삶이 아니라 동물적인 삶을 철학적으로 표현한다. 물론 사적 영역이 소극적인 범주로만 남아 있었던 것은 아니고 차차 사적 영역에 신성함과 풍요함이 채워지기 시작했다. 바로 이것은 영혼의 풍요함과 밀접하게 연결되어 있다.

이미 소크라테스는 아테네의 모든 사람이 섬기는 공적 신(神)과는 다른 '다이몬'이라고 하는 새로운 신을 이야기하면서 그 신의 목소리를 들었다고 말했다. 여기서 소크라테스에게 말하는 신이야말로 개인의 사적 영역에서 존재하고 있는 사적 신을 의미하는 것이었다. 그런가 하면 로마 시대에 들어오면서 '페르소나'의 개념이 출연한다. 이것은 인간의 사적이며 내적 영역을 개념화한 놀라운 발견이었다. 이 '페르소나'라는 것은 물론 어원적으로는 그리스인들이 연극을 할 때 쓰는 가면을 의미하는 '프로소폰'이었다. 그러나 그것은 점차 가면을 넘어 그 가면을 쓴 개인의 성격, 즉 캐릭터를 뜻하게 되고 여기서 인격의 개념으로 발전하게 된다. 로마인들이 주목한 '페르소나'의 개념이 갖는 의미는 바로 인간의 존엄성이고 이 존엄성은 내적인 신성함에서 비롯되는 존엄성이다. 그 후 종교개혁으로 말미암아 인간 개인이 성직자라는 매개를 통하지 않고도 신과 소통할 수 있다는 프로테스탄티즘의 주장은 개인을 사적 영역의 신성함을 강화하는 결과를 초래했다. 바로 이것이야말로 사적 영역의 신성함이 소극적 자유와 연결이 되고 근대인의 자유를 긍정적으로 평가하게 된 이유며 근거라고 할 수 있다.

서구 역사에 있어 자유주의의 의미는 종교전쟁으로부터 파생되는 갈등과 종교개혁으로부터 나타난 사회적으로 원심적인 결과를 최소화하기 위한 비전으로 자리매김한 바 있다. 이러한 자유주의에 대한 가장 강력한 고전적 입장은 로크의 『관용론(Letter concerning Toleration)』에서 발견된다. 로크가 관용의 문제를 다룬 것은 단순히 이론적인 관심사에서 출발한 것이 아니라 현실의 절박한 문제에 대한 해법을 마련하려는 의도였다. 종교개혁이 한창 일어날 즈음, 유럽은 약 100년간의 종교전쟁으로 인하여 거의 파멸에 이르렀다. 이러한 와중에 로크가 제시한 관용의 원리는 근본적인 종교적 불일치 문제를 해결하고, 관용의 정신에 걸맞은 정치의 형태를 확립하는 데 큰 도움을 주었다. 이러한 로크의 관용론은 자유주의의 정립에 있어 '결정적 모멘트'라고 평가받고 있다(Rawls, 1985: 249).

로크는 종교적 관용의 정당성을 확립하기 위해서 여러 가지 논리를 개발했는데, 특히 두 가지가 핵심이다. 무엇보다 '인식론적 중립성(epistemological neutrality)'에 기반을 둔 논리가 매우 주목할 만하다. 로크는 종교적 진리에 관한 논쟁이 벌어졌을 때, 첨예하게 대립하고 있는 주장들 사이에서는 어떠한 합리적 판결도 불가능하다고 생각했다. 그것은 인간의 소관이 아니라 신의 소관이기 때문이다. 지상의 어떤 재판관도 충돌하는 종교 간의 주장에서 어떤 것이 옳다고 판정할 수는 없다. 따라서 이러한 문제에서 지상의 사람들은 관용의 태도를 보이지 않을 수 없다. 물론 그렇다고 해서 이것이 어떠한 종교적인 진리도 존재하지 않음을 의미하는 것은 아니다. 진리가 존재하는 것은 분명하지만, 그 진리를 인식할 수 있는 인간의 능력에 한계가 있기 때문이다.

다음으로 '존재론적 중립성(ontological neutrality)'에 기반한 논리도 중요하다. 로크는 종교적인 진리가 사람들 사이에 상호 주관적 의사소통을 통해서 비로소 공감대를 얻을 수 있다고 하더라도, 시민 사회의 질서를 구축하는 과정에서 통치자들이 강제력을 통하여 그들의 의도된 목적, 즉 진정한 믿음이나 신념의 깨우침을 달성할 수는 없다고 주장한다. 로크는 종교적 진리나 구원의 문제는 마음속의 설득을 통해서만 나온다고 생각한다. 즉 강제에 의한 믿음을 통해서는 진정한 믿음의 본질을 구현할 수 없다는 것이 그의 의견이다. 다시 말해 종교적 진리는 사람들의 마음속에 존재할 뿐, 외부의 강제력에 의하여 주입될 수 있는 것이 아니라는 입장이다(Galston, 1986).

이처럼 로크는 종교적 진리의 인식론적 불확실성과 존재론에 입각하여 관용을 옹호하였다. 오늘날 세속화된 사회에서도 그의 관용론이 의미를 갖는 것은 누가 진리를 알 수 있는가에 대한 불확실성과 진리는 외부에서 강제적으로 주입될 수 없다는 주장이 자유주의나 다원주의적 사회의 진리관에 부합되기 때문이다. 이런 식으로 자유주의자 로크가 정초한 관용의 덕목은 공동체주의가 가지고 있는 획일화와 배타성의 문제를 해결하는 데 결정적인 역할을 하였다. 공동체주의는 선에 관한 합의를 통해 공유된 이해(shared understanding) 즉 공동선을 도모하여 전 구성원이 내면화해야 한다고 보는데, 이것은 공동체의 화합과 단일성에는 도움이 되지만 다수의 폭정이라는 획일화의 문제점을 낳는다. 그뿐만 아니라 구성원들 간에 공동선을 둘러싸고 합의가 안 되어 종교전쟁처럼 양측이 첨예하게 대립한다면 전쟁과 같은 엄청난 갈등과 대가를 치른다. 로크의 관용론은 선에 대한 다원주의적 관용과 국가의 중립성 해법을 통해 공동체주의의 문제점을 극복하는 데 커다란 역할을 한 것이다.

요컨대 로크가 『관용론』에서 주장한 것은 신학적이고 도덕이며 인식론적이고 정치적으로 신중한 논거를 사용하여 정부의 권위를 외적이며 세속적인 범주에 국한한 점이었다. 정부의 공적이며 권위적인 명령들은 개인의 생명과 자유, 재산을 보호하는 일에 국한해야 한다는 것이 주장의 핵심이었다. 그와는 반대로 삶의 최종 목적과 의미는 내적이며 자발적인 영역에 속하는 것이기 때문에 공공정책을 결정하고 시행할 정부의 권위 영역을 넘어가는 것이었고, 따라서 사적 영역으로 전이되는 것이 온당하다.

상기의 로크의 통찰과 비전은 자유주의자들의 전통에서 비교적 충실하게 존중됐다. 시민들이 도덕의 영역과 종교의 영역에서 믿어야 할 내용이나 사적 생활에서 자신들의 소신과 믿음을 표현하는 방식을 결정하는 것은 정부의 영역이 아니라는 것이 자유주의자들의 입장이다. 그렇다면 왜 공동체주의자들처럼 공적 영역이 사적 영역을 압도한다고 주장하지 않을까. 이 점은 자유주의자들의 독특한 반완벽주의적 입장에서 부분적 설명이 가능하다. 공동선(bonum commune)이나 최고선(summum bonum)에 대하여는 확실치 않고 또한 합의하기 어렵다고 믿고 있기 때문이다.

그러나 한편 흥미로운 점은 선이 아닌 악에 대해서는 비교적 쉽게 합의할 수 있다고 생각하고 있다는 점이다. 이러한 관점에서 볼 때 자유주의자들은 인간의 복지와 행복을 부정적 범주로 접근하고 있는 셈이다. 즉 인간이 행복 추구권에 의해서 추구할 수 있는 행복의 범주는 다양하다는 것을 인정하고 이에 대하여 합의할 수 있다고는 생각지 않는다. 그러나 인간이 피해야 할 악에 대해서는 다르다. 상당한 일치나 합의가 가능하다고 상정하기 때문이다. 즉 고통과 죽음, 억압, 속박 및 노예제 등은 누구에게나 비교적 자명한 악이 아니겠는가. 즉 자유주의자들은 선보다 악에 관해서 관심을 집중하고 있다. '성취해야 할 선'보다 '피해야 할 악'이 그들의 관심사라는 의미이다.

그러므로 자유주의자들을 단순히 이모티비스트(emotivist)나 윤리적 상대주의자 혹은 반완벽주의자(antiperfectionist)로 규정하려는 것은 온당치 못하다. 자유주의자들이 최고의 선(summum bonum)에 대한 개념을 구체화하지 않고 최고의 악(summum malum)을 규정하려는 노력은 이미 홉스와 로크에게서 현저하다. 고전적 사회계약론자들에게 있어서 피해야 할 최고의 악은 "인간이 인간에게 늑대"가 되는 자연 상태였다. 홉스의 자연 상태는 인간에게 파멸을 강요하고 있고, 로크의 자연 상태는 인간에게 역시 자유, 생명, 재산을 보존할 수 없는 상황을 초래하게 된다. 이 최악의 상황을 피하고자 인간은 국가와 정치사회를 만들게 된다는 것이 자유주의적 사회계약론자들의 주장이었다.

이와 관련하여 햄프셔(Hampshire, 2000: 68)의 지적은 매우 적절하다. 도덕적 상대주의는 도덕의 적극적 특성인 선의 개념의 다양성, 이상과 이익의 다양성과는 반대로, 보편적인 인간의 필요, 따라서 도덕의 부정적 측면을 평가절하하고 있었다. 실상 모든 시대에서 모든 역사와 모든 문화, 및 픽션에서 재차 강조되고 있는 인간 경험의 커다란 악들 가운데 신비스럽거나 주관적이며 문화 상대적인 것은 없다. 이 커다란 악들이 방지되어야 한다는 점은 여러 가지 상이한 선의 개념을 추구하는 데 수반되는 비용을 감안할 때 언제나 어디서나 이루어지는 도덕적 논증의 지속적인 전제였다. 모든 생활방식은 커다란 악으로부터의 보호를 요구한다. 비록 선의 여러 가지 개념들은 그들의 방지를 상이한 서열의 방식으로 놓을 수 있는 여지가 있어 쟁점의 소지가 있지만, 악에 대한 것은 아니다.

　이러한 선과 악에 대한 비대칭성 문제는 단순히 햄프셔의 주장뿐 아니라 많은 자유주의자가 공유하고 있는 가치 가운데 하나라고 할 수 있다. 자유주의자들은 정치를 통하여 모든 사람이 합의할 수 있는 공공선(common good)을 성취한다는 것에는 호의적이지만 모든 사람이 동의할 수 있는 공공 악(common bad)을 회피해야 할 당위성에서 사적 영역을 보호하고자 한다. 이 점이야말로 자유주의자들을 초반완벽주의(hyper-antiperfectionist)라고는 할 수 없고, '온건한 반완벽주의자'라고 부를 수 있는 소이가 된다.

　'인식론적 회의주의'에 입각한 관용의 논리는 밀(Mill, 1859)에서도 찾아볼 수 있다. 밀에 있어 관용의 논리는 로크보다 정교하다. 일반적으로 진과 허위로 나누어질 수 있는 상황에서 진으로 평가받는 의견이 억압된다면, 그 사회는 진에 접근하지 못하고 오로지 허위에 의하여만 살아갈 것이다. 그러나 만일 허위로 평가받는 의견이 억압된다면, 그 결과는 어떠할까? 그 경우는 사람들이 진을 훨씬 더 명쾌하게 접근할 기회를 상실할 것이다. 이와 관련하여 밀은 허위가 있으므로 인하여 진이 빛날 수 있다는 주장을 '악마의 변론(devil's advocate)'에 의하여 정당화시킨다. 즉 성인으로 추앙받는 사람의 행적을 조사하는 과정에서 일부러 그의 흠집을 끄집어내고자 한다면, 이것이 자연스럽게 반증되는 과정에서 성인으로 추앙받는 사람의 행적은 더욱더 빛나게 된다는 것이다.

그러나 마지막으로 실제로 우리는 부분적으로 진이고 부분적으로 허위인 의견을 가지고 있는 경우가 많다. 그러므로 관용이 필요하다. 이 점이야말로 자유주의자들이 반완벽주의자로서 종교적 자유와 관용을 주장하는 소이며, 완벽주의자들도 자유주의자들이 주장하는 관용의 가치를 더 작은 악으로 받아들일 수 있는 이유를 확보한다고 할 수 있다.

6. 자유주의 시민성 이론과 시민교육

현대의 대표적 자유주의자인 롤즈는 미래의 시민들인 우리의 자녀들을 교육할 때 다음 세 가지에 유념해서 시민교육을 시행할 것을 주장한다(Rawls, 1993: 246-7).

첫째, 시민교육은 우리 자녀들이 민주 사회의 시민으로서 그들의 역할과 공적 문화를 이해하고, 그 제도에 참여할 수 있도록 만드는 능력을 배양시키는 것이다. 롤즈는 기본적으로 시민들 간의 능력이 똑같은 것은 아니라고 인식하지만, 완전하고 협력적인 구성원이 되기 위해서는 최소한의 기본적인 도덕적, 지적, 육체적 능력이 필수적으로 요청된다고 간주한다. 특히 민주 사회에서 자유롭고 평등한 시민이라면 기본적으로 갖추고 있어야 할 이러한 능력은 저절로 형성되는 것이 아니다. 민주 사회의 시민들에게 필수적으로 요청되는 기본적 능력은 시민교육을 통해 인위적으로 형성되기 때문이다.

여기에서 롤즈가 특별히 강조하는 것은 시민들에게 '권리'에 대한 교육을 우선적으로 실시해야 한다는 점이다(Rawls, 1993: 199). 이러한 주장은 대부분의 자유주의자에게 나타나는 공통된 주장이다. 자녀들을 건강한 시민으로 교육하기 위해서는 헌법적 권리와 시민들의 권리에 대한 교육이 반드시 포함되어야 하며, 이런 교육이 중점적으로 실시되는 가운데 정치적 덕목들을 함양시켜야 한다고 주장하는 것이다. 그래야만 성인이 되어서 완전한 구성원이 되었을 때 그들의 기본권에 대한 무지나 존재하지도 않는 죄목에 대한 처벌의 두려움에서 벗어날 수 있다.

그런데 본 연구는 권리에 대한 자유주의자들의 강조 안에 숨겨져 있는 특별한 함의에 주목하고자 한다. 플래트먼(Flathman, 1976: 185)도 지적하는 바와 같이 "권리라는 개념은 자기 지향적이며 자기에게 이익이 되는 행동을 보장하고 보호하는 데 일정한 역할을 한다." 그러나 "권리 실천에 있어 참여는 개인들의 행동을 사회적 규칙과 공유된 신념과 가치 상정 등, 받아들여진 가치 체계와 관련된 정교한 사회망에 논리적으로 그리고 실천적으로 의존하게 만든다. 따라서 권리 행사에 있어 참여는 사회적 관계와 사회구조의 망 속에 개인들을 연결한다는 중요한 의미가 있다. 권리가 보장하고 보호하는 행위의 자율성은 그 사회적 망 속에서의 자율이다." 이처럼 자유주의에서 권리라는 개념은 나 자신의 이익만을 보장하는 의미뿐만 아니라, 그 개념 안에 사회적 관계 속에서 공적이고 제약적으로 실천해야 한다는 도덕적 성격을 동시에 가지고 있다는 점을 우리는 주목해야 한다.

따라서 자유주의에서 책임감을 가진 좋은 시민이라면 '권리의 소유' 개념 못지않게 '권리의 사용'에 관한 분별력을 지니고 있어야 한다. 물론 우리는 시민 개인이 자신이 원하는 일을 하려고 하는 것을 '직견적으로' 좋은 일로 받아들인다. 그렇지만 권리의 보유와 권리의 사용은 다른 개념이다. 그렇다면 좋은 시민이란 자기 자신이 권리를 보유하고 있음을 알면서도 권리 보유와 권리 사용 사이에는 상당한 괴리가 존재한다는 사실을 깨달아 때때로 권리 사용을 자제할 줄 아는 시민이다. 즉 좋은 시민에게는 자신이 가진 권리를 언제 어떻게 사용해야 할 것인가 하는 문제에서도 분별력을 사용할 줄 아는 시민이다.

앞으로의 자유주의 시민교육은 권리 개념이 가지고 있는 이러한 도덕적 측면을 특별히 강조해서 실시할 필요가 있다. 그간의 권리 교육은 보호 또는 보장의 측면에서만 강조되어온 측면이 없지 않다. 권리가 가지고 있는 윤리적 성격, 즉 정의로운 사회 협력적 시스템 안에서 권리의 공정성과 도덕적 성격을 십분 강조하여 시민교육이 이루어질 때 자유주의가 단순히 방종의 개념을 용인하는 것으로 낙인찍히지 않을 수 있으며, 이기주의로 전락하는 것을 막을 수 있게 된다.

이러한 의미에서 자유주의 사회에서의 구성원들은 진정한 의미의 "이방인"들이라고 할 수 없다. 권리의 개념은 개인을 사회와 국가로부터 보호하려는 자유주의 프로그램의 한 부분이지만, 한편 사회적 맥락에서 장소와 정체성 및 도덕적 역할을 제공하는 측면도 그에 못지않게 중요하기 때문이다. 이러한 점은 공동체주의자들의 우려를 상당 부분 불식시킬 수 있는 부분이다. 권리의 실천과 행사는 결코 공공의 생활을 배제하는 것이 아니다. 권리의 행사는 그 자체로 공공

생활에 필요한 부분적인 구성요소이다. 다만 급속도로 변화하는 다양한 사회에서 그러한 공공 생활의 방식을 한 번에 단순하게 규정하는 것은 어렵다는 것이 자유주의자들의 생각이다. 따라서 정의의 원리에 따라 구체적인 자유주의의 원리들을 재판독할 필요가 있다.

둘째, 시민교육은 자녀들을 완전한 협력적 사회구성원으로 준비시키는 것이며, 일생에 걸쳐 경제적으로 독립적이며 자립적인 사회구성원이 되도록 하는 것이다. 얼핏 보면 협력과 자립이 모순적으로 들리지만 그렇지 않다. 자립과 독립이란 어휘에는 협력처럼 이미 타인과의 관계를 전제로 하고 있기 때문이다. 자유주의 사회에서 누구로부터 간섭을 받아 자립과 독립을 해치는 일이 발생한다면 그것은 간섭과 불평등의 관계이지 자유롭고 평등한 개인을 전제로 하는 자유주의의 사회는 더는 아닐 것이다. 앞서 언급했듯이 자유주의 사회에서는 오직 위해의 원리에 의해서만 정당하게 개인의 자유 제한을 위한 간섭이 허용될 뿐이다. 이것은 오직 자유를 위해서만 자유가 제한된다는 자유 역설의 원리에 따라 자유를 최고의 가치로 생각하는 민주 사회의 구성원이라면 어쩔 수 없이 받아들일 수밖에 없는 이치다.

여기에서 우리는 자유를 제한하는 원리로 위해의 원리뿐만 아니라 후견인적 보호 원리도 유력하게 제기되고 있다는 점을 상기할 필요가 있다. 위해의 원리 이외에도 사람들의 자유를 제한해야 할 필요성은 많다고 볼 수 있는데, 그러한 결점을 보완하기 위해 등장한 것이 후견인적 보호주의다. 이 후견인적 보호주의의 핵심적 메시지는 무엇인가. 강제로 사회나 국가가 구성원들에게 복지나 행복을 가져다줄 수 있고 도덕적 존재로 만들 수 있으며 혹은 불행을 없앨 수 있다는 믿음이 그것이다. 이 후견인적 보호주의가 문제가 될 수 있는 이유는 유난히 자기결정, 자율, 혹은 개인주의에 대하여 비판적이며 부정적이라는 사실 때문이다. 즉 '독립적인 것'이나 '자립적인 것'을 모두 이기적인 것이나 무책임한 것, 혹은 부도덕한 것으로 환원시키거나 폄하하려고 하고 반대로 구성원들에게 의존적 태도를 권장하게 된다. 특히 그것이 정치·사회적 원리로 작동할 때 사회나 국가에 의존적인 삶을 살기를 요구하게 된다.

의존성이란 좋은 개념일까? 미성년자인 자녀가 부모에게 의존하는 것은 자연스러운 일이겠지만, 이른바 "마마보이"처럼 성인이 된 아들이 어머니에게 의존하는 현상은 비정상적이다. 대학생도 성인이라고 한다면 자유주의의 관점에서는 등록금도 부모님께 의존하지 않고 본인의 책임으로 마련하는 것이 바람직하다. 물론 자비나 배려의 가치가 의존성을 전제로 하는 것은 사실이다. 그런데 자비나 배려, 자선, 이타주의, 도덕 등의 가치가 지나치게 확장되어 정부나 공동체가 관장할 정도로 된 것이 바로 정치적 후견인적 보호주의의 실체라고 할 수 있을 것이다. 자유주의에 따르면 합리적이고 합당한 개인들은 자신의 자유와 이익을 위해서 일정 부분 서로 '의지'하는 것이 자신에게 유리함을 알고 있어서 공정한 권리 행사와 위해 원리에 따른 자유 제한을 받아들여 그러한 역할을 담당하는 사회와 국가 시스템을 만들어 협력하게 된다. 결국 자유주의자들은 자신들의 자유와 이익을 위해 일정 부분 서로 '의지'하고 있을 뿐이지, 후견인적 보호주의처럼 어떤 대상에게 전적으로 '의존'하는 것은 절대 반대한다. 그것은 어떤 사회적 경제적 이익보다도 자신의 자유가 소중하다는 생각과 그 자유를 지키기 위함이다. 그래서 롤즈는 자유주의 시민교육에서도 개인의 자립과 경제적 독립을 특별히 강조하고 있다.

이 점은 마치 우리에게 라퐁테느의 우화 '개와 이리'의 이야기를 떠올리게 한다. 굶주리다가 먹을 것을 찾아 민가로 내려온 이리는 의·식·주에 있어 불편함이 없는 안락한 개를 목격하고는 부러워한다. 그러나 곧 개의 목에 있는 목줄의 자국을 보면서 스스로를 돌아보게 된다. 자신이 누리고 있는 자유가 얼마나 소중한지를 깨닫게 되는 것이다. 자유가 없는 삶은 신체적인 배고픔처럼 당장 느껴지지는 않지만, 인간의 품위와 존엄성을 크게 훼손한다. "자유가 진정으로 가치 있다."라는 말을 하려면 자유가 복지처럼 다른 가치와 부딪칠 때도 자유를 선택할 만하다고 해야 한다. 이리는 바로 그런 선택을 하는 존재다. 그는 배고픔을 느끼면서도 자유에 대해 소중함을 간직하고 있기 때문이다. 롤즈가 자유주의 시민교육에서 강조하고 있는 두 번째 사항은 바로 이것이다. 우리는 흔히 이리와는 달리 삶의 안락함을 추구하는 것이 때로는 자유를 잃어버린 대가가 된다는 사실을 잊어버리고 있는 것은 아닌지 성찰할 것을 자유주의 시민교육은 진지하게 물어야 할 것이다.

셋째, 시민교육은 우리 자녀들의 정치적 덕목을 발전시키고 장려하는 것이다. 여기에서 정치적 덕목이란 예의 바름(civility), 관용, 합당성(reasonableness), 그리고 공정함과 같은 것들이다. 롤즈는 이러한 덕목들이 공정한 사회적 협력을 위해 필수적인 덕목들이라고 주장한다. 롤즈는 왜 이러한 덕목들을 필수적으로 요청하고 특별히 강조하는 것일까.

롤즈는 자유주의 사회의 최대 관건은 "합당하지만, 양립 불가능한 종교적, 철학적, 그리고 도덕적 교리들로 심원하게 나누어진 자유롭고 평등한 시민들 간에 안정된 정의로운 사회를 상당 기간 지속시키는 것이 어떻게 가능한가?"라는 것으로 본다(Rawls, 1993: 서문 23). 이에 대해서 롤즈는 '중첩적 합의(overlapping consensus)'와 '공적 이성(public reason)'의 개념에 근거하여 이 문제를 해결해 나가야 한다고 주장한다.

우선 다원적이면서 때로는 경쟁적인 비정치적 가치들 사이에서 안정적인 정치사회를 구축하기 위해서는 다양한 포괄적 신념들이 중첩되는 지점을 확보하여 합당성과 공정성을 실현하는 것이 중요한데, 롤즈는 이것을 '중첩적 합의(overlapping consensus)'라고 지적한다. 이때 공동체의 특수한 덕은 포괄적 교설들이 함유된 선의 관념들이기 때문에 배제되어야 한다고 본다. 다원화된 사회에서 '통치 원리' 즉 사회의 기본구조를 위한 원칙을 정함에 있어 어떤 하나의 포괄적 교설에 의한 특정한 선 관념이 근거가 되면 공정성 등 여러 가지 문제점을 일으킬 수 있기 때문이다. 롤즈는 정치적 영역에서의 중첩적 합의의 방법을 통해 상이한 입장 간에 공정한 협동 체계를 구축하는 것이 합당성에 부합한다고 보는 것이다.

여기에서 관용이라는 덕목 또한 도출된다. 관용의 중요성은 이미 앞에서 자유주의 국가관을 언급할 때 강조한 바 있다. 롤즈는 『정치적 자유주의(*political liberalism*)』에서 세 가지 핵심적인 정치적 가치들을 언급하는데, '온건한 평등주의(modest egalitarianism)'와 일련의 자유권, 그리고 관용이 그것이다. 롤즈는 세 가지 중요한 정치적 가치 중 하나로 관용을 꼽을 정도로 관용의 덕목을 강조하고 있다. 롤즈의 주장은 중첩적으로 합의된 정의의 원칙과 양립을 할 수 있는 특정 포괄적 교리에 대해서는 관용을 하지만, 특정한 포괄적 교리가 사회적 안정성을 해칠 때에는 불관용 해야 한다는 것이다. 이처럼 관용이라는 덕목은 롤즈가 제시한 공정으로서의 정의관 내에 있으며, 그러한 공적 가치를 받아들이도록 교육하는 것이다.

관용의 덕목은 롤즈가 중첩적 합의에 이어서 해법으로 제시하는 '공적 이성(public reason)'의 경우에도 마찬가지로 적용된다. 롤즈는 정의의 원칙이 요구하는 조건을 현실 속에서 충족시키기 위하여 하나의 '공적 이성(public reason)'과 다수의 '비(非) 공적 이성(nonpublic reason)'이라는 구도를 제시한다. 공적 이성은 중첩적 합의 이후 정의와 관련된 정치 문제를 해결하고 정당화하는 데 있어서 내용과 증거를 제시하는 기능을 담당한다. 이처럼 공적 이성은 정의와 같은 정치적 문제를 담당하는 시민적 역할로서의 이성이라면, 비 공적 이성은 시민 이외의 역할을 할 때 작동되는 이성이라고 할 수 있다. 시민들은 헌법적인 핵심가치(constitutional essentials), 즉 정부 구조나 정치과정에 관하여 심의할 때나, 기회의 균등이나 자존감의 사회적 기초와 같은 배분적 정의의 기본 사안들을 규제하는 평등한 권리와 자유에 대하여 심의할 때 오로지 공적 이성만을 사용해야 한다. 이러한 범주의 토의와 심의과정에서는 오로지 공적 이성에 의해서만 천착할 수 있도록 스스로를 제약해야 한다. 다원주의 사회에 그러한 제약이 없다면 상충하는 입장의 철학적 종교적 교리들로 인해서 심각한 사회적 갈등과 정치적 불안이 조성될 것이기 때문이다. 중첩적 합의와 공적 이성으로 형성된 관용의 덕목은 정치사회의 안정을 가져오고 평화를 구현한다.

그런가 하면 '예의 바름(civility)'의 덕목은 롤즈가 민주 사회에서 꼭 필요한 시민적 자질(citizenship)로서 강조하는 것이다. 롤즈는 공정한 사회에서는 정치권력 자체의 정당성만 중요한 것이라 그것을 행사하거나 실천할 때도 정당성이 필요하다고 주장하는데, 이때 시민정신의 이상으로서 예의 바름의 도덕적 의무를 강조한다. 이에 대한 강조는 앞서 권리에 대한 시민교육의 중요성을 언급할 때와 비슷한 차원이라고 볼 수 있다. 즉 권리 개념 자체가 가지고 있는 정당성뿐만 아니라 권리를 행사할 때도 자제하거나 정중한 방식으로 행사할 줄 알아야 한다는 것이다.

한편 롤즈는 시민들이 중요한 정치적 사안에 대한 투표나 토론을 통해 의사결정을 할 때 다른 사람의 견해에 귀를 기울일 수 있는 자발적 의사와 어떤 조정이 필요할 때는 합당하게 임해야 한다는 공정한 마음가짐(fair mindedness)도 아울러서 중요하다고 강조한다(Rawls, 1993: 268). 이러한 능력은 모두 자유롭고 평등한 시민들이 갖추어야 할 기본적인 능력이자 덕목이지만, 그냥 저절로 얻는 것이 아니라 필수적인 수준을 갖추기 위해서는 시민교육이 꼭 필요한 것이다.

이 점과 관련해서 나는 우리 사회에서 잘못 번역되고 있는 '시민불복종 행위(civil disobedience)'를 지적한 바가 있다(조주현, 2013: 187). 우리 사회에서 오역으로 말미암아 시민들이 벌이는 불복종 행위를 '시민불복종 행위'로 지칭하게 되었다. 그러나 여기서 'civil'의 의미는 단순한 시민을 뜻하는 용어가 아니라 예의를 갖춘다는 뜻으로서, 법불복종 행위는 시민이 벌이기 때문에 시민불복종 행위가 되는 것이 아니라 예의와 품격을 갖춘 시민이 벌일 때 비로소 시민불복종 행위가 된다는 의미로 이해되어야 한다. 따라서 지금이라도 '예의를 갖춘 시민불복종 행위'로 바르게 번역될 필요가 있다.

지금까지 자유주의 시민성 이론에 대한 논의를 종합해서 요약하면 〈그림 1〉과 같이 제시할 수 있다.

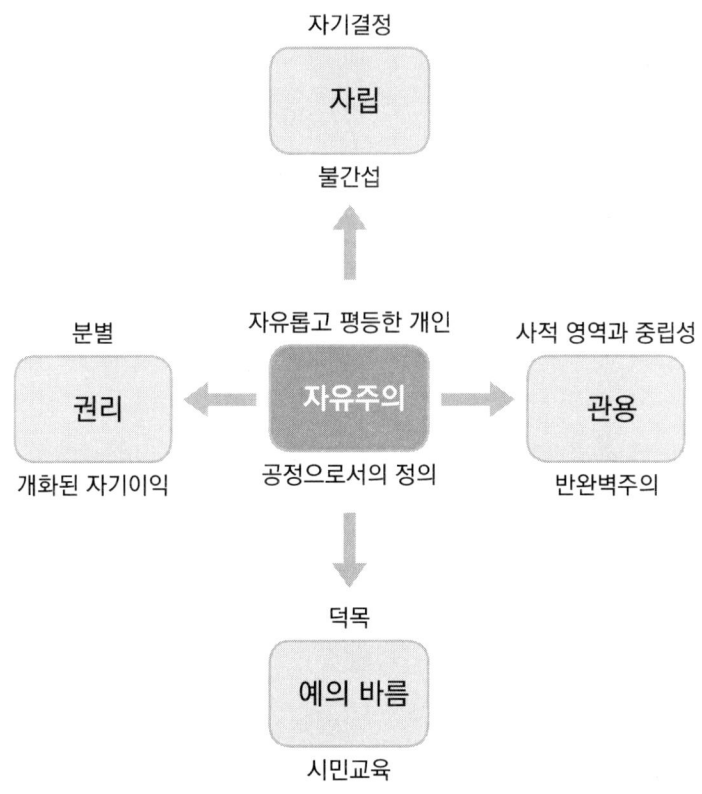

〈그림 1〉 자유주의 시민성 이론의 개념과 특징

7. 요약

현대의 자유주의자들은 인간이 태어날 때부터 자유롭고 평등한 존재라고 생각한다. 자유롭고 평등한 존재라고 하는 것은 도덕적으로 완벽한 개인으로 태어난다는 의미이다. 자유주의에서 개인은 집단과는 독립적인 존재이며, 개인의 존엄성을 인정한다. 즉 개인의 자아실현이나 자유, 자율 등에 최고의 가치를 부여하는 것이다. 개인은 자의적으로 선택을 하고 자기 자신의 고유한 이익을 추구할 수 있는 존재로서 자유로운 행위자(free agent)로 간주된다.

이러한 논의로부터 다음 두 가지가 상정된다. 하나는 개인들이 외부의 간섭으로부터 자유로워야 한다는 것이며, 다른 하나는 개인들이 자신들의 이익을 갖고 발전시키며 추구하는 것이 직견적으로 좋다는 것이다. 이런 식으로 자유주의 비전은 모든 인간이 스스로 자율적 질서를 창출할 수 있는 능력을 지니고 있다는 점에서부터 출발한다.

그런가 하면 자유주의 시민성은 공동체의 유대보다 개인의 기본적 권리를 중시하는 것이 특징이다. 물론 자유주의라고 해서 개인의 권리가 성역 시 되는 것은 결코 아니다. 왜냐하면 상이한 개인들이 함께 살다 보면 이익의 상충이나 권리의 상충 현상이 더욱더 두드러지기 때문이다. 즉 다수의 사람에게도 자신들의 이익을 추구할 수 있는 자유를 허용해야 할 필요 때문에 제약된다는 것이 자유주의자들의 신념이다. 따라서 자유주의는 타인에게 해를 끼치지 않는 범위 내에서 자신의 자유를 행사할 의무를 지며, 타인에게 해를 끼치지 않는다면 자신의 자유를 행사할 수 있는 권리를 가지게 된다.

여기서 자유주의 시민성의 윤리적 함의를 읽을 수 있다. 타인에게 해를 끼치지 않아야 하는 이유는 나도 타인이 끼치는 해를 당하고 싶지 않기 때문이다. 마찬가지로 나의 자유를 타인들로부터 존중받고 싶으면 나 역시 타인의 자유를 존중해야만 한다. 내가 타인의 자유를 존중하지 않으면 그 역시 나의 자유를 존중하지 않을 것이기 때문이다. 따라서 나의 자유를 존중받고 싶은 이기적 목적에서라도 적어도 그만큼은 타인의 자유를 존중해야만 한다. 이것을 개화된 자기이익이라고 하며, 개화된 자기이익은 권리와 함께 자유라는 이름으로 자유주의의 법과 도덕 체계의 두 축을 이루고 있다.

자유주의 사회에서 의무와 규칙과 권리들이 중시되는 이유는 이러한 개인 상호 간의 도덕적 고려를 감안하기 때문이다. 이러한 상황에서 개인의 이익과 권리문제를 해결하기 위해 법과 법의 지배를 강조하는 자유주의 국가의 특징은 더욱더 현저하기 마련이다. 그렇다고 국가가 나서서 개인들의 권리를 침해하면서까지 개인들의 문제를 해결해 주는 것은 싫어한다. 자유주의 비전에서 국가의 역할과 기능은 제한적이다. 즉 국가는 개인의 삶의 활성화를 위해서 수단적으로 기여해야 한다는 인식이 있는 것이다. 국가가 일정한 명분을 대며 개인의 권리를 훼손한다든지 개인의 자율성을 압도하여 국가 주도적으로 어떤 판단을 내리는 것은 국가의 역할을 넘어서는 것이라고 비판한다.

자유주의에서는 최고선이라고 간주되는 것이 정치나 공동생활을 통해서 이룩되는 것이 아니다. 오히려 국가는 선이나 행복의 관점에서 중립적인 입장을 견지해야 한다고 강조한다. 따라서 국가의 개입이나 간섭, 혹은 정치적 배려를 최소한의 수준으로 견지하려는 것이 현대의 자유주의의 입장이다.

자유주의는 '좋은 삶(good life)'에 대한 최종적 인식에 관하여 회의적이고 따라서 무엇이 바람직한 정치의 목적인지에 관하여 규정하지 않고 있다. 그렇지만 그렇다고 해서 공동체주의자들이 주장하는 것처럼, 분자화된 개인들의 세계를 구축하고 있는 것은 아니다. 자유주의자들은 플라톤이나 아리스토텔레스처럼 완벽주의자는 아니더라도 사람들의 합의에 따른 '좋은 질서를 가진 사회(a well-ordered society)'의 구축은 가능하다고 주장한다.

현대의 자유주의자들은 사람들 사이의 가능한 합의의 결과라면 정치의 목적이나 도덕의 내용도 구성될 수 있다고 생각한다. 자유로운 개인들이 '수단의 합리성'에 의하여 합의할 수 있는 내용이 가능하며, 이것이 정치의 목적이 될 수 있다고 보는 것이다. 롤즈는 개인들이 원초적 상황(original position)에서 무지의 베일(veil of ignorance)을 쓰고 선택할 경우, '좋은 질서를 가진 사회'의 목표가 추출될 수 있다고 간주한다.

원초적 입장의 당사자들은 합리적인 존재이지만 무지의 베일을 썼기 때문에 아직 구체적인 자신의 선은 모른다. 이 상태에서 자기 이익을 증진하기 위해서 최선을 다하게 되는데, 결국 모든 사람이 합당한 것으로 받아들이게 될 공정으로서의 정의관에 합의하게 된다는 것이다. 즉 모든 사람이 공정한 협동 관계를 받아들인다면 각 참여자가 합리적으로 받아들일 수 있기 때문이다. 이러한 의미에서 좋은 질서를 가진 사회에서의 시민들은 합당한 존재라고 볼 수 있다. 합당성은 자기에게 이익이 되는 것만 추구하는 것이 아니라 모두에게 이익이 될 수 있는 것을 찾을 수 있는 능력으로서 이러한 도덕적 능력은 시민들이 기본적으로 정의감을 가지고 있다는 점을 반증한다.

지금까지의 논의를 종합하면 자유주의자들은 '상호 이익으로서의 정의(justice as mutual advantage)'와 '불편부당성으로서의 정의(justice as impartiality)'를 강조한다고 할 수 있다. 롤즈 식으로 말하면 모두에게 이익이 되는 사회를 목표로 하는 잠정적 합의(modus vivendi)뿐만 아니라, 누구도 희생시키지 않고 모두가 합당하다고 생각하는 불편부당한 사회를 목표로 하는 중첩적 합의(overlapping consensus)를 추구해야 한다고 할 수 있다.

여기에서 중첩적 합의는 추상적인 공허한 메아리로 머무는 것이 아니라 공적 이성의 형태로 구체적인 정치 현실 속에서 실현된다. 즉 시민들은 국가의 기본 구조에 대한 정의의 문제나 헌법적 차원의 논의를 할 때는 반드시 중첩적 합의에 따른 공적 이성에 따라 심의하고 토론해야 한다. 왜냐하면 분파적이지만 하나의 포괄적 선의 가치를 추구하는 여러 도덕적 철학적 종교적 교리들도 나름의 가치 있는 비 공적 이성을 가지고 있지만, 정의를 추구하는 공적 영역에서 여러 비 공적 이성을 작동시키다 보면 공정하고 합당한 중첩적 합의를 깨뜨리거나 정치사회의 안정성을 해칠 수도 있기 때문이다.

요컨대 롤즈는 합당한 다원주의의 현실을 인정하고 중첩적 합의와 공적 이성을 받아들일 때 비로소 공정하고 정의로운 사회가 실현된다고 본다. 이처럼 자유주의 시민성의 비전은 다른 사람들과 평화를 원한다면 다른 사람과의 다름을 인정하는 관용의 가치를 받아들이라고 요청하고 있다.

한편 자유주의 시민성 이론은 시민교육을 통하여 정치적 덕목을 지닌 시민으로 만들 수 있다고 강조한다. 그것은 시민들이 기본적으로 도덕적 능력인 정의감을 지니고 있어서 가능하다. 이러한 능력은 최소한의 기본적 수준이 필수적으로 요청되지만, 저절로 생기는 것은 아니다. 따라서 시민교육을 통해 인위적으로 가르치고 길러내야 한다. 자유주의 시민교육을 통해 나의 권리와 다른 사람의 권리를 이해시키고, 그렇게 동일한 권리를 가진 이들이 서로 충돌함 없이 함께 협동하면서 살아갈 수 있도록 예의 바름과 같은 시민성, 중첩적 합의를 존중하는 합당성과 관용, 공적 이성을 따르는 공정심과 같은 정치적 덕목들을 장려하고 발전시켜 나아가야 한다.

참고 문헌

김해성(1999), "자유주의 국가의 중립성과 시민교육", 『시민교육연구』, 81-102.

박정순(1998), "정치적 자유주의의 철학적 기초", 『철학연구』, 275-305.

변종헌(1998), "민주주의에서의 중첩적 합의와 민주시민교육", 『윤리연구』, 149-170.

장동진(2005), "한국민주정치와 민주시민교육: 적극적 시민육성을 위한 자유주의적 논의", 『사회과학논집』, 147-170.

조일수(2011), "자유주의적 시민성에 대한 연구", 『윤리연구』, 1-24.

조주현(2019), "자유주의 시민성과 도덕과 인성교육의 과제", 『윤리교육연구』, 1-37.

Barber, B. (1984), *Strong democracy*, Berkeley: University of California Press.

Berlin, I. (1969), *Four essays on liberty*, London: Oxford University Press.

Christman, J. (1989), *The inner citadel*, New York: Oxford University Press.

Damico, A. (Ed.) (1986), *Liberals on liberalism*, Maryland: Rowman & Littlefield Publishers.

Flathman, R. E. (1976), *The practice of rights*, Cambridge: Cambridge University Press.

Galston, W. A. (1986), "Liberalism and public morality", In A. J.

Damico (Ed.), *Liberals on liberalism*, New Jersey: Rowman and Littlefield.

Gauthier, D. (1986), *Morals by agreement*, Oxford: Clarendon Press.

Hausman, D. M. & McPherson, M. S. (1996), *Economic analysis and moral philosophy*, Cambridge: Cambridge University Press.

Hobbes, T. (1968), *Leviathan*, Harmondsworth: Penguin.

Hirschman, A. (1979), *The passions and the interests*, Princeton: Princeton University Press, 32.

Lomasky, L. E. (1987), *Persons, rights, and moral community*, New York: Oxford University Press.

Mill, J. S. (1859), *On liberty*, New York: Norton.

Moore, M. (1998), *Foundations of liberalism*, Oxford: Clarendon Press

Nozick, R. (1974), *Anarchy, state and utopia*, New York: Basic Books.

Rawls, J. (1971), *A theory of justice*, Cambridge: Harvard University Press.

_____ (1993), *Political liberalism*, New York: Columbia University Press, 장동진 역(1997), 『정치적 자유주의』, 서울: 동명사.

_____ (1999), *A theory of justice*, Cambridge: Harvard University Press.

Sandel, M. J. (1982), *Liberalism and the limits of justice*, Cambridge: Cambridge University Press.

Scanlon, T. M. (1982), "Contractualism and utilitarianism", In A. Sen & B. Williams (Eds.), *Utilitarianism and beyond*, Cambridge: Cambridge University Press.

Strauss, L. (1959), *What is political philosophy*, New York: The Free Press.

Tocqueville, A. (1835), *Democracy in America*, G. Lawrence (tr.), Garden City: Doubleday.

2장

공동체주의 시민성과 시민교육

이범웅 · 공주교육대학교 교수

2장
공동체주의 시민성과 시민교육

이범웅(공주교육대학교 교수)

공동체주의는 근대 개인주의가 보편화되면서 나타난 윤리적 토대의 상실, 즉 고도의 산업 사회에 따른 도덕적 공동체의 와해와 이기적 개인주의의 팽배에 의한 원자화 등의 현상에 대한 이론적 비판이라고 할 수 있다. 이러한 입장에서 공동체주의는 아리스토텔레스, 루소, 헤겔 등의 사상적 전통을 기반으로 자아정체성의 공동체적 이해를 강조한다(최문기·이범웅·변종헌, 2018: 78). 공동체주의는 서구의 자유주의의 문제를 극복하기 위한 대안으로 생겨났으며, 자유주의와 공동체주의 논쟁은 1990년대부터 지금까지 계속되었다.

하지만 두 관점의 수렴이 나타나고 있고 적어도 이론적 대립이 이전보다는 많이 완화되었다고 할 수 있다(추병완, 2004: 169-170). 예컨대 롤즈는 공동체의 역할을 인정하는 가운데 그의 초기 입장을 다소 수정하였다. 에치오니(Etzioni, 1996), 셀즈닉(Selznick, 1992)을 비롯한 여러 학자들은 자유주의의 공동체화(communalization of liberalism), 공동체주의적 자유주의(communitarian liberalism), 자유주의적 공동체주의(liberal communitarianism), 반응적 공동체(responsive community) 등과 같은 다소 수렴적인 용어를 사용하기 시작하였다.

이 장에서 공동체주의의 출현과 핵심 가치의 개괄적 이해를 바탕으로 최근의 공동체주의와 자유주의 간의 접목을 시도한 신공동체주의 핵심 가치를 살펴보도록 할 것이다. 다음으로 공동체주의에서 민주시민성을 어떻게 인식하고 있는지를 알아보고, 공동체주의의 시민성을 기르기 위한 교육의 필요성, 구체적 교육 내용과 방법을 탐색하고자 한다.

1. 공동체주의의 출현

자유주의 입장에서 개인은 자신이 선택한 목적을 추구할 때 국가 또는 다른 시민의 간섭으로부터 보호할 중요한 권리를 보유한다 (Peterson, 2011: 10-11). 롤즈에 따르면 자유인으로서 시민은 서로에게 선의 개념을 지니는 도덕적 힘을 가지고 있는 것으로 본다(Rawls, 1980: 544). 그런데 자유의 원리만으로는 빈곤, 인간소외, 윤리의 타락, 사회갈등, 자연 파괴와 같은 현대 인류가 당면한 심각한 문제를 해결할 방법을 찾기 힘들다는 견해가 생겨났다.

1960년대 들어 미국에서 "자유란 우리의 집단적 운명을 통제하는 힘을 공유하는 시민의 능력에 달린 것이 아니라, 개인으로서 자신의 가치와 목표를 독립적으로 선택하는 능력"을 의미한다고 샌델은 보았다. 이런 자유의 행사가 공화주의적 또는 공동체주의적 자유를 포기한다고 샌델은 신랄하게 비판하였다. 그는 완전한 선택의 자유란 불가능한 것이라는 점에서 롤즈의 원초적 상황 및 무지의 베일이라는 상상력의 한계를 지적하였다(김선욱, 2018: 19, 22). 따라서 샌델은 전통적 공동체주의와 자유주의 사이에 자신의 입장을 수립하고 있다.

그리고 1980년대에 수많은 공동체주의 이론가들(MacIntyre, Walzer, Sandel, Bellah, Taylor 등)은 자유주의 입장의 주요 교리를 비판하고 사회적 소속감과 결속에 대한 더욱 강력한 설명을 제공하고자 했다. 구속받지 않는 자아의 개념을 거부하면서, 공동체주의 이론가들은 공동체의 유대가 선택이라는 자유주의의 주장에 반대했다. 대신에 그들은 자아가 본질적으로 사회적 집단과 실체에 놓이거나 상황 지어진다고 주장했다(Peterson, 2011: 11).

벨라와 그의 동료는 현대인의 사회적, 문화적, 정치적 공동체에 대한 연대성의 약화를 지적한다(Bellah et al., 1985: 277). 정치적으로 자유주의의 정부는 시민들이 가치관과 목표를 자유롭게 선택할 수 있도록 중립적 권리 체계를 제공하는 역할만을 하여야 한다. 자유에는 다양한 개념이 있을 수 있지만, 자유주의적 입장에 따르면 자유는 오직 선택의 자유만이 강조될 뿐이다. 자유주의는 공동체적 삶에 적극적으로 참여하면서 진정으로 풍요로운 삶을 누릴 수 있다는 생각을 거부하며, 개인과 국가의 관계도 상호의존의 방식으로 생각해서는 안 된다고 보았다(김선욱, 2018: 14-16).

벨(Bell, 1995)도 롤즈의 정의론을 공동체주의 철학의 출발점으로 삼았다. 롤즈는 개인주의적 자유주의의 지지자로서 이해되었다. 개인주의적 자유주의는 도덕 원리가 자신의 이익에 대한 '무지의 베일'

에서 사용하는 원칙으로 특징지어지는 견해이기도 하다. 무지의 베일은 담화가 권력에 의해 오염되지 않는 하버마스의 이상적 담화상황(Ideal Speech Situation)[1]과 많은 공통점이 있다. 공동체주의자들은 그러한 상황이 실제로 존재하지 않는다고 항변한다. 공동체주의자들은 인간이 실제로 느끼고 주장하는 자연적 소속, 충성도 및 의무를 인식해야 한다는 것이다(Golby, 1997: 129).

뮬홀과 스위프트(Mulhall & Swift)는 또한 샌델, 맥킨타이어, 테일러 및 왈저 등과의 토론을 통해 롤즈의 4개의 특징을 다음과 같이 정리하였다.

① 반사회적인 개인주의 또는 개인의 목적, 가치 및 정체성은 자신이 속한 더 넓은 공동체와 독립하여 존재한다는 믿음
② 보편주의 또는 정의론이 문화적 특수성과 무관하게 보편적으로 적용된다는 믿음
③ 객관주의 또는 선에 대한 목적, 가치 및 개념에 대한 개인의 최종 선택은 본질적으로 합리적인 정당화가 불가능한 임의의 선호 표현이라는 믿음
④ 반완전주의(anti-perfectionism)[2] 그리고 중립성

---

1 담화 참가자들 간에 상호 인격적 관계를 바탕으로 정당한 담화 행위가 이루어져야 하며 말하는 사람과 듣는 사람과의 소통을 통해 참된 진술을 해야 하고 자신의 견해와 의도, 감정과 희망 등을 솔직하게 표현해야 하며 담화 참가자들 모두가 이해 가능한 언어를 선택 구사해야 한다.
2 반완전주의자들은 개인의 권리와 자율성을 보호하기 위해서는 국가가 각 개인이 추구하는 좋은 삶에 관한 판단을 내려서는 안 된다고 주장한다. 즉 국가가 어떤 특정한 가치관이나 도덕적 관점을 장려하거나 정치적으로 지지해서는 안 된다는 것이다.

롤즈는 인간 사회가 비록 이기적인 인간으로 구성되기는 했으나, 서로의 적절한 타협과 계약으로 평화적으로 바람직한 균형 상태를 만들어낼 수 있다는 낙관에서 출발한다. 자유평등주의자로 일컫기도 하는 롤즈 역시 자유지상주의자와 다를 바 없이, 우리 사회가 다양하고 이질적인 개인적 목표와 이해관계, 가치관을 지닌, 개별적이고 분리된 인간들의 집합이라는 관점에서 벗어나지 못하고 있다고 비판한다(김선욱·강준호·구영모·김은희·박상혁·최경석 역, 2008: 47-48).

그리고 무페(Mouffe)가 적절히 지적하였듯이, 롤즈의 정의론 속에는 "정치적 공동선의 개념과 진정으로 정치적인 시민권의 정의(定義)를 위한 공간이 전혀 마련되어 있지 못하다."라는 사실이다. 그는 시민을 단지 자유롭고 평등한 도덕적 인간으로만 간주할 뿐이다. 따라서 그의 이론은 갈등, 적대감, 권력관계 등 핵심적인 정치의 범주를 뒷전으로 물리고, 단지 도덕의 강제 하에 전개되는 사적 이해관계 사이의 합리적 협상 과정에 관한 관심만을 전면에 부각시킨다는 것이다(Mouffe, 1993: 56). 이런 의미에서 그의 정의론은 정치철학이라기보다는 차라리 도덕철학이라 부를 수 있다는 것이 무페의 지적이다.

그런데 개인주의 및 자유주의가 분리화와 개체화, 그리고 인간으로서 존엄성과 자율성이 최선의 가치이므로 그것을 지키고 싶다면, 역설적으로 새로운 사회의 통합이 필요하다는 것이다. 우리가 진정으로 통합된 사회 공동체를 위한 개인적 노력을 하지 않는다면, 우리의 개별화를 위협하는 현대 세계의 극단적 파편화가 초래된다는 것이다(Peterson, 2011: 20).

이를 종합하면 개인적 자유만 과도하게 주장되면 사회·경제적 격차와 대립의 증대, 인간소외와 개인의 파편화, 공동체 연대의 약화, 역사 단절과 전통 붕괴, 생태 파괴와 생명 훼손 등 사회·역사·자연 공동체 등이 피폐해지고, 나아가 파괴되어 자유주의의 지속 자체가 어려운 상황이 온다. 이 상황이 공동체주의의 출현을 재촉하는 하나의 요인으로 작용했다.

그리고 공동체주의자들은 현대사회가 '현대성'의 조건에 크게 영향을 받는다고 가정한다. 블라우(Blau, 1977)에 따르면 현대성은 이질성과 불평등, 세계주의, 합리화, 관료주의, 대중사회 등을 특징으로 한다(Karp, 2000: 154). 셀즈닉(Selznick, 1992: 4)은 현대성의 특징이 "전통적인 사회 유대가 꾸준히 약화되고 보다 합리적이고 비인간적이며 단편화된 사고와 행동에 기초한 새로운 통일체의 창출"이라고 보았다. 역설적으로 현대성은 더 많은 독립성과 더 많은 상호의존성을 동시에 유발했다. 또한 사회 체계의 복잡성은 더 큰 상호의존성을 만든다. 그리고 공공재의 공급이 더 큰 규모로 발생함에 따라 자급자족은 공허한 추상화가 되어 가고 있다(Karp, 2000: 155).

월프(Wolfe, 1989: 3)는 "현대적인 것이 이방인이 내린 결정의 결과에 직면하는 동시에 인간이 익명인의 삶에 영향을 미치는 결정을 내리는 것"이라고 말한다. 공동체주의자들은 현대성의 조건에 의해 공동체의 전망에 깊은 도전을 받는다고 주장한다. 대부분 공동체주의의 관점은 자유주의와 개인주의에 대한 서구의 지배적인 강조에 반응하여 발전했다. 이 두 가지 관련 교의는 사회적 목적보다 개인의 자율성을 우선시한다. 따라서 자유주의는 공동체보다 개인을 우선시하며, 권리 보호와 개인의 자율성을 강조하는 경향이 있다(Karp, 2000: 159). 자유주의의 관점에 대해 공동체주의는 반론을 제기하며,

공동체가 와해되거나 혼란에 빠지면 개인의 자율성 또한 공염불이 될 수 있음을 지적한다.

현실적으로도 미국을 비롯한 선진 국가에서는 개인주의와 물질 만능주의가 공동체 의식과 정신적 가치를 완전히 압도하기에 이르렀다(이희재, 2010: 173). 개인주의의 폭주가 시작되면서 관계적·공동체적 존재로서의 인간임을 거부하고 독립적 존재로서의 자신을 무한대로 주장하기 시작하였다. 그 결과 공동체적 가치와 연대는 약화되고 공동체는 점차 피폐해지며, 가치의 혼란과 사회의 무질서가 증가되어 갔다.

이와 같은 극단의 개인주의적 자유주의가 가져오는 각종의 부작용, 즉 사회경제적 격차의 증대, 공동체 연대의 약화, 공동선의 파괴 등의 문제를 해결하기 위하여 파시즘이나 공산주의와 같은 전체주의나 집단주의에 의지하려 했던 적이 있었다. 이러한 혼란과 위기를 풀기 위하여 나온 좌파적 대답이 바로 국가사회주의이고, 우파적 대답이 파시즘이었다(박세일 외, 2009: 253). 집단주의는 집단의 가치를 앞세워 개인의 가치와 대립하지만, 공동체주의는 개인의 가치를 기본으로 한다. 공동체주의는 개인의 가치를 절대화하지 않을 뿐이다(박세일 외, 2009: 15-16). 인간의 자유와 존엄을 기본으로 하면서 공동체 구성원 간의 상호 설득과 교육을 통하여 개개인의 공동체 의식과 책임을 제고하고자 노력한다.

토크빌(Tocquevile, 1969: 506)도 『미국의 민주주의』에서 자유주의적 개인주의를 표방하는 미국 사회의 특성과 위험성을 다음과 같이 경고했다. "개인주의는 하나의 새로운 관념을 표현하기 위해 근래에 고안된 개념으로서, 각각의 시민을 그 동료 시민으로부터 고립시키고 가족과 친구들로 구성되는 좁은 사회로 후퇴하도록 만드는 냉정한 감성이다." 대부분의 공동체주의자는 특히 자유주의가 표방하는 "반사회적 개인주의"의 철학적 측면을 거세게 비판한다.

자유주의자들은 정치 생활, 정치 관계, 권위 관계 및 시민 생활을 동의와 계약과 같은 선택의 범주로 접근한다. 반면에 공동체주의자들은 '정치적 자연주의'에 초점을 맞추고 있다. 일찍이 아리스토텔레스는 "인간이 태어나면서 정치적 동물"이라고 주장하였다. 개인이 태어나면서 특정한 정치공동체 안으로 태어나는 '정치적 동물'이라는 것이다(박세일 외, 2009: 152).

공동체주의자들은 보편적이고 공정한 정의를 가진 자유주의적 선입견은 개인이 전통, 문화, 정체성을 공유하기보다는 사회적 계약으로 서로 결합한 사회적 원자로 본다고 주장한다. 자유주의는 우리 자신의 삶에 대한 의미의 원천과 평가뿐만 아니라 타인과 깊은 유대로부터 멀어지게 한다. 자유주의는 정의롭고 인간적인 사회보다 뿌리 없음, 아노미, 소외를 낳을 가능성이 더 크다. 보편적이고 공정한 정의의 입장은 어디에서나 볼 수 있는 것이 아니다(Strike, 2000: 134). 공동체주의들은 개인이 복잡한 공동체의 애착과 성향에 의해 구성되고, 인간을 추상적이고 개인주의적인 '자연 상태'의 파생물로 묘사하려는 시도는 근본적으로 오도되고 실패할 것이라는 견해를 공유한다.

지금까지 철학적 논의와 현실 사회의 논의에서 공동체주의의 대두 배경에 대해 살펴보았다. 공동체주의는 헤겔의 관념에 입각해서 칸트주의적 자유주의를 비판하는 입장이다. 그리고 '친애(philia/friendship)'라는 독특한 개념을 동원하여 공동체 구성원 상호 간의 굳건한 결속을 지향하는 인간적 유대 관계의 중요성을 강조한다. 그리고 '인류'에 대한 사랑과 국가적 단합, 요컨대 '친애'를 가장 참된 가치로 인정한 아리스토텔레스의 지적 전통을 따르려 한다(박호성, 2009: 430).

또한 동서양을 막론하고 오랜 세월 동안 인류는 항상 공동체를 이루며 살아왔다. 공동체주의는 공동체 의식과 사회적 결속에 대한 태도와 정책을 전파하는 데 전념하는 정치 운동이다. 공동체주의는 또한 한편으로는 개인의 정체성과 행동과의 관계, 다른 한편으로는 사회적 및 정치적 맥락 사이의 연관성을 광범위하게 조사하는 지적 전통이다. 같은 이름의 정치 운동처럼 공동체주의의 철학은 매우 다양하다. 맥킨타이어와 같은 일부는 공동체주의자로 명명되었지만 이를 거부하기도 한다. 맥킨타이어는 사실 뮬홀과 스위프트에 의해 샌델, 테일러 및 왈저와 함께 전형적인 공동체주의자로 분류되었다(Golby, 1997: 125).

20세기는 볼셰비키 혁명으로 돛을 달아 올렸고 공산권의 몰락으로 닻을 내린 셈이었다. 공산권 몰락을 체험한 서유럽 진보세력의 일각에서는 현재 공동체주의가 바야흐로 사회주의의 후속 이론체계의 역할을 담당해 주리라는 기대감이 있었다(Meyer, 2008: 93). 그러나 좌파적 공동체주의가 나타나긴 했지만 하나의 정치 운동으로 성공을 거두지 못하였다.

지금까지 자본주의는 낭비, 억압, 고통, 착취, 불평등 등으로 점철되어 있지만, 생산력의 고양, 개인적 자유의 신장, 인간적 자아실현의 잠재력 증진 등 괄목할 만한 성과를 거두었다. 자유민주주의는 오늘날 몇 갈래의 정치 철학적 경향들을 포괄하고 있다. 이를 개괄하면 공리주의(utilitarianism), 자유지상주의(libertarianism), 자유평등주의(liberalegalitarianism), 공동체주의(communitarianism) 등을 꼽을 수 있다(박호성, 2009: 338).

자본주의와 자유민주주의가 현대사회의 정치적, 경제적 이데올로기로서 그 영향력을 아직도 지닌다. 자본주의나 자유민주주의가 정형화된 틀이 있다기보다는 그 자체로 변신을 지속적으로 하면서 도전에 응전한 결과물이라고 볼 수 있다. 공동체주의도 개인과 공동체 중 공동체만을 절대선으로 보거나 무조건 우선시한다면 대중들로부터 외면당할 수밖에 없다.

따라서 공동체주의 진영에서도 롤즈와 같은 자유평등주의자가 복지국가를 지지하고 일정한 사회정책적 배려를 긍정적으로 수용하며, 나아가서는 자신의 목표를 추구하는 개인의 역량을 존중하기 위해 존엄한 삶에 대한 최소한의 선결 요건을 정부가 보장해 주어야 한다고 역설하는 등 전향적 자세를 지니고 있다는 데에 일단 긍정적인 평가를 한다.

따라서 공동체주의는 정치적 이론, 정치 운동 및 정치 전략으로 다양하게 이해될 수 있다. 공동체주의와 연결된 사람들은 학계뿐만 아니라 정치인도 포함된다. 공동체주의의 관점은 최소한 자유주의의 틀을 넘어서는 여러 도덕적, 사회적 이상에 의해 생겨난다(Karp, 2000: 160). 그런데도 공동체주의자는 관용, 평등, 진정성 등의 자유주의의 사회적 재화(social goods)를 가르치고자 한다(Watson, 2010: 211).

에치오니(Etzioni)가 강조한 것처럼 서구의 가치는 개인의 자유와 자율성을 특징으로 하지만 사회 질서를 선호하는 보호 장치에는 덜 관심을 둔다. 동아시아에서는 서구와 정반대이다. 에치오니는 서구와 동아시아 간의 "진화하는 세계 규범적 종합"을 간파하였다(Etzioni, 2004: 211). 에치오니의 공동체주의는 일종의 도덕적 비전이다. 샌델이나 테일러가 흔히 공동체주의자로 불리지만 이들을 통상적인 공동체주의자로 부르는 데는 무리가 있다. 샌델이나 테일러, 윌(Will), 에치오니, 왈저 등도 "자유주의적 공동체주의"라고 불리기를 희망한다(Watson, 2010: 211). 또한 이들은 인권과 같은 자유주의적 가치를 중요시하며, 자유와 자율의 중요성을 충분히 인정한다(김선욱, 2018: 8). 자유주의 가치와 공동체주의 가치의 수렴과 접목은 변증법적 종합이기도 하며, 뒤에 논의할 신공동체주의자들의 핵심적 주장이기도 하다.

2. 공동체주의의 핵심 가치들

여기에서는 공동체주의에서 강조하는 중요한 가치들과 기본 가정을 살펴보기로 하겠다. 먼저 공동체의 의미에 대해 알아보도록 하겠다. 일찍이 퇴니스(Tönnies)는 게마인샤프트(Gemeinshaft: 공동체)와 게젤샤프트(Gesellshaft: 이익사회)의 차이점을 비교하면서 공동체를 설명하였다. 퇴니스는 공동체는 모든 친밀하고 사적이며 배타적인 생활공동체이다. 반면에 이익사회는 공적 생활이다. 처음에 가족과 함께하는 공동체에서 우리는 태어나서 산다. 성장하여 넓은 세상으로 나아가면 이익사회에 들어가게 된다(Tönnies, 1988: 34). 공동체에서 사람들은 모든 분리 요소에도 불구하고 통합된 상태를 유지한다.

반면에 이익사회에서는 모든 통일 요소에도 불구하고 사람들은 본질적으로 분리되어 있다(Tönnies, 1988: 192). 그리고 공동체는 가족, 마을, 모임의 세계이며, 이익사회는 시장과 국가, 상업 및 정치의 세계이다. 공동체는 우리가 속한 곳이지만 이익사회에서 우리는 이방인이다. 공동체에서 타인과의 상호작용을 통해 사랑, 우정 및 공유된 관행의 상호 즐거움이 넘치는 곳이라면, 이익사회에서 우리는 자신의 이익을 추구한다.

그러므로 정치는 공동체의 형태가 아니라 시장과 같이 우리가 우리의 장점을 찾고 타인을 우리의 목적을 위한 도구로 여기는 곳이다. 이러한 사회를 온기 있고 잘 연결된 공동체로 만드는 노력이 필요하다. 그러나 현대사회에서 이해관계가 복잡다기하고 익명성이 만연한 사회에서 공동체만을 추구하기는 어려울 수 있다. 느슨하지만 공동체의 통합 요구와 도덕적 목소리가 울려 퍼지고 활발한 의사소통을 통해 사회적 합의가 도출되는 사회가 필요하다.

이와 관련하여 공동체주의자들은 개인의 정체성은 '구성적 공동체(constitutive communities)'의 멤버십을 통해 달성된다고 보았다. 구성적 공동체는 우리가 일시적 이유로 가입할 수 있는 다른 결사체와 대비될 수 있다(Golby, 1997: 131). 벨은 구성적 공동체의 3개의 특성을 다음과 같이 주장하였다.

첫째, 구성적 공동체는 인간으로서 우리 자신과 상호의존의 관계를 맺고 있다.

둘째, 구성적 공동체는 의미 있는 사고, 행동 및 판단의 배경지식을 제공한다.

셋째, 구성적 공동체를 망각한 사람은 심각한 형태의 가치관의 혼란을 겪게 될 것이며, 그가 사는 세계는 의미 있는 희망이 사라져 공허해질 것이다(Bell, 1993: 96, 100).

그리고 벨에 따르면 3개 유형의 구성적 공동체가 있다. 첫째, 집과 같은 장소의 공동체가 있으며, 여기에서 최초의 애착 관계가 형성된다. 둘째, 도덕적으로 중요한 역사를 공유하는 기억의 공동체 또는 낯선 집단이 있다. 셋째, 심리적 공동체로 신뢰, 협력 및 이타주의에 따라 지배되는 개인 간의 상호작용 공동체가 있다(Bell, 1993: 85). 따라서 우리가 사는 사회는 공동체들의 공동체여야 한다.

여기에서는 공동체의 핵심 가치를 초기의 공동체주의에서 강조한 가치를 먼저 살펴본 다음에 자유주의와 공동체주의 간의 접목을 모색한 신공동체주의에서 강조한 가치들로 나누어 살펴보도록 하겠다.

1) 초기 공동체주의의 핵심가치들

(1) 유대 및 애착

공동체주의자들은 가족, 민족, 문화, 전통의 성원으로서 지니게 되는 "연고 깊은 정체성"[3]을 신뢰한다고 역설한다(김선욱 · 강준호 · 구

---

[3] 흄의 주장은 애착의 유대보다는 계몽된 자기 이익에 의존해야 한다는 것이다. 롤즈는 사랑과 우정과 같은 개념이 개인, 가족, 관계의 영역에 적용되는 반면, 정의는 사회 제도의 첫째 미덕이다. 많은 자유주의자는 강한 인간의 애착을 정의의 동기로 염두에 두지 않으려 한다. 자유주의자들은 애착이 본질적으로 편파적이라는 점을 염려한다. 그들에게 사람에 대한 의무와 존중은 사랑, 공유된 정체성 또는 공감과 같은 동기보다 선호된다(Strike, 2000: 136).

영모 · 김은희 · 박상혁 · 최경석, 2008: 49). 오늘날 우리는 상대적으로 약한 사회적 유대 사회에 살고 있다. 사람들은 그 어느 때보다 다양한 사람들과 더 많은 접촉을 하지만 개인은 혼잡함, 번잡함 속에서 익명을 느끼고 길을 잃고 헤맨다(Karp, 2000: 154).

이런 문제의식을 지닌 공동체주의자는 타인에 대한 정서적 애착이 필요하다는 기본적인 인간 동기를 가정한다. 공동체주의자는 인간이 강한 정서적 요소를 가지고 있으므로 종종 철회, 회피 또는 적대보다는 공유, 협상, 호혜성, 협력을 기꺼이 실천하려 한다고 보았다(Karp, 2000: 156). 공동체주의자들은 인간이 가족, 공동체, 전통, 역사의 유대와 밀접한 관련이 있다고 생각한다. 그들은 정치의 중요한 목표가 단순히 개인을 해방하는 것이 아니라 관계를 유지하는 것이라고 가정한다(Serna, 2012: 216). 따라서 공동체주의에서는 유대와 애착이 공동체의 근간이라는 점을 전제한다.

(2) 사회적 또는 관계적 자아

자유주의에서 상정한 인격적 자아는 공동체에 선행하는 자립적인 존재이고, 개인의 목적과 가치와 정체성은 공동체와는 무관하게 독립하여 존재하는 것이다. 반면에 공동체주의에서 상정하는 자아란 고립되어 존재하는 것이 아니라 공동체의 가치와 문화에 의해 형성되는 것이다. 공동체주의의 강조점은 개인의 숙고에만 참여하는 개인이 아니라 사회적 존재로서 개인에 두는 것이며, 사회적 존재로서의 자신의 역할을 인식하여 행동하는 개인에 두고 있다.

공동체주의자 또한 개인의 행동이 사회에 의해 전체적으로는 아니지만, 부분적으로 결정된다고 가정한다(Karp, 2000: 155). 개인은 시간과 장소라는 상황 속에 즉, 특정 사회적 관계의 맥락에 놓여 있다. 따라서 일상의 경험은 사회적 경험의 소산이다. 그리고 인간 발달에 관한 연구는 인간 연결의 필요성을 보여준다(Stern, 1985).

따라서 공동체주의자들은 사회적 자아가 사회의 개인들과 다양한 사회 집단의 구성원들에 의해 수행되는 다양한 역할로 구성된다고 가정한다. "자아가 되려면 공동체의 구성원이어야 한다."(Mead, 1956: 226)는 미드(Mead)의 역할이론에 따르면, 개인은 다양한 사회적 역할을 수행하며, 그중 많은 역할은 잘 정의된 문화 대본으로 규정된다(Stryker, 1980)는 것이다.

앞서 논의된 바와 같이 공동체주의에서 자아는 사회적 범주에 의해 부분적으로 정의된다. 또한 이러한 역할에는 적절한 수행을 정의하는 데 도움이 되는 규칙이 수반된다. 따라서 사회적 자아는 또한 집단 구성원에 부가된 가치와 정서적 중요성과 함께 그의 사회적 집단의 구성원에 대한 그의 지식으로부터 도출한 개인의 자아 개념 일부로서 규정된다(Tajfel, 1981: 255).

또한 공동체주의자들은 상황 속에 처한 대리인의 정체성이 가능한 다양한 구성원을 반영하는 '다중적 관계'의 기능이라고 가정한다. 사회적 정체성(또래 집단, 확대가족, 평등한 관계), 자발적인 결사체(교회 합창단, 볼링 리그, 노조), 선호 가맹(스포츠 선수나 연예인 팬클럽) 및 동심의 또는 내부의 정체성(이웃, 도시, 주, 국가) 등에서 사회적 정체성은 생겨난다는 것이다(Karp, 2000: 159).

그러므로 개인의 발전은 항상 건강한 공동체 속에서만 가능하다. 개인의 자유선택의 능력도 공동체와의 관계 속에서 성숙하고 발전하는 것으로 본다. 자유주의에서 주장하는 자기완성적, 자기충족적 자아가 아니라, 공동체 속에서 형성되는 자아와 사회적 관계망 속의 자아가 진정한 자아라고 공동체주의자들은 주장한다.

(3) 공동체 의식과 규범

공동체주의는 유대 및 애착과 함께 소속감을 강조한다. 샌델은 소속감을 느낄 때 공동체의 존재를 인정할 수 있으며, 소속감은 단순한 참여가 아니라 진정성을 갖는 참여가 이루어질 때 산출 가능하다고 보았다(박세일 외, 2009: 129). 소속감은 일종의 공동체 의식이라고 부를 수 있다. 샌델에 따르면 공동체가 '좋은 질서를 가진 공동체' 모델이 되기 위해서는 공동체 규범은 내적 비판과 외적 비판, 혹은 내외적 비판에 열려 있어야 한다.

공동체 의식이 강하면 강할수록 공동체의 규범을 그대로 수용할지언정, 공동체의 규범에 도전하기란 어렵다. 한 공동체가 자유롭고 비판적인 사고까지 허용할 정도로 '열린 공동체'가 되려면, 공동체의 기준과 규범, 실천 양식은 내부와 외부로부터 끊임없이 도전받아야 한다는 점을 시사하고 있다(박세일 외, 2009: 140-141). 어떤 문제 사태에 대한 공동체주의적 관점의 도덕성은 본질적으로 집합적 산물이다.

공동체주의의 관점은 행동 규제에서 궁극적으로 고려해야 할 사항에 대한 사회적 입장이다. 공동체주의의 측면에서 볼 때 도덕성이 아닌 것은 개인적으로 선택한 결과물이다(Golby, 1997: 128). 따라서 공동체주의자들은 실제로 인간들 간의 상호작용을 통해 공동체에서 도덕이 생겨나는 것으로 이해한다. 셀즈닉에 따르면 공동체 삶의 암묵적인 가정은 사람과 집단이 개별적이고 이기적인 실체로서 크든 작든 모든 공동체에 참여한다는 것이다. 개인들과 집단은 독립적이면서도 상호 의존적이다(Selznick, 1992: 369). 독립적이고 상호 의존적 삶을 살아가는 우리는 공동체 의식을 생활양식으로 받아들여야 한다는 것이 공동체주의의 기본 전제이다.

(4) 전통과 서사의 강조

버크는 죽은 사람과 살아있는 사람 및 태어날 사람 사이에 유대가 형성될 때 공동체도 가능하다고 보았다. 전통은 세대 간의 연결고리이며, 공동체 형성의 토대라는 것이다. 맥킨타이어는 개인이 자신의 이야기가 전해지는 것을 듣는 경우에 공동체가 작동한다고 보았다(박세일 외, 2009: 129). 공동체의 유지는 신구세대 간의 서사[4]를 통해 가능하다는 것이다.

그러므로 역사 존중의 공동체가 바로 좋은 공동체, 선한 공동체이다. 반대로 선조들의 삶의 지혜를 무시하고, 자기 나라의 역사를 공격하고 폄하하는 반역사적 공동체는 나쁜 공동체이다. 따라서 반역사·반도덕의 공동체 속에서는 개인의 완성된 삶, 즉 좋은 삶, 선한 삶은 불가능하게 된다. 공동체의 품격을 결정하는 것은 그 공동체 구성원들이 공동체의 역사에 대하여 가지는 자부심과 자긍심이

---

4 사건이 진행되어 가는 과정이나 인물의 행동이 변화되어 가는 과정을 시간의 흐름에 따라 차례로 이야기하는 서술 방법이다. 그 서사는 동화, 영화에서 본 것, 내가 직접 겪은 일, 역사적으로 있었던 일일 수도 있다(이영규, 심진경, 안영이, 신은영, 윤지선, 2010).

라는 것이다. 훌륭한 과거는 선조들의 훌륭한 행동, 고결한 희생, 대담한 업적을 추억함으로써 현재의 삶을 견실하게 하며 유지시키고 발전시킨다(정준희, 2005: 53).

결과적으로 공동체주의자들은 칸트주의적 자유주의자들과는 달리 개인적 특수성과 독립성보다는 공동체 구성원들이 공유하는 관습, 전통, 가치에 역점을 둔다. 그들에 따르면, 인간은 공동체 속에서 태어나고 공동체의 여러 원리와 운동 방식에 적합하도록 양육된다. 그러므로 공동체의 관례는 우리에게 익숙한 윤리적 삶의 터전이 된다. 그들은 "가족, 민족, 문화, 전통의 성원으로서" 지니게 되는 "연고 깊은 정체성"을 신뢰한다(김선욱·강준호·구영모·김은희·박상혁·최경석, 2008: 49)고 역설하는 것이다. 공동체주의는 공동체가 오랫동안 소중히 여겨온 전통과 관행에 대한 존중과 계승을 요구한다.

(5) 공익의 강조

우리에게는 우리가 주체적 의지로 선택하기 이전에 이미 주어져 있는 공동체의 목표에 충실할 의무가 부여되는 것이다. 이런 의미에서 공동체주의자들은 개인의 권리와 개인적 존엄성보다는 공동선과 공공의 이익을 본질적인 가치로 받아들인다(박호성, 2009: 361). 대부분의 공동체주의자들이나 공화주의자들은 공동의 이익을 개인의 이익보다 우선시하는 입장을 견지한다.

1994년 노벨경제학상 수상자 내쉬(Nash)는 시장의 게임 참여자들이 단기적인 자기 이익에 몰두할 것이 아니라, 상호 이익을 위해 적극적으로 협조하면, 사회 전체의 파이가 커져서 결국 개인이 가질 수 있는 몫이 늘어난다는 주장을 수학적으로 증명했다(김태훈 역, 2011: 33). 이것 역시 사적 자기 영역 확보보다 공적 영역에 적극적인 참여가 더 중요함을 시사하는 증거라고 할 수 있다. 이는 공동체주의의 공익 우선의 가치가 허구의 주장이나 사실과 동떨어진 주장이 아니라는 것을 뒷받침하고 있다.

2) 신공동체주의의 핵심가치들

샌델이 인정한 것처럼 공동체의 억압은 압제적일 수 있다(Sandel, 1999: 221). 실제로, 대부분의 공동체주의자들이나 공화주의자들은 공동의 이익을 개인의 이익보다 우선시하기 위해서는 특정한 희생의 정신이 필요하다(Viroli, 1999: 71)는 점을 인정한다. 앞에서 논의한 바와 같이 공동체의 강조는 그 공동체가 오랫동안 소중히 여겨온 전통과 관행에 대한 존중과 계승을 요구하는 태도이기도 하다. 공동체를 중심으로 사회를 이해하려 할 때 전통이 현실을 왜곡하고 억압하는 구조에 대한 반성이 없으면, 권위적이고 강압적이며, 복고적인 힘을 사회적 관계에 도입하려 한다는 의심을 면하기 어렵다(김선욱, 2018: 7).

그리고 전통적 가치의 지나친 옹호는 그 자체로 설득력을 가질 수 없고, 이성적 반성과 공동체 구성원들 간의 동등하고 열린 입장에서 토론을 통해 수정 가능한 방식으로만 정당화될 수 있다. 따라서 우리는 공동체적 압력이 주는 권위주의적 힘을 경계해야 한다(김선욱, 2018: 24). 골비(Golby, 1997: 128)는 공동체주의가 소수민족을 억압하는 지배적 이익을 위한 수단으로 사용되는 우발적인 위험이 있음을 우려했다. 페미니스트들이 공동체주의에 대해 가장 비판적이라는 사실은 우연이 아니다.

앞 절에서 살펴본 바와 같이 공동체주의는 비록 심오하지는 않지만, 인간 정치 상황에 대한 설득력 있는 비판에 바탕을 두고 있다. 그럼 어떻게 할 거냐는 물음에 시원한 답을 하지 못하고 있는 문제도 안고 있다. 즉 다른 이념과 마찬가지로 공동체주의도 실현 가능성에서 많은 비판을 받는 것도 사실이다. 인간관계의 표피성을 무시하는 것 때문에 자유주의를 비판하였지만, 공동체주의자들은 현대 세계에서 공동체를 회복하기 위해 실행 가능한 이론적 교훈을 거의 제공하지 못했다는 비판에 직면해 있다(Serna, 2012: 216).

공동체주의에 대한 또 다른 비판은 공동체주의가 반지적(反知的)이라는 점이다. 반지적이라는 주장은 도덕적 행동이 원칙적으로 확립된 규범(덕)을 따르는 문제라는 점에서 그렇다는 것이다(Golby, 1997: 129). 도덕적 성찰 과정이 없이 공동체의 규범을 무비판적으로 수용하는 것이 공동체주의에 대한 비판점이다. 이에 반해 자유주의에서 강조하는 선호적 자유에서는 개인이 하고 싶은 대로 하는 자유가 비록 실정법을 어기지 아니했다 해도 공동체를 약화시키거나 파괴시킬 수 있는 이른바 악자유가 등장할 수 있다.

이 지점이 자유주의와 공동체주의 사이에는 갈등과 대립이 발생하는 곳이기도 하다. 이처럼 공동체주의는 자유주의를 극복하기 위한 하나의 대안으로 출발한 것이었다. 그러나 공동체주의도 사회주의의 전철을 밟을 것이라는 비판과 함께 과도한 공동체주의의 추구는 전체주의로의 일탈로 치달을 수 있다. 이런 이율배반을 극복하기 위한 대안으로 자유주의와 공동체주의의 수렴 및 접목을 추구하는 노력이 공동체주의의 내부에서 나타났다.

자유주의의 이성적 자유의 경우에는 이성의 명령에 따라 개인의 공동체에 지는 책무를 수반하는 자유이다. 따라서 이성적 자유에서는 공동체를 약화 내지 파괴하는 결과를 피할 수 있다. 이성적 자유가 잘 작동하면 자유주의와 공동체주의는 모순적 관계가 아니다. 자유주의와 공동체주의 간의 논쟁에서 한국 사회를 조망할 필요가 있다. 한국 사회는 무엇보다도 '자유의 과잉'이 아니라 '자유의 결핍'으로 인해 고초를 겪고 있다. 공동체도 강조는 되었지만, 원칙 없이 엉겨 붙는 배타적이고 폐쇄적인 공동체를 형성해 온 측면이 있다는 것이다. 이런 면에서 우리 한국 사회는 '유사 자유주의'와 '유사 공동체주의'의 폐해로 인해 이중적 위협을 받고 있다(이승환, 1999: 61-99).

지금까지 살펴본 바와 같이 공동체주의는 자유주의를 극복하기 위한 대안으로 야심 차게 출발하였지만, 구체적 실현 방안의 결여와 보수적 성격으로 인한 변화에 대한 부적응, 자유주의의 소중한 가치에 대한 부정 등에서 많은 비판을 받은 것도 사실이다. 이에 대한 반응으로 공동체주의도 자유주의와의 접목을 시도하려는 노력이 있었으며, 양자의 가치를 수렴하려는 노력이 신공동체주의로 나타났다. 다음에서는 신공동체주의에서 강조하는 핵심 가치를 살펴보도록 하겠다.

(1) 개인과 공동체의 조화

문제의 핵심은 어떻게 하면 개인의 권리와 공동체의 통합을 가능한 한 동시에 쟁취할 수 있겠는가 하는 점이다. 중요한 점은 개인과 공동체가 함께 설 때, 양측 모두 가장 잘 설 수 있다는 것이 가능하다는 점을 확신하는 것이다(박호성, 2009: 370). 샌델에 의하면 "개인이 사회적 협력의 정치를 필요한 것으로 보거나 혹은 오로지 사적 목적을 추구하기 위해서 협력할 때" 문제의 공동체는 수단적 범주의 공동체라는 것이다. 수단적 범주의 공동체가 되지 않기 위해서 그는 개인의 목표와 공동체 목표의 합치를 주장하였다.

공동체의 목표와 개인의 목표가 합치될 때, 강제나 타율의 필요성은 거의 없을 것으로 본다. 개인과 공동체가 억지로 동일시되면, 개인의 자율성이나 합리적 판단 능력은 훼손될 가능성이 크다. 반대로 개인을 공동체와 자율적으로 동일시하는 사람은 그 공동체 안에서 행복감을 만끽할 수는 있을 것이다. 개인의 자율이 존중될 때, '다양한 공동체들'을 만드는 데 일조하게 된다(박세일 외, 2009: 133-137).

따라서 개인은 공동체 속에서만 개인으로서 삶의 의미가 있으며 또 그것을 실현할 수 있다고 보는 것이다. 본래 인간은 개체적이면서도 공동체적이고 관계적인 존재이다. 개체성만을 너무 과도하게 주장하면 공동체의 약화와 피폐를 낳고, 공동체의 피폐 속에서는 개체의 발전도 지속 가능하지 않은 법이다. 존재론의 측면에서도 인간이란 존재가 본래 개체적이면서도 공동체적이기 때문에 자유주의와 공동체주의가 함께 가지 않을 수 없다. 그리고 당위론적 이유란 인간이 인격 완성이나 자아실현을 위해서는 반드시 개인과 공동체는 함께 가야 한다(박세일 외, 2009: 242).

신공동체주의자들은 사회의 개인들이 완전히 자유롭거나 완전히 구속되어 있지 않다고 가정한다. 즉, 개인은 '상황의 대리인'이다. 개인은 자기 결정, 도덕적 자율성 또는 무임승차에 대한 가능성을 지니지만 그런데도 공동체가 제시한 가치, 신념, 관행 및 기회에 의해 사회화되고 깊이 영향을 받는 것으로 이해된다(Karp, 2000: 154). 공동체주의자들에게 공동체는 "집단으로서 공동체가 공동선의 관점으로 동의하는 것에 대한 구성원 헌신, 에너지, 시간 및 자원을 끌어들이는 능력"(Etzioni, 1996: 5)과 "독특하고 책임 있는 인간의 번영에 대한 기여"(Selznick, 1992: 363)로 평가된다.

따라서 신공동체주의자들은 그 구성원이 압도적인 획일성으로 고통받는 공동체의 관점을 거부한다. 그래서 에치오니는 진정한 공동체가 정의에 따라 공동체 구성원의 요구(특히 자율성의 요구)에 매우 잘 반응한다고 주장한다.

(2) 자율과 질서의 조화

공동체주의자들은 이성, 과학, 권리 또는 개인 자율성을 거부하지 않는다. 그러나 그들은 상황에 놓여 있는 대리인이기 때문에 개인은 지혜 전달, 소속감, 상호주의, 헌신 및 협력을 기반으로 한 교류관계, 개인의 요구에 대한 집단적 반응, 궁극적으로는 자아실현을 위해 공동체를 생각한다. 간단히 말해서, 공동체와 그에 수반되는 사회 제도는 현대화의 원자화 현상을 완화해 주는 해독제이다.

이상적인 공동체는 전통, 위계, 고정된 지위, 유산 또는 맹목적인 순종으로 정의되는 것이 아니라 자유로운 의사소통, 사람과 사람의 상호작용 그리고 상호의존과 관심에 근거한 연관성에서 생겨난다(Karp, 2000: 160). 셀즈닉에 따르면 좋은 질서는 개인들 간의 호혜성, 신뢰, 협력 및 공동선에 대한 공통된 이해에서 생겨난다(Selznick,

1992: 372).

그러므로 신공동체주의자들은 질서가 개별 자율성보다 우선순위에 있지 않다는 점을 받아들인다. 자율과 질서 간의 이상적인 것은 균형의 문제이다. 이 논란은 무조건적인 독립을 찬미하는 것만큼 연대의 맹목적인 숭배가 잘못되었음을 말해 준다. 평범한 삶의 경험에 뿌리를 둔 진정한 공동체주의의 교리는 두 가지 극단을 모두 극복하는 것이다. 에치오니는 질서와 자율성의 긴장이 사회의 불가피한 특징이라고 주장한다(Etzioni, 1996). 양자의 균형점을 찾는 것은 각각의 사회 몫이다.

이처럼 신공동체주의는 양자의 불균형이나 어느 하나의 최대화가 양자 모두를 훼손하게 될 것이라는 점을 인식하면서 최선의 타협점을 찾으려는 것이다. 공동체 구성원의 진정한 정당화 없이 이루어진 질서는 공허하다. 즉, 개인의 자율성을 훼손하면서 억지로 세워진 질서는 지지 받을 수 없다. 우리는 자율의 미덕이 배려와 같은 다른 미덕과 함께 실현될 수 있으며, 자율이 보장될 때 창의적이고, 공감하고, 추론하고, 확신에 찬 사회 행위자가 되는 길임을 깨달아야 한다(Karp, 2000: 162).

또한 구성원을 억압하는 공동체는 진정한 공동체가 될 수 없다. 신공동체주의자들은 향수에 젖어 다른 이전의 공동체의 질서를 부활시키기를 원치 않는다(Karp, 2000: 163). 따라서 신공동체주의자들의 이상은 합리적 행위자나 겁에 질린 순응자가 아니라 타인에 대한 그들의 행동의 결과를 이해하고 타인이 모든 공동체 구성원들에 대한 집합 행위의 이점을 확신시키는 것이다. 그러므로 공동체의 질서가 타율보다는 자율에 기초할수록 그리고 자율과 질서가 잘 조화될 수록 선한 공동체이다. 반면에 개인의 과소 자유와 공동체의 과대 질서는 결코 선한 공동체가 아니라는 것이다.

(3) 권리와 책임(의무)의 조화

테일러도 개인의 권리가 공동체의 공동선과 공동체에 대한 책임이나 의무보다 우위에 있다고 주장하는 것은 아니지만, 적어도 개인 권리의 중요성에 주목하고 있다. 그에 따르면 권리나 자유, 자율성의 가치는 공동체나 문화 안에서 이루어지고 지탱되는 것이며, 공동체는 개인이 선택의 능력을 계발시키도록 도와준다. 테일러의 공동체주의는 개인의 권리나 공동체에 대한 책임과 공존할 수 있는 공동체주의이다(박세일 외, 2009: 142-143).

테일러 이외도 많은 신공동체주의자들은 개인의 권리가 사회적 책임과 균형을 이루어야 한다고 주장한다. 따라서 공동체주의자의 이상은 규범적 적합성을 제한하는 가능성으로부터 권리 보호를 유지하면서도 공동체의 도덕적 지침을 각성시키는 일이다.

(4) 공익과 사익의 조화

인간은 사회적 존재로서 언제나 공동체의 이익과 개인의 이익 사이에서 갈등을 겪으며 이 양자의 조화를 고려하면서 행동해야 한다(박세일 외, 2009: 177). 자유주의에 대한 공동체주의의 비판은 자유주의가 자율적인 개인행동의 집단적 결과에 관심을 기울이지 않는다는 것이다. 실제로, '무임승차자' 행동은 자유주의에 대한 가장 큰 위협일 수 있다. 아버지가 자녀 양육비 지급을 거부하고, 대중교통 이용보다 혼자 운전하고, 기업인들이 불법 폐기물을 불법으로 버리고, 유권자가 교육비 부담을 납득하지 못하고, 납세자가 고의로 사회적 약자에게 지원하지 않고, 이웃이 범죄 감시 캠페인에 참여하라는 요청을 무시할 때마다 개인의 자기 이익의 극대화가 추구된다. 신공동체주의자들은 공공재의 비극만큼이나 이 해법을 싫어한다.

신공동체주의자들은 공동선을 제공하기 위해 시장 메커니즘에 의존하는 자유주의자들과 집단적 의제에 대한 개인적 순응을 보장하기 위해 국가의 강제력에 의존하는 현실주의자들과 자신을 구별한다(Sullivan & Karp, 1997). 심지어 자유주의자들은 소위 희생자 없는 범죄의 정당화 같은 이탈을 방조하며, 법 준수에 호소하는 경향이 있다. 신공동체주의자들은 현실주의나 자유주의적 접근을 거부하지 않으며, 둘 다 잠재적으로 필요한 것으로 본다(Karp, 2000: 163).

따라서 신공동체주의자들은 자발적인 협력을 통한 공동선의 증진을 모색한다. 자발적 협력이란 무엇보다도 자신의 삶에 깊은 관심이 있는 것처럼 공동체의 삶에 깊은 관심이 있는 사회적으로 호의적이며, 정서적으로 지적인 공동체 구성원의 삶의 태도를 의미한다. 우리가 미래 세대를 위해 희생하거나 공간적으로 다른 곳에 있는 타인의 관점을 고려할 때, 우리는 도덕적 자아에 대한 의무가 더 쉬운 선택을 통해 얻을 수 있는 금전적 또는 정치적 이점보다 우월하다는 점을 깨닫게 된다(Wolfe, 1987: 217).

친구, 가족, 이웃, 공동체 노력의 주최자는 공동체 구성원으로 가치가 있으므로 협력은 두려운 것이거나 부과되는 것이라기보다는 오히려 자명하거나 자연적인 것으로 경험하게 된다. 공동체주의의 이상은 자유롭게 선택하지만 현명하게 선택하는 개인들의 공동체이다.

이상에서 살펴본 바와 같이 신공동체주의자들은 보편주의와 특수주의 사이의 긴장, 즉 모든 사람을 동일하게 대하려는 욕구와 사람이 특별한 관심을 두는 밀접하고 친밀한 관계를 유지하려는 욕구 사이의 긴장을 인정한다. 우리가 추구하는 공동체는 보편성과 특수성의 조화를 모색해야 한다. 이는 지구촌 공동체를 모색할 때 더욱 요구되는 방향이라고 볼 수 있다. 보편주의는 자유주의에서 요구되는 가치이고 특수성은 공동체주의에서 추구하는 가치이기도 하다. 그 특수성은 보편성을 지향해야 하며, 보편성도 그 특수성에서 발전시켜 나가야 한다는 것이다.

그리고 이상적인 공동체는 전통, 위계, 고정된 지위, 유산 또는 맹목적인 순종으로 정의되는 것이 아니라 자유로운 의사소통, 사람과 사람의 상호작용 그리고 상호의존과 관심에 근거한 연관성에서 생겨난다(Karp, 2000: 160). 이상에서 살펴본 바와 같이 신공동체주의는 자유주의와 그것의 비판으로 생겨난 공동체주의의 문제점을 지적하면서 자유주의와 공동체주의의 지향 가치를 접목할 때, 그 사회가 좋은 사회이며, 우리가 염원하는 사회라는 것이다.

3. 공동체주의의 시민성

불관용적이며, 편협하고, 교조적이며, 무례하고, 정치 무관심한 경향이 있는 사람들을 관용적이며, 참여적이며, 호혜적이며, 개방적이며, 공동선을 지향하며, 책무감을 지닌 공동체의 시민으로 육성하는 과제를 안고 있다. 이 절에서는 이러한 시민성을 육성하는 데 필요한 공동체주의에서 강조한 가치와 미덕을 탐색하고자 한다.

1) 공동체 시민 의식

블렁킷(Blunkett, 2003a: 19)은 우리에게 공동체의 중요성에 대한 실질적인 설명을 제공한다. 그는 공동체에 대한 의무와 시민 덕목이 강력한 역할을 수행한다고 보았다. 그의 주장은 비인간적인 개인주의를 거부하고, 가치 있고 목적적 삶을 유지하는 데 필요한 공공의 가치보다 개인의 과도한 사익 추구를 비판하는 사고의 전통이다. 인간은 기본적으로 우리는 공동체의 활동으로 방해받지 않는 삶을 살 수가 없으며, 사람들과 격리되어 살 수 없다.

그리고 「시민성 회복(Civil Renewal)」이라는 팸플릿에서 블렁킷은 과거의 강력한 공동체에 대한 기억에 호소했다. 오늘날의 과업은 과거와 유사하게 강력한 공동체를 건설하는 것이며, 소속감, 공유 목표, 연대성, 호혜성 그리고 민주주의적 자기 결정을 확립한 공동체를 건설하는 것이라고 제안했다(Blunkett, 2003b: 2).

샌델은 "시민들에게 공동선(the common good)에 대해 고민하게 만들며 정치공동체의 운명을 만들어 가도록" 하는 것이며, 이를 위해 나 자신의 목표 선택에 대한 고민을 넘어서 "타인에게도 똑같은 권리가 있음을 존중"하도록 하고, "공적 사안에 대한 지식과 숙고"를 요구하며, "전체에 대한 소속감과 책임감," 그리고 "현재 기로에 놓여 있는 공동체와의 도덕적 유대"를 강조한다.

샌델은 다양한 공동체와 정치기구에 희망을 걸고 있다. 그는 민주주의의 기초가 "우리가 사는 특정 공동체 안에 생명력을 가진 시민생활의 부활"에 있다고 생각한다. 이를 통해 "다중적인 연고적 자아로서 생각하고 행동할 수 있는 시민들"이 형성될 수 있는데, 이런 시민이 갖는 덕성이란 "때로는 중첩되기도 하고 때로는 서로 충돌하는 우리의 의무들 사이에서 자신의 길을 협상하는 능력이자 다중적 충성심이 불러일으키는 긴장감을 견딜 수 있는 능력"이다(김선욱, 2018: 20).

세계적으로 존재하는 민족분쟁이나 갈등은 세계적으로 존재하는 다양한 공동체들을 포함하는 큰 공동체를 생각하고 거기에 대한 충성심을 중첩적으로 확산하는 방식으로 해결을 모색할 수 있다. 코로나-19 위기가 발생하였을 때, 우리는 상호 협력하고 도우려는 공동체 의식이 생겨났다. 이 공동체 의식이 중요한 미덕이자 시민의식이기도 하다.

선진국은 사회 지도층일수록 공동체에 대한 봉사와 배려, 희생을 통해 품격 높은 개인주의를 발현하기 때문이다(전상인, 2017). 가족, 이웃, 국가, 지역, 지구촌이란 공동체의 단위가 커질수록 공동체 의식은 흐려질 수밖에 없는 구조적 한계에도 불구하고 어떻게 공동체의 규범과 일체감을 상당한 수준으로 유지하느냐 하는 공동체 정치의 시련 앞에 우리는 서 있는 것이다(이홍구, 2012).

앞으로 잃어버린 공동체를 재건하려면, 신뢰와 정직한 의사소통을 바탕으로 더 많은 인간관계를 맺음으로써 더 좋은 공동체 또는 정치체를 이룰 수 있는 것이다. 공동체 재건의 견인차가 공동체 의식이자 공동체 규범의 정립임을 공동체주의자들은 이구동성으로 주장한다.

2) 공동체주의의 미덕

몽테스키외에 따르면 공화정에서 행위를 고무하는 것은 덕(virtue)이고, 군주제에서는 명예(honor)이며, 폭정에서는 공포(fear)이다(김선욱, 2018: 24). 여기서 공화정에서 필요한 덕은 에치오니가 생각하는 미덕과 같은 종류이다. 미덕 자체는 본질적으로 사회적 성격이다. 그러므로 미덕은 개인의 속성으로 생각되지만, 사회적 맥락이나 표현과 관련이 있고 그 안에서 이해되어야 한다.

유덕하다는 것은 정해진 규칙을 따르는 것이 아니라 태도, 감정, 행동에 도덕적 인격을 표현하는 것이다. 유덕인은 단순히 옳은 일을 하는 것이 아니라 올바른 사람이 되려는 경향이 있다(Arthur, 2003: 34). 데거(Dagger)는 모든 미덕이 공화주의-자유주의-공동체주의의 시민성에 기여한다고 제안한다. 이런저런 미덕은 실제로 개인의 자율성이나 공동체 의식을 함양하는 데 도움을 준다. 그는 개인의 권리 존중, 자율성의 가치, 다른 의견과 신념의 관용, 공정한 게임, 시민 기억의 소중함, 공동체 삶의 적극적인 참여 등의 6개의 시민의 미덕을 제시한다(Dagger, 1999: 195-196).

이는 자유주의와 공동체주의를 모두 포괄하는 미덕을 담고 있다. 패터슨의 주장에 따르면 시민이 요구하는 역량은 반드시 자연적으로 길러지는 것이 아니다. 시민의 미덕은 시민들 안에서 개발되고 내면화되어야 한다(Peterson, 2011: 87). 아래의 인용문에서 볼 수 있듯이 시민의 미덕에 대한 강조는 샌델의 주장에서도 잘 드러난다.

미국의 사회는 서양의 특징인 자유민주주의적 특성이 있다. 그런데 여기에 내재된 극단적 개인주의에 반대하는 것이 나의 입장이다. …[중략]… 나는 미국의 정치 문화에 대해 반대를 하는 가운데 공동체와 시민의 덕, 사회적 통합성, 공동의 이해 등을 강조하는데, 이를 통해 사회적 균형을 얻고자 하는 것이다. …[중략]… 지나친 연고성의 강조가 문제가 될 때 그 연고성에 대해 비판적 반성을 할 수 있어야 하며, 이를 통해 진정한 공동선을 위한 사회적 방향을 정할 수 있을 것으로 보인다(김선욱, 2008: 330-331).

시민 공동체를 형성하는 데 주목해야 할 점은 공동체적 관심에서 활동하는 도덕적 성숙을 견지해야 한다는 것이다. 미덕의 내면화를 통해 도덕적 성숙이 가능하다는 것은 공동체주의의 도덕교육의 일관된 주장이기도 하다.

공동체주의의 미덕인 용기, 절제, 신중함, 정의 등은 아리스토텔레스의 미덕뿐만 아니라 자유주의적 미덕이기도 하다. 공동체주의는 공공의 정신을 함양하고자 하며, 자유주의가 해결하고자 하는 자기 이익을 순화시키려 한다. 그러나 공공의 정신은 역설적으로 개인의 능력을 상대적으로 활짝 꽃피우려는 노력을 적극적으로 뒷받침한다(Watson, 2010: 211).

미덕이 없는 자유란 해악 가운데 가장 큰 해악이고, 악덕이고, 광기이다. 선한 행위 준칙으로서의 미덕이 그 사회의 자유의 질을 결정한다(박세일 외, 2009: 240-241). 역설적으로 자유가 성립하고 유지되려면 공동체주의의 미덕이 필수적이다. 그래서 공동체의 뿌리는 도덕적 성숙으로 가는 길에 있는 역이다. 친절, 예의 바름, 자비, 관대함, 시민 정신과 같은 미덕이 정의와 함께 이방인에 대한 윤리의 중요한 특징임을 암시한다(Strike, 2000: 134, 139). 즉 공감과 동정은 정의에 대한 중요한 동기일 수 있다는 것이다.

3) 공동체에 대한 책무

앞서 살펴본 바와 같이 좋은 사회란 사회적 질서와 개인의 자율을 균형 있게 유지할 수 있는 사회이다. 사회에는 사회적 질서를 통해 사회적 통합을 이루려는 구심력과 개인의 자율성을 존중하는 가운데 개인의 권리를 확보하려는 원심력이 동시에 작용하고 있다. 이런 사회를 이룩하려면 개인은 사회적 책임을 의식하고 이를 적극적으로 인정하고 실천해야 한다. 책임이란 공동체가 구성원의 진정한 필요에 응답한다는 것을 의미한다(김선욱, 2018: 9).

샌델이 말하는 '강한 공동체' 그리고 '구성적 공동체'는 사회자본[5]에서 상정하는 강한 신뢰와 도덕적 규범을 공유하는 연결망으로서의 공동체와 개념적 유사성을 보인다. '강한 공동체'의 구성원은 공동체에 대한 강한 소속감을 공유할 뿐만 아니라 의무감을 공유한다(박세일 외, 2009: 402).

타인은 다른 종교, 다른 언어 집단 또는 다른 문화의 구성원이며, 여러 측면에서 여전히 이방인이 될 수 있다. 그러나 동료 시민인 이방인은 내가 책임지고 공통의 운명에 대해 고민해야 할 사람이다. 정치

---

5 사회자본(social capital)은 공동체의 협력과 발전을 촉진하는 유·무형의 자본을 일컫는 말로 가족이나 친구에 대한 신뢰, 배려 등을 뜻하는 사적 사회자본과 정부와 사법체계 등에 대한 신뢰, 참여 등을 뜻하는 공적 사회자본으로 나뉜다(한경 경제용어사전: https://terms.naver.com/entry.nhn?docId=2118063&cid=).

체에서 타인과 나의 관계는 친밀한 사람과의 관계가 아니며, 내가 지근거리에 있는 사람과의 관계만도 아니다. 다원주의 사회에서는 정치체는 이방인이 시민으로서 만나는 곳이며, 다양한 종류의 공동체이다(Strike, 2000: 138). 따라서 공동체에 대한 구성원의 책무감이 있어야만 그 공동체는 건강성을 유지하며, 좋은 공동체가 될 수 있는 것이다.

4) 사회적 재화로서의 협동 능력과 집합적 효능감

사회적 재화는 근본적으로 사회적 실제와 공동체에 뿌리를 두고 있다. 사회적 재화는 협동적 노력으로부터 가치를 얻으며 생겨나는 것이다(Peterson, 2011: 70). 우리가 바라는 공동체의 원리는 공동체적 응집력이 서로 돕고 지원하는 힘으로 작용하는 것이다. 때때로 응집력이 지역사회의 일탈이나 범죄행위에 대해 통제할 수 있는 집합적 자원을 생산하는 방향으로 나아갈 수 있도록 해야 한다. 이러한 노력을 가리켜 '비공식적 사회적 통제'라고 한다. 사회적 응집력과 비공식적 사회적 통제를 결합한 개념을 '집합적 효능감(collective efficacy)'이라고 한다. 이러한 집합적 효능감이 제대로 구현되는 공동체가 우리가 원하는 공동체이다(김선욱, 2018: 26). 공동체의 이상은 친근하고 협력적인 관계와 집합적 효능감이 잘 작동되는 상태이다.

5) 다원화 사회에서 공동선의 추구

공동선은 쉽게 정의되거나 쉽게 동의되지 않는 용어이다(Peterson,

2011: 76). 공동선의 개념은 두 가지 주된 비판에 직면해 있다. 그중 하나는 '다원주의의 사실'로 알려진 것과 다른 하나는 강요와 관련된 것이다. '다원주의의 사실'의 기본 전제는 현대 서구 민주주의 사회가 너무 이질적이며, 너무나 다양하여 좋은 삶에 대한 하나의 개념이 국가에 의해 우선순위가 정해지고 촉진되는 것이 더는 불가능하거나 바람직하지 않다는 점이다.

그 결과 정치공동체의 구성원은 다양한 사적, 종교적, 역사적, 정치적, 사회적 및 가족적 이익을 가지고 있으며, 이는 인생을 사는 최선의 방법에 대한 다양한 개념을 포함한다(Peterson, 2011: 70-71). 킴리카(Kymlicka)는 사회가 너무 다양하고 국제적이며, 선한 삶에 대한 다양한 견해를 갖기 때문에 정치 활동의 본질적 가치에 대한 합의를 달성할 수 없다는 점을 감안한다면, 현대사회에서 좋은 삶에 대한 단일 개념을 특정하려는 공동체주의나 공화주의의 시도는 불가능하다고 믿는다(Kymlicka, 2002: 298-299).

이처럼 다양성의 문제는 중요한 문제이다. 현대사회는 점점 이질화되고 있으며, 개인이 다양하고 때로는 양립할 수 없는 종교적, 사회적, 정치적, 도덕적 관점을 가진 서구 사회에서는 가치와 목표에 대한 합의에 도달하기가 어렵다. 이에 반해 올드필드와 샌델은 국가가 좋은 삶의 형태로 정치적 생활방식을 촉구해야 한다고 믿는다. 공동체주의자들은 여러 집단의 이해관계의 다양성과 이익의 충돌이 공동선의 존재와 중요성을 부정하지 않고 오히려 공공 생활에 참여함으로써 공동선을 형성하도록 장려해야 된다고 본다.

공동체주의자들도 다원주의의 불가피성을 인정할 뿐만 아니라 차이와 다양성에 의해 생성된 역동적인 에너지를 활용하고 이용해야 한다고 본다. 시민생활에 참여와 담론의 교환을 통해 공동선이 모색되는 노력이 필요하다. 사회의 여러 집단이 공동선에 대한 숙고를 포함하여 이익을 표현하고 효과적으로 공표할 수 있으므로, 공동체주의는 절차적 자유주의의 다원주의보다 이질적인 사회에 대한 보다 의미 있는 반응을 도출할 수 있다(Maynor, 2003: 135).

공동체주의자들은 권리를 보호하는 동시에 공동의 선을 증진하는 것이 까다로운 과업이라는 것을 잘 알고 있다(Karp, 2000: 161). 따라서 이상적인 것은 다른 것을 희생하여 하나를 최대화하지 않는 것이다. 사익과 공익의 조화로운 균형을 유지하는 것이 모두에게 이익이 되며, 좋은 사회를 만들 수 있다고 공동체주의자들은 주장한다.

6) 개인과 공동체의 공존 모색

개인과 전체, 권리와 책임, 그리고 국가, 시장, 시민사회 간의 균형을 추구하는 공동체주의의 노력은 일관되고 지속적으로 시도되고 있다. 그러나 이러한 조화와 균형의 추구는 구체적인 역사와 다양한 사회적 맥락 안에서 이루어지는 것이므로, 무엇이 적절한 도덕적 입장인가에 대한 평가는 결국 구체적인 시간과 공간의 상황에 따라 다양하게 나타날 수 있다.

예를 들어 현재 중국에 있다면 우리는 더 많은 개인의 권리를 열정적으로 요구할 것이며, 반면 현재의 미국에 있다면 우리는 개인적, 사회적 의무와 책임을 강조할 것이다. 공동체주의자는 다수결주의자가 아니다. 무제한의 방종이 아닌 질서 잡힌 자유로운 사회에서 민주주의의 성공 여부는 타인의 권리에 대한 존중과 개인적, 시민적,

그리고 집단적 의무의 수행을 강조하는 공통의 가치, 습관 및 관행을 수립할 수 있는가에 의해 결정된다.

'공동체와 개인'은 서로 경합하기도 하지만, 보다 근본적으로는 공동체가 개인 내지 자유를 지지해 주는 토대라는 점을 강조하고, 공동체적 토대 위의 참된 자유를 주창한다(박세일 외 공편, 2009: 207). 오늘날 한국 사회가 요구하는 사회윤리는 "공동체주의와 균형 잡힌 관계를 유지하는 건강한 자유주의의 구현"이라고 하겠다. 앞서 논의한 바와 같이 개인의 자유가 지나치게 강조되어 사회적 유대가 약화되는 현상에 대한 공동체주의자들의 비판적 반성에서 출발한 것이었다.

그러나 한국의 실정은 이와 반대로 오히려 자유의 편중과 결핍이 문제이며, 공동체의 결핍이 문제가 아니라 공동체의 왜곡과 과잉이 문제가 된다. 공동체의 결속을 도모한다는 명분 아래 개인의 자유를 억압하는 일이 벌어진다. 개인의 자유를 신장시키는 일이 공동체의 유대와 결속을 더 강화하고 공동체의 유대를 강화하는 일이 개인의 자유를 더 신장하는 방향으로 작용하도록 해야 할 것이다(이승환, 1999b: 103). 따라서 개인의 억압과 공동체의 왜곡 및 과잉의 시정을 통해 좋은 공동체 속에서 개인의 권리와 자율을 신장하는 노력이 필요하다.

7) 민주적 심의기제로서 도덕적 대화와 목소리

공동체주의의 합의 형태는 본질적으로 심의적인 관행을 통해 논의되고, 명확해지고, 이해되는 공유 가치에 기초한다. 공유 가치는 본질적으로 그 이해를 위해 어떤 역사적, 사회적 이해에 의존하는 연합과 소속의 깊은 결속력에 근거한다(Peterson, 2011: 107). 본질적인 공화주의자들이 생각하는 심의는 에치오니가 제안한 것과 유사하다. 심의에 대한 절차적 접근에 대한 에치오니의 비판에서, 그는 참가자들이 합리적 의사결정 학파의 과정보다 훨씬 더 겸손하고 온정적인 과정에 의존해야 한다고 보았다.

에치오니는 논의되는 문제가 단순히 경험적이거나 논리적일 뿐만 아니라 시민들이 열정적으로 느끼는 규범적인 문제를 포함한다고 보았다. 따라서 그는 시민이 도덕적 대화에 참여할 것을 제안한다. 그것은 본질적인 공화주의의 심의로 옹호되는 것으로 이해되는 도덕적 대화이다(Etzioni, 1998: 183). 에치오니는 ≪반응하는 공동체(The Responsive Community: Rights and Responsibilities)≫를 창간한 1991년에 『공동체 강령(The Communitarian Platform)』의 총론에서 공동체를 떠난 사적 이익의 배타적 추구는 우리 모두의 삶이 의존하고 있는 사회적 환경을 침식하며, 민주주의적 자치라는 우리의 공통된 실험에 파괴적이라는 것이다.

따라서 개인의 권리는 공동체주의적 관점이 없이는 오래도록 잘 유지될 수 없다. 공동체주의적 관점은 개인의 존엄성과 인간 존재의 사회적 차원을 모두 인정한다. 그리고 공동체주의적 관점은 개인의 자유를 유지하는 것은 시민이 자신에 대한 존중뿐만 아니라 타인에 대한 존중을 배우게 되는 시민사회의 다양한 제도를 적극적으로 활용하고 유지하는 데 달려 있다는 점을 인정한다.

다양한 공동체들은 갈수록 이기적이고 자기중심적이며 욕망과 특정한 이익 그리고 탐욕스러운 권력 추구로 분열되어 가고 있는 사회가 유념해야 할 도덕적 목소리의 중요하고 풍부한 원천이다. 이 도덕적 목소리는 물리적 강제보다는 교육과 설득을 통해서 그 효력을 발휘하며, 이는 곧 우리의 이성적 판단 능력과 유덕한 행위 능력에 호소하는 것이다.

우리가 공동체주의 사회운동을 통해서 이러한 도덕적 목소리에 본래의 의미와 역할을 회복시켜 줄 절박한 필요성은 개인의 자의적인 선택의 영역도 아니고 정부에 의한 통제의 영역도 아닌 소중한 도덕적 영역이다. 지금까지 도덕적 목소리가 너무나 간과되고 무시되어 왔다. 에치오니는 공동체의 영역이 도덕적 목소리가 울려 퍼지는 곳이어야 한다고 보았다(김선욱, 2018: 11).

반대자들을 억압하면서 특정한 시민적, 도덕적 가치를 강요하는 자에게 그러한 방법은 결코 효과적이지 못하고 유해하며 도덕적으로도 용납될 수 없다. 서로 다른 다양한 도덕적 입장이 반드시 사회의 불협화음으로 귀결되는 것은 아니다. 오히려 진지한 대화를 통해 맑고 아름다운 화음이 창출될 수 있으며, 우리의 공통의 열망과 가치가 무엇인지를 확인할 수 있을 것이다. 공동체의 도덕적 가치는 모든 구성원에게 차별 없이 동등하게 적용되어야 하며, 상식적으로 쉽게 이해될 수 있는 차원에서 일반화되고 정당화될 수 있어야 한다(김선욱, 2018: 13).

우리는 타인이 나의 가족, 나의 집 또는 모임의 일원이 아니라면, 타인은 내가 계약을 맺어야 하는 단순한 이방인이라고 주장할 필요는 없다. 일부 낯선 사람은 또한 동료 시민이며, 우리가 공동의 이익을 위해 상호 만족스러운 협상을 위한 대화에 참여해야 하는 공공 정치체의 구성원으로서 우리와 연결되어 있는 사람이다. 인간이 편파성 없이 기초를 세울 수 있는 비결은 공공 윤리가 부분적으로 특정 공동체 간의 대화를 통해 형성된다는 것을 인식하는 것이다.

인간이 공통의 운명을 해결해야 하는 동료 시민으로 서로를 볼 수 있을 때, 이방인을 공통된 인류로 보고 친절과 예의로 대할 때, 마음의 문을 열고 도덕적 대화에 나서게 될 것이다. 시민들 간의 도덕적 대화에 필요한 상호성은 모든 인간의 공통된 운명, 예의 및 친절을 공유하는 사람과 공유된 책임, 공감 및 동정심에 기반을 두고 있다. 이러한 대화는 롤즈의 중첩적 합의(overlapping consensus)와 상당히 유사하다. 우리는 공공성 유지를 위해 자신의 아집과 편견을 바꾸려는 공존의 의지와 이방인과의 대화에 나서야 할 것이다.

8) 공동체주의에서 민주적 절차

자유주의자에게 민주주의는 목적이 아니라 수단이다. 민주주의가 평등, 사회적 연대, 복지정책 등에 주된 관심을 기울인다면, 자유주의는 주로 자유, 정치적 속박으로부터 해방, 개인적 권리, 국가 간섭의 최소화 등에 의존한다. 자유주의는 어떻게 하면 국가의 힘을 제어할까에 몰두하는 반면에 민주주의는 어떻게 하면 국민의 힘을 국가 공동체에 투입할 수 있을까에 관심을 기울인다. 공동체주의는 이러한 민주주의의 특성을 일정하게 공유하고 있는 것으로 보인다(박호성, 2009: 366).

공동체주의와 민주주의 연계와 관련하여 에치오니는 사회적 문제에 대한 공동체주의의 해법을 다음과 같이 제시한다. 첫째, 공동체의 포용 가치가 민주적 과정을 통하여 달성했다면, 정치적 과정의 합법성을 띠게 된다는 것이다. 가치에 대한 갈등을 일으키는 문제들, 예컨대 낙태, 소수자 우대법, 심지어는 적자를 줄이는 방법 등에 대해 공동체가 어떤 절차를 선택하여, 이러한 이슈에 대해 적절하게 숙고하는 절차를 밟아서 자유롭게 참여하는 투표를 통해 결론에 도달한다면, 이러한 민주적 과정의 최종 결과는 다른 어떠한 방식보다도 도덕적으로 더 우월한 것이다.

둘째, 이러한 민주적 검증이 충분한 것은 아니다. 다수결이 궁극적인 정당성의 근거가 될 수 없기 때문이다. 무엇이 옳은가를 결정하기 위해 다수에 의존하는 공동체는 개인과 소수의 권리를 침해하거나 공동체 전 구성원의 51퍼센트의 규범적 판단을 모두에게 부과하기 쉽다. 요컨대 다수의 지지가 공동체가 특별한 일련의 가치를 반영하는 행동을 따르게끔 하지만, 반드시 규범적으로 강제하는 것은 아니며, 그러기 위해서는 또 다른 기준이 필요하다.

에치오니는 공동체에 기초한 또 하나의 과정, 즉 공동체의 규범적 결론에 책임감을 더하는 과정을 강조하는데, 이것이 바로 합의의 형성 과정이다. 이것이 '참된' 또는 '창조적인' 합의라고 한다(김선욱, 2018: 10). 다수결에 의한 수의 횡포를 어렵지만 참된 합의의 과정으로 전환해야 한다고 본 것이다.

그리고 곽준혁은 심의민주주의 이론의 유형을 크게 공동체주의적 입장과 자유주의적 입장으로 나누어 설명하였다(곽준혁, 2005: 141-168). 공동체주의의 입장에서는 심의의 조건으로 공동체 구성원이 공유하는 공통된 문화와 역사를 강조한다. 따라서 어느 정도 동질적인 공동체 구성원이 공유하는 공통된 문화와 역사를 공유하는 합의된 결론에 이를 수 있다고 본다. 밀러(Miller, 1995: 96-98)는 민족

공동체에 기반을 둔 국민국가에서만이 심의를 통해 공동체 구성원을 규율하는 윤리적 원칙과 규범, 정책적 합의를 이끌어낼 수 있다고 주장한다. 반면에 자유주의적 입장은 심의의 조건으로 개인의 이성, 특히 공적 이성의 발현과 절차의 공정성을 강조한다(김희강, 2010: 9-10).

종교적·문화적으로 다양한 사회에서 공정한 정의 기준은 평화로운 공존을 위한 유일한 희망이다. 롤즈도 우리가 공동체를 희생하여 합의를 이루었다 하더라도 중첩적 합의와 같은 것을 우리는 필요로 한다고 보았다(Rawls, 1993). 실제로 많은 자유주의자들은 도덕적 학습에 대한 많은 공동체주의적 견해를 수용한다. 롤즈의 도덕 심리학은 정의의 의미가 가정에서 그리고 친밀한 결사체에서 처음으로 얻은 동기와 역량에 달려 있다고 가정한다.

반면에 최소 정의주의자[6]는 정당하지만 자비로운 것으로 묘사될 수 없다. 왜냐하면 최소정의주의자는 공정하지만 친절하지 않고 의무감은 있지만 관대하지 않고 원칙적이지만 예의 바르지 않으며, 정직하지만 공동체 정신이나 자비심이 부족하며, 꼼꼼하지만 믿음이 덜 가기 때문이다. 최소 정의주의자는 그들의 의무를 이행하지만, 그 이상은 하려 들지 않는다(Strike, 2000: 138). 최소 정의주의자는 의무를 수행하지 않는 사람보다 선호될 수 있지만, 이상적인 시민의 모델은 아니다. 우리 중 많은 사람이 단지 정의로운 사회에서 살기에 만족하리라 생각하지 않는다. 이는 공동체의 규범과 공동체 간의 중첩

---

6   최소한의 정의의 요건만 충족하면 된다는 입장을 일컬으며, 자유지상주의와 일맥상통한다.

적 합의의 보완이 필요한 이유이다.

9) 공동체에의 적극적 참여

공동체주의자는 정부가 공동체의 모든 구성원을 더 적절히 대변하고 구성원에게 더 적극적으로 참여를 보장해 주고 구성원의 요구에 더 많은 관심과 주의를 기울이려 한다. 그리고 시민에게 더 많은 정보, 더 많은 발언의 기회를 더 자주 주는 방법을 찾으려 한다(김선욱, 2018: 12). 반면에 자유주의는 일반적인 가치(좋음)를 젖혀둔 채 오로지 개인적 권리(옳음)의 신성불가침만을 신봉하는 '개인 절대주의'를 고수하려 한다.

따라서 공동체주의는 인간의 공동체적 삶을 살찌우기 위한 공공성을 지향하는 '정치 참여'를 촉구한다. 그리고 자유주의가 "좋음에 대한 옳음의 우선성" 원칙에 매몰되었다면, 공동체주의는 공공선의 정치를 추구하고자 노력한다. 공공선을 추구하는 정치 참여를 통해 공동체적 가치에 대한 시민적 합의를 증진할 수 있을 뿐만 아니라, 동시에 시민적 덕성과 책임의식 함양에 적극적으로 이바지할 수도 있다는 것이다(박호성, 2009: 364, 367).

공동체에 대한 소속 의무감은 장기적으로 지속적인 참여의 근거로 작용할 수 있다(Karp, 2000: 161). 그래서 샌델은 우리 자신이 본래부터 특정한 가족이나 계급, 공동체, 국가, 민족 등에 소속되어 있고, 또 나름대로 특수한 역사를 지니고 있어, 특정 국가의 시민이라는 의식으로부터 우리의 정체감을 결코 분리할 수 없음을 명백히 밝히고 있다. 바로 이러한 관점에서, 공동체주의자는 우리가 자랑스럽게 동일시하는 공동체의 형태를 개발하고 개선함으로써 우리의 정체성을 개발·개선해 나가는 과정이 바로 정치 참여라고 강변했다(박호성, 2009: 362).

아울러 한 사람의 자율성은 반드시 타인의 자율성에 영향을 미친다. 자율과 질서 간의 균형을 잡을 수 있는 유일한 방법은 공동체에 대한 다양한 관행의 결과를 반영하도록 장려하는 포럼에서 자유롭게 자신의 요구, 우려 및 희망 사항을 주장할 수 있는 개인의 민주적 참여이다. 시민 참여는 단순히 이상적인 것이 아니라 공동 가치와 우선순위를 분명히 하고, 수정하고, 지지하는 도구이다.

따라서 공동의 목적과 상호 행동을 할 수 있는 시민의 자치 공동체는 시민 참여를 통해 가능하다(Barber, 1984: 117). 이 시민 참여의 메커니즘은 시민들이 지역 우선순위를 결정하고, 자원의 할당을 정하고, 그들이 사는 공동체의 발전을 계획하는 지역 거버넌스 과정이다. 지속적인 시민권 과정에 참여하는 것은 책임의 포기가 아니다. 공동체는 단순히 공유된 가치로 존재하는 것이 아니라 구성원들이 가치를 공유하고 의견과 아이디어의 불일치와 변화로 서로의 의견을 검증하는 과정에 의해 공동체가 만들어진다. 시민 참여는 시민 담론을 위한 안전한 포럼이지만 참가자들이 선의 개념을 발전시키도록 도전하는 포럼이기도 하다.

토크빌(Tocqueville, 1840)도 다양한 자발적 지역 조직, 지역 신문의 등장과 적극적 참여를 통해 시민사회가 발전하면, 자유주의가 이기적 개인주의에 빠지지 않고 개인과 공동체를 모두 소중히 하는 개명된 개인주의의 방향으로 나아가, 결국 자유가 점차 이성적 자유의 방향으로 발전한다고 보았다. 즉, 공동체의 참여를 통해 개인의 권리와 이익의 추구가 타인의 권리와 이익의 추구와 공존하는 방향으로 나아간다는 것이다.

10) 공동체의 문화

공동체주의 프로젝트는 가치, 문화의 우위에 강조를 두고 있다. 에치오니의 공동체주의의 프로젝트는 매우 문화적인 과업이다. 그는 공동체주의의 프로젝트를 위한 사회적·문화적 토대를 강조한다. 문화는 최근 정치 과학자들과 역사가들 사이에서 뜨거운 주제이다. 공동체주의의 프로젝트는 세계 문화 융합의 전망에 대해 비교적 낙관적이다. 문화는 지리적 기반을 둔 특정 안보 공동체에 다소 특정한 마음, 태도, 전통, 선호하는 작동 방법을 사회적으로 전달되는 습관을 의미한다(Gray, 1990: 45).

문화는 때때로, 특히 치명적인 사건에 충격을 받아 급진적이고 비선형적인 방식으로 변화할 수 있고, 변화한다(Gray, 2005: 1610-1611). 정치체의 구성원은 공동체 문화의 소속감을 통해 시민권에 대한 인지를 획득한다. 국가 정치체의 일원이 되는 것은 동료 시민에 대한 특정한 책임을 갖는 것이다. 공동체주의자들은 개인적 토대에서 결코 만들어질 수 없는 문화와 사회라는 것이 인간 공동체의 필연적인 산물임을 잘 깨닫고 있다. 이런 시각에서 개인의 자아 인식과 행위의 기본 토대로 작용하는 문화·사회적인 자원이 자연스레 이 공동체로부터 직접 제공될 수밖에 없다는 것이다.

공동체주의는 자유주의가 사회구성원 상호 간의 공감대 및 일체감 형성 능력을 지닐 수 없다고 비판한다. 공동체주의자는 공공선이 자유주의의 관심 영역이 될 수 없다고 단언한다. 자유주의가 지나치게 개인주의적 덕목에 포박되어 있는 탓에, 결과적으로 사회 내부에 이기주의적 편향성을 조장할 수밖에 없다는 것이다. 자유주의는 '시민적 덕목(civic virtue)'과 시민권에 입각한 공동체적 연대 등 고귀한 시민적 가치에 눈감을 수밖에 없다는 것이다. 이런 차원에서 공동체주의는 자유주의적 개인주의에 반기를 들며, '시민 공화주의(civic repubilcanism)'의 기치를 내걸기도 한다(박호성, 2009: 363).

그러나 이것은 시민들이 공통의 문화를 공유할 것이라는 기대에 근거할 필요는 없다. 따라서 정치체가 문화적 다양성을 인정하면서도 공평성을 확보하는 것이 가능할 수 있다(Strike, 2000: 137). 따라서 공동체 문화의 육성은 개인의 자율성을 증진할 수도 있고 민주주의도 발전시킬 수 있으며, 시민성 증진에도 이바지할 수 있다.

공동체주의의 시민성을 종합하면 공동체가 건강성과 유덕함을 유지하여야 개인의 자유가 더욱더 만개할 수 있게 된다. 여기서 건강한 공동체란 공동체가 구성원에 대하여 권위적이고 억압적인 경우가 아니고, 구성원 개개인의 자유를 신장시키고 개개인의 발전에 도움을 주는 경우를 의미한다. 그리고 유덕한 공동체란 공동체가 공동체 외부, 즉 이방인에 대하여 차별 없이 열린 마음을 가질 뿐 아니라, 더 나아가 이웃의 다른 공동체와 협력하여 더욱더 큰 공동체를 함께 만들어 가는 노력을 하는 경우를 의미한다. 유덕한 공동체나 도덕 공동체는 개인의 행복도, 개인의 자유도, 사회의 발전도 가능하게 해주는 토양이다.

4. 공동체주의 시민교육

지난 20년 동안 많은 서구 민주주의 국가에서 국가, 주 또는 지방 정부에 의해 특정 형태의 시민교육이 개발되었다. 유럽 시민권 교육의 중요성은 유럽 연합에 의해 초국가적 차원에서 인정되었다. 1997년 10월 유럽 평의회의 국가와 정부의 정상회의에서 민주시민을 위한 교육의 개발을 약속했다. 2002년에 유럽 평의회는 공식적으로 회원국에 "민주시민을 위한 교육을 교육정책 결정 및 개혁의 우선 목표로 삼아라."라고 권고했다(CoE, 2002: 3). 유럽 평의회는 2005년을 교육을 통한 유럽 시민권의 해로 지정함으로써 이러한 약속을 뒷받침했다.

미국의 대부분 주에서는 사회 과목의 커리큘럼 내에서 시민의 규범을 계속 포함시키고 있으며, 미국 학교에서 시민교육을 가르치는 많은 기관이 있다. 그렇지만 미국에서의 교육적 책임의 탈 중심성 때문에 시민 규범에 대한 국가 정책은 지시가 아닌 학교에 대한 권고 수준으로 유지된다(Peterson, 2011: 26-28). 그동안 미국에서 주류를 이룬 자유주의적 시민교육은 주로 시민의 권리에 대한 이해와 그러한 개인의 권리를 보호하는 데 필요한 비판적 사고, 관용 및 존중과 같은 특정 역량의 발달에 관한 최소한의 교육에 머물러 있다.

이와 관련하여 보이트(Boyte, 2003: 88)는 미국에서 자유주의적 접근 방식이 시민교육의 대세인 것으로 확인했다. 그는 "자유주의 시민교육은 국가, 행정기관, 입법 과정 등을 설명하는 데 주안점을 두고 있다."라고 제시했다. 다른 한편으로, 자유주의 시민교육은 권리의 담지자로 생각되는 개인에 초점을 둔다. 정부의 역할은 법치를 유지할 뿐만 아니라 그러한 권리를 확보하고 공정하고 정당한 재화와 자원의 분배를 보장하는 것이다(Peterson, 2011: 11).

이런 교육 환경에서 나 이외의 타인은 공동 정치체의 구성원이 아니며, 공감과 동정의 대상이 아니다. 타인은 단지 이익사회 시장의 일원일 뿐이다. 이런 교육을 받은 학생이 종종 외로움과 소외감을 느끼거나 일부가 뭉쳐서 일부를 따돌리는 패거리와 동료 집단 문화에서 위안을 찾는 것은 그리 놀랄 일이 아니다(Strike, 2000: 141). 결과적으로 자유주의 교육의 기본 목적은 자신의 선한 삶에 대한 개념을 정의하고 추구하기 위해 준비하고 타인의 동등한 권리에 대한 존중을 포함한 윤리의 함양에 두고 있다.

이에 반해 공동체주의 교육의 기본 목적은 문화유산의 전수이며, 이를 통해 공동선에 대한 기본 의무가 있는 연대성 윤리의 함양이다(Theobold & Snauwaert, 1995: 119-138). 따라서 시민교육의 공동체주의 모델은 아동과 청소년에게 지역사회와 공동선에 대한 의무, 지역사회에 대한 봉사를 통해 그들의 의무에 대한 가르침의 중요성을 고려하도록 학교에 요구하는 것이다. 또한 공동체주의 시민교육 프로그램의 중심은 학생에게 지역사회 환경에서 배울 기회를 제공함으로써 형성되고 표현될 수 있는 인격의 발달이다(Peterson, 2011: 13).

서구 민주주의 국가에서 최근에 진행된 많은 시민교육 프로그램과 계획에서 설정되고 규정된 개념으로서 시민권에 대한 명확하고 결정적인 강조점이 있다. 시민교육 프로그램은 정치과정 및 제도에 대한 지식을 소유한 젊은이를 육성하는 것이 아니라 정치공동체 내에서 특정 방식으로 행동하는 시민을 육성하는 데 관심을 기울인다는 것이다(Peterson, 2011: 29). 시민의 육성에 필요한 시민적 미덕은 자연적으로 발생하는지 또는 국가의 교화와 교육이 필요한지에 대한 논쟁이 있었다.

이제까지의 경험을 통해 알 수 있는 것은 시민에게 요구되는 민주시민 역량이 반드시 자연적으로 길러지는 것이 아니라 시민의 내면에서 개발되고 내면화되어야 한다. 시민성의 실천에 대한 요구와 인격은 인간에게 내재하여 있지 않을 수 있으므로 시민성은 함양되고 유지되어야 하며, 어떤 의미에서 시민들은 전 생애 동안 교육을 받아야 할 존재이다(Peterson, 2011: 87-88).

심지어 올드필드(Oldfield, 1990: 164)에 따르면, 공동선에 관한 관심을 포함하는 시민성에 필요한 인격은 권위적으로 내면화되어야 한다. 정치공동체에서 시민성의 실천을 위해서는 정치 참여와 경제적 민주화, 시민교육 또는 국방의 의무가 뒤따라야 한다고 보았다. 에치오니, 퍼트남, 벨라, 바버 등도 개인의 공동선에 대한 자각과 공동체의 가치와 연대를 소중히 하는 자발적 노력을 강조한다. 공동체적 가치와 연대를 강조하고 이를 설득하고 교육함으로써 공동체 구성원의 자각에 기초한 자발적·자구적 노력이 필요하다(박세일 외, 2009: 21). 이 절에서는 공동체주의가 강조하고 있는 시민교육의 필요성 그리고 시민교육의 내용과 방법에 대해 살펴보도록 하겠다.

1) 시민교육의 필요성

2016년 2월 유럽 연합 회의에서 연설한 프랑스 교육부 장관인 벨카셈(Belkacem)은 현재의 과도한 정보사회에 비추어 시민과 청소년의 수동성, 이해력 부족 및 조작의 위험성을 지적했다. 이를 해결하기 위해 그녀는 학생의 미디어, 의사소통 및 디지털 문해력을 향상시킬 필요가 있을 뿐만 아니라 프랑스의 가치를 위한 학교 교육의 필요성에 관해서도 주장했다. 2015년 11월 프랑스 정부의 발표에서 알 수 있듯이, 이러한 가치에는 "공동체 정신, 시민권 및 책임의 문화와 같은 미덕을 가르치고 불평등을 거부하고, 사회적 상호작용을 수용하는 것"이 포함된다.

민주주의 생활의 사회적·공동체적 측면, 학교 교육의 중요성, 세대 간의 연대와 상호 지원의 중요성을 강조한 프랑스의 2013년 법에도 그대로 나타났다. 2015년 11월 프랑스의 공식 발표는 학교를 도덕 및 시민교육의 최후의 보루로서 필수적이라고 보았으며, 프랑스와 EU의 역사, 가치 및 국가 상징을 올바르게 가르쳐야 한다고 주장한다(Strandbrink, 2017: 82-83).

영국의 교육 및 고용 장관으로서 블렁킷은 11세에서 16세 사이의 국립 학교의 모든 학생을 위한 시민교육의 법정화를 도입했다. 아래의 표는 가치관 조사를 통해 3국(덴마크, 핀란드, 한국) 부모의 자녀교육에서 강조하는 덕목을 비교한 것이다. 두 나라와 마찬가지로 한국도 의무의식을 강조하고 있다. 한국의 가정에서 강조하고 있는 덕목으로서 '열심히 일함', '절약과 저축', '투지와 인내' 등이다. 그런데, '관용과 타인의 존중'은 시민성 수준이 세계적으로 높은 것으로 알려진 덴마크와 핀란드보다 현저히 약한 것으로 나타났다(김선욱, 2018: 30).

또한 공동체와 공익을 위한 삶에 대해서는 상대적으로 덜 중요하게 생각하고 있음을 보여준다. 열심히 일하고 저축하는 등 개인적 부와 성공에 관한 덕목이 강조되고 관용이나 타인 존중과 같은 공동체 지향의 가치와 공동선이 간과되는 문화에서는 시민성과 시민 역량이 지속적으로 재생산될 것이라고 기대하기 어렵다(김석호, 2018: 224). 이러한 사실에 비추어 볼 때, 아동과 청소년, 그리고 성인을 대상으로 한 공동체주의적 시민교육의 필요성은 더욱더 많다고 볼 수 있다. 이는 공공의 목표에 기여할 수 있는 건전한 시민 육성을 위해 공교육이 필수적인 이유이기도 하다.

〈표 1〉 가정교육에서 자녀에게 강조하는 덕목

구분	덴마크	핀란드	한국
독립	79.0%	51.8%	57.8%
열심히 일함	4.8%	6.9%	64.3%
의무의식	80.5%	89.6%	87.8%
상상	32.1%	23.8%	14.5%
관용과 타인 존중	86.6%	86.3%	40.8%
절약과 저축	9.7%	23.5%	65.1%
투지와 인내	26.8%	47.2%	54.5%
종교적 믿음	7.6%	9.3%	25.0%
이기심 없음	64.3%	26.7%	10.5%

* 자료: 세계 가치관 조사(2012) 및 유럽 가치관 조사(2008)

2) 공동체주의의 시민교육 내용

먼저 공동체주의 시민교육의 내용으로는 공동체의 공유된 역사적 토대를 포함한다. 그리고 시민의 의무는 공통적이고 공유된 역사의식과 노력을 수반하는 공동체의 기본 유대의 결과물이다. 아동과 청소년들은 다양한 형성 과정을 통해 공동체의 역사의식과 공동체의 의무감을 내면화해야 한다. 올드필드(Oldfield, 1990: 162)는 "시민의 의무 중 하나는 공동체의 세대 간의 연속성을 책임져야 한다."라고 설명한다.

분명한 것은 민주적 질서가 다수의 역량으로 구성된다는 것이다. 즉, 바람직한 규범적 성향을 지닌 사람과 집단 그리고 바람직한 규범적 성향을 갖지 않은 사람과 집단을 이미 포함하고 있으며 다양한 계층이 존재한다는 것이다. 이와 관련하여 유럽 국가의 법적, 정치적 시민의 질은 두 그룹으로 분류된다. 그룹 A는 관용, 세계시민주의, 잘 교육받음, 상호 호혜적 마음, 다언어, 존중, 친절, 시민 참여에 관심이 있는 경향 등을 갖추었다. 반면에 그룹 B는 불관용적이며, 편협하고, 교조적이며, 교육 수준이 낮고, 단일 언어이며, 무례하고, 평균적이고, 시민 생활에서 무관심한 경향을 지닌다. 공동체주의 시민교육의 내용은 그룹 A의 내용을 포함해야 한다는 것이다.

다음으로 사회적, 문화적, 규범적, 시민적 다원주의는 응집력 있고 수렴되는 정체성을 위한 민족·국가의 요구와 충돌한다. 이 충돌을 완화하기 위해 개인의 자유 보호와 확대를 기본 목표로 하되, 설득과 교육을 통하여 공동선에 대한 이해도 함께 높여 개인과 공동체의 동시 발전을 도모해야 한다는 것이다(박세일 외, 2009: 22). 이와 관련해서 이기적 자유에서 이성적 자유 또는 공동체적 자유로 의식의 전환이 필요하다. 그 방법은 교육, 종교, 문화, 입법 등 여러 방법을 통하여 국민의 의식과 관행을 지속적으로 계몽시키는 노력이 필요하다. 공동체가 피폐해지면 개인의 자유와 가치도 존중받기 어렵고 지켜지기 어렵기 때문이다.

따라서 공동체 의식의 제고를 위한 대화와 설득과 교육이 주 방식이다. 개인을 억압하고 개인과 대립하는 것이 집단주의라면 개인을 존중하고 개인을 설득하는 것이 공동체주의이다. 본고의 "3. 공동체주의의 시민성"에서 포함된 가치와 덕목이 공동체주의 시민교육의 주요 내용이다.

3) 공동체주의의 시민교육 방법

(1) 가정-학교-공동체의 연대를 통한 시민교육

공동체주의는 도덕적 회복을 위한 운동이다. 먼저 에치오니는 개인의 책임을 배우는 장소로 가족을 강조한다. 그다음의 방어선이 학교라는 것이다. 수백만의 미국 가정이 도덕교육을 제공할 수 있는 능력이 심각하게 약화하였기 때문에 자연스럽게 학교는 이제 더 큰 역할을 해야 한다는 것이다(Golby, 1997: 127). 학교는 공동체로서 3가지 모델을 생각해 볼 수 있다.

첫째, 모임의 공간으로서 학교이다. 그러한 학교는 인간의 번영이라는 비전에 뿌리를 둔 교육 개념을 중심에 두어야 한다. 학생이 어떻게 대처하고 적응할지에 대한 예측이나 기대를 하고 이러한 만남에 참여한다는 것이다. 우리의 예측이나 기대는 명시적으로 이해된 사회적 규범으로 일상화되고 이것이 사회적 안정의 원천이다(Karp, 2000: 157). 반대로 무계획적인 만남은 참신, 혁신 및 반란을 유발할 수 있다. 이는 사회적 변화의 원천이므로 이런 만남은 사회적 안정과 혁신의 상호작용을 낳는다.

둘째로 참여 민주주의로서의 학교이다. 그러한 학교는 참여적 의사결정과 시민 우정과 같은 민주적 참여 능력의 함양을 강조할 수 있다.

셋째로 탐구 공동체로서의 학교이다. 그러한 학교는 학문 분야의 숙달과 정신적 삶과 관련된 능력의 실현을 강조할 수 있다.

그리고 시민교육에서의 학교의 역할로 우선 학교는 정치체가 되어야 한다. 학교 공동체의 구성원은 서로를 책임지고 대화와 협력을 통해 공통의 목표를 추구해야 하는 학교 내의 시민으로서 서로를 바라보는 법을 배워야 한다(Slater & Boyd, 1999: 323-335). 다음으로 학교는 이방인에 대한 동정과 공감을 위한 능력을 개발하고 친절과 예의와 같은 도덕적 개념을 강조해야 한다. 학교는 타인을 치밀한 공동의 정체성에 동화시키려고 노력하지 않으면서도 이 공동체의 정체성을 정립할 필요가 있다.

또한, 사회와 학교 사이의 더 좋은 통합을 달성하기 위해 공동체의 협력이 필요하다는 것이다. 이를 위해 교육자는 학교 교육에서 학생에게 이론과 실천을 연결하는 방법을 찾아야 한다. 예를 들어 국회나 시의회 등을 방문한다든지 모의 투표 등을 통해 민주시민 공동체 의식을 함양하는 데 이바지할 수 있을 것이다. 그리고 아동기와 청소년기의 공동체 참여의 습관과 태도를 강화함으로써 시민의식을 배양할 수 있을 것이다.

가정과 학교는 아동의 발달에 중요하며, 이웃과 지역 조직과 같은 공동체는 안내, 고용, 레크리에이션 및 정신적 발달을 제공하는 사회적 연계망을 구축한다. 그리고 현대성이 개인과 사회 간의 격차를 벌리는 경향이 있다면, 공동체는 그 격차를 메꾼다. 자녀의 고등교육을 계획하는 사람은 부모이고, 인격을 형성하고 협동 기술을 가르치는 사람은 교사이고, 시민 순찰을 조직하는 사람은 이웃 공동체이며, 노숙자 보호소, 새로운 도서관 등을 만들기 위해 노력하는 곳은 정치기구다.

공동체 제도가 약할 때 개인이 집단의 선을 지향할 여지가 거의 없다. 그러면 사회적 질서뿐만 아니라 도덕적 질서도 위험하다(Karp, 2000: 167). 따라서 정부학교-가정-공동체 등의 역할을 분담하고 유기적으로 협력할 때, 개인과 공동체가 모두 안정적으로 유지되며 번영할 수 있다.

(2) 시민교육 기제로서 사회화

공동체의 구성원으로 살아가는 역량의 함양을 위해 사회화가 필요하다. 어떤 사람은 협력이 유전적 자질이라고 주장하지만, 공동체주의자는 자아에 의존하는 영아를 애타적이고 상호 의존적인 성인으로 변화시키는 많은 과정을 강조한다. 이러한 과정에는 협동 감성을 보장하는 언어, 가치, 신념, 전통, 규범 및 관행의 전파를 포함한다. 물론 사회화는 자동적이거나 완전하지 않다(Karp, 2000 : 156).

에치오니(Etzioni, 1996b: 97)에 따르면 문화가 개인에게 제공하는 모든 것이 하나의 토대라는 것이다. 개인은 자신의 문화에 반항하거나 새로운 문화적 요소를 형성하거나 전통적인 요소와 결합한 새로운 문화를 형성할 수도 있다. 문화는 사회화를 통해 스스로를 재생산하며, 사회화는 사회 질서를 유지하는 데 중요한 수단이다. 따라서 공동체주의자는 사회적 자아로서 개인은 사회화와 협상의 산물 즉,

상호작용 질서의 산물이라고 가정한다(Karp, 2000: 157).

그리고 공동체주의자들은 공동체 질서의 강제적인 조치를 최소화하기 위해 공동체의 가치에 대한 개인의 사회화와 재사회화의 지속적인 과정에 의존한다. 이 과정에서 공동체주의자들은 규범적 영향력이 강력한 도구라고 주장한다. 규범은 사회적 행동을 효과적으로 규제할 수 있기 때문이다. 그리고 규범은 공통의 목적에 대한 합리적인 이해와 이러한 목적을 달성하기 위한 자발적인 수행 능력을 배양함으로써 그것을 가능하게 해주기 때문이다. 모든 사람이 잠재적으로 의무를 다하지 않을 수 있으므로 효과적인 사회화와 통제망에 대한 요구가 항상 존재한다"(Selznick, 1992 : 175).

(3) 시민교육의 기제로서 토론 문화

학교는 개인과 공동체 간의 대화, 즉 의사소통을 장려할 필요가 있다. 종교 개념에 뿌리를 둔 학교 공동체조차도 다른 신념을 지닌 사람들과 토론을 장려하여 공동체를 구성할 방법을 찾아야 한다. 토론은 내면화의 기제이기도 하다. 내면화는 단순히 개인이 자신의 의도, 즉 양심에 동의하기 때문에 도덕적 명령을 준수하려는 동기를 의미한다. 도덕적 목소리는 독특한 동기 부여 형태이다. 도덕적 목소리는 인간이 동의하는 가치를 고수하도록 장려한다.

도덕적 목소리의 토대는 공동체 구성원들이 서로에 대한 깊은 정서적이고 물질적인 상호의존성이다. 지속적인 관계에 관여함으로써, 우리는 상호 의존적임을 알고, 타인이 규칙적이고 예측 가능한 방식으로 행동할 것을 기대하게 된다. 도덕적 목소리는 사회적으로 구성된 행동 규범을 준수하기 위한 기대의 의사소통이다(Karp, 2000: 168).

의사소통 역량을 함양하기 위해서는 시민이 정치공동체의 좋은 삶과 공동선에 관한 토론에 적극적으로 참여해야 한다. 기존의 덕목을 강요하는 사회가 아니라, 이성적 비판의식을 갖춘 채 사회적 통합을 이끌어 갈 자율성을 가진 시민적 덕목에 관한 토론이 필요하다(김선욱, 2018: 31). 그런 시민적 덕목을 찾기 위한 깊은 대화와 토론의 기회를 얻는 것이 민주시민 역량의 함양에 매우 중요하다.

(4) 시민교육 기제로서 인격교육

인격교육이란 무엇인가? 인격교육은 다양한 분야라는 것을 알아야 하지만, 일반적으로 교육과 덕목 간의 관계에 관심이 있는 사람과 특별한 덕의 가르침에 중점을 둔 도덕교육에 대한 접근을 옹호하는 사람의 아이디어를 포함하는 것으로서 정의될 수 있다(McLaughlin & Halstead, 1999: 132). 실제로 교육의 산물로서 시민성은 중심적인 도덕적 요소가 포함되어 있다. 시민의 미덕을 논의하고 시민의 미덕을 계발하는 것은 인격교육을 통해서 가능하다(Peterson, 2011: 77).

올드필드는 시민이 특정 규칙이나 행동 패턴을 따르는 것만으로는 충분하지 않고 대신에 시민의 미덕은 시민의 인격으로 내면화되어야 한다고 제안한다(Peterson, 2011: 88-91). 본질적으로 공동체주의자와 인격교육자 간의 유사성은 미덕과 개인의 관계에 의존한다. 본질적인 공동체의자와 인격교육자는 미덕이 내재화되어야 하고 교육과정이 이를 위한 중요한 메커니즘이라고 믿는다.

시민이 유덕한 태도로 행동하는 것만으로는 충분하지 않다. 오히려 시민은 유덕해야 한다. 그렇게 하기 위해서는 지적 활동과 실제 활동이 필요하다. 그렇게 형성된 인격은 도덕적 지식, 도덕적 느낌, 도덕적 행동이라는 세 가지 요소의 통합이 필요하다. 선한 특성은 선을 알고, 선을 원하며, 선을 행하는 것 즉, 이성의 습관, 정서의 습관 및 행동의 습관으로 구성된다. 세 가지 모두 도덕적 삶을 끌어내는 데 필요하며, 도덕적 성숙의 바탕이 된다(Lickona, 1991: 51).

인격교육의 일환으로 올드필드의 경우 시민의 미덕은 교육과정을 통해 시민에 의해 내면화되어야 한다고 보았다. 즉, 시민의 미덕은 마음의 습관이 되어야 한다는 것이다. 샌델도 정치 제도는 공공의 일에 참석하는 습관을 기르는 시민교육 기관으로 역할을 수행해야 한다고 보았다(Sandel, 1996 : 321). 바버와 배티스토니(Barber & Battistoni, 1993: 237)에 따르면 미국 고등교육 기관의 봉사학습을 고려할 때 상호 책임과 권리와 책임의 상호의존성에 초점을 맞추며, 이타주의가 아니라 계몽화된 자기이익[7]에 중점을 둔다. 인격교육의 또 다른 형태

---

[7] 국익론이 융성하였던 근대 유럽에서도 사회 전체의 이익과 사회구성원 개개인의 이익 간에 발생할 수 있는 불일치에 어떻게 대처해야 할 것인가 하는 과제를 의식하고 있었다. 18세기의 계몽기에 이익설의 입장에 서면서 양자를 일치시키는 방법으로써 제창된 것이 계몽화된 자기이익(enlightened self-interest)의 견해였다. 특히 미국 건국기의 정치가이며 지식인이었던 프랭클린(Franklin)은 인간이 개별이익을 완전히 버리는 것은 불가능하지만 깊은 사고가 일시적인 열정을 이길 수 있다고 믿고 있었다. 따라서 교육이나 계몽으로 장기적이고 넓은 시야를 가짐으로써 개인이 자기이익을 공공의 이익과 합치하도록 정의하거나 타자 이익과의 공통성을 이해할 수 있을 것이며 그것을 계몽화된 자기이익이라고 한다. 국익의 주관성, 가변성을 전제로 하여 그것을 타자 이익과의 공통성을 높이도록 정의해 가는 연구이다(정치학대사전편찬위원회, 『21세기 정치학대사전』).

로 여가 활동이나 자원봉사에 참여하면서 사회적 연대를 높여 가야 한다는 것이다. 즉, 봉사활동에 적극적으로 참여하는 사람이 덜 배타적이며, 공동체 의식도 강하게 나타난다는 것이다.

이상에서 살펴본 바와 같이 공동체주의에서 강조하는 민주시민성은 민주주의, 자유주의, 공화주의 등에서 강조하는 민주시민성을 아우른다고 볼 수 있다. 그리고 공동체주의의 시민성은 자유주의, 민주주의, 공화주의 등의 민주시민성의 보충제이며, 보완제의 기능을 수행해야 한다고 본다.

5. 요약

이 장에서는 공동체주의의 출현과 핵심 내용의 개괄적 이해를 바탕으로 공동체주의에서 민주시민성을 어떻게 인식하고 있는지를 알아보고, 공동체주의의 시민성을 기르기 위한 구체적 교육 내용과 방법을 탐색하였다.

'**1. 공동체주의의 출현**'에서는 철학적 논의와 현실 사회의 논의에서 공동체주의의 대두 배경에 대해 살펴보았다. 공동체주의는 헤겔적 관념에 입각해서 칸트주의적 자유주의를 비판하는 입장이다. 그리고 친애라는 독특한 개념을 동원하여 공동체 구성원 상호 간의 굳건한 결속을 지향하는 인간적 유대 관계의 중요성을 강조하며, 아리스토텔레스의 지적 전통을 따르려 한다.

또한 동서양을 막론하고 오랜 세월 동안 인류는 항상 공동체를 이루며 살아왔다. 공동체주의는 공동체 의식과 사회적 결속에 대한 태도와 정책을 전파하는 데 전념하는 정치 운동이자 지적 전통이다. 공동체주의는 매우 다양한 형태로 진행되었다. 샌델이나 테일러, 월, 에치오니, 왈저 등도 "자유주의적 공동체주의자(liberal communitarian)"라고 불리기를 희망한다. 이들도 인권과 같은 자유주의적 가치를 중요시하며, 자유와 자율의 중요성을 인정하기 때문이다. 자유주의 가치와 공동체주의 가치의 수렴과 접목은 변증법적 종합이기도 하며, 신공동체주의자들의 핵심적 주장이기도 하다.

'2. 공동체주의의 핵심 가치들'에서는 초기 공동체주의와 신공동체주의에서 강조하는 가치들로 나누어 살펴보았다. 초기 공동체주의에서는 유대와 애착이 공동체의 근간이라는 점을 가정한다. 다음으로 자유주의에서 주장하는 자기완성적, 자기충족적 자아가 아니라, 공동체 속에서 형성되는 자아이고 관계망 속의 자아를 강조한다. 셋째로 공동체 의식을 생활양식으로 받아들여야 한다는 것이 공동체주의의 기본 전제이다. 넷째로 공동체주의는 공동체가 오랫동안 소중히 여겨온 전통과 관행 그리고 서사에 대한 존중과 계승을 요구한다. 다섯째로 공동체주의자들은 공익이나 공동선을 사익보다 우선시하는 입장을 견지한다.

다음에서는 신공동체주의에서 강조하는 핵심 가치로는 개인과 공동체가 함께 설 때, 양측 모두 가장 잘 설 수 있다고 본다. 다음으로 신공동체주의는 자율과 질서의 불균형이 양자 모두를 훼손하게 될 것이라는 점을 인식하면서 최선의 타협점을 밝히려 한다. 셋째로 개인의 권리와 공동체에 대한 책임 간의 공존을 모색한다. 끝으로 신공동체주의는 공동체의 이익과 개인의 이익 간의 갈등을 전제하며, 양자의 조화를 추구한다.

'**3. 공동체주의의 시민성**'에서는 시민성을 육성하는 데 필요한 공동체주의에서 강조한 가치와 미덕을 탐색하였다. 먼저 공동체주의에서는 공동체 재건의 견인차가 공동체 의식이자 공동체 규범의 정립임을 강조한다. 둘째로 공동체주의에서는 시민 공동체를 형성하기 위해 미덕의 내면화를 통한 도덕적 성숙이 긴요하다고 본다. 셋째로 공동체에 대한 구성원의 책무감이 있어야만 그 공동체는 건강성을 유지한다고 공동체주의자들은 믿는다. 넷째로 공동체의 이상은 친근하고 협력적인 관계와 집합적 효능감이 잘 작동되어지는 상태라고 공동체주의자들은 본다. 다섯째로 개인과 공동체, 권리와 책임, 그리고 국가, 시장, 시민 사회 간의 균형의 추구는 공동체주의의 일관되고 지속적인 노력이다. 여섯째로 민주적 심의 기제로서 시민이 도덕적 대화에 참여할 것을 촉구한다. 끝으로 공동체주의자들은 공동체 규범의 확립을 통한 공동체 문화의 형성을 주장하고 있다.

'**4. 공동체주의의 시민교육**'에서는 시민에게 요구되는 민주시민 역량이 반드시 자연적으로 길러지는 것이 아니라 시민의 내면에서 개발되고 내면화되어야 한다고 역설한다. 다음으로 공동체주의의 시민교육에서는 정부-학교-가정-공동체 등의 역할을 분담하고 유기적으로 협력할 때, 개인과 공동체가 모두 안정적으로 유지되며 번영할 수 있다고 본다. 셋째로 공동체주의자는 사회적 자아로서 개인은 사회화와 협상의 산물 즉, 상호작용 질서의 산물이라고 본다. 넷째로 의사소통 역량을 함양하기 위해서는 시민이 정치 공동체의 좋은 삶과 공동선에 관한 토론에 적극적으로 참여해야 한다고 본다. 끝으로 시민의 미덕을 논의하고 시민의 미덕을 계발하는 것은 인격교육을 통해서 가능하다고 공동체주의자들은 보았다.

참고 문헌

곽준혁(2005), "심의민주주의와 비지배적 상호성", 『국가전략』, 11, 2, 141-168.
김석호(2018), "한국인의 습속과 시민성, 그리고 민주주의", 『박태준 미래전략 연구 총서 9: 촛불 너머의 시민사회와 민주주의』, 서울: 아시아.
김선욱(2008), 「마이클 샌델과의 인터뷰: 자기 해석적 존재를 위한 정치철학」, 『자유주의와 공공성』, 서울: 철학과 현실사.
김선욱(2018), "공동체란 무엇인가?: 정치철학적 기초와 개념", 제59회 KPI 평화포럼, 『한반도평화를 위한 공동체적 접근: 우리사회는 공동체인가』, 대한민국역사박물관 강의실, 10. 29.
김희강(2010), "공공성, 사회집단, 그리고 심의민주주의", 『한국정치학회보』, 제 44집, 여름호.
박세일(2009)외 공편, 『공동체 자유주의 이념과 정책』, 서울: 나남.
박호성(2009), 『공동체론』, 파주: 효성출판.
이승환(1999a), "한국에서 자유주의-공동체주의 논의는 적실한가?-아울러 '유사 자유주의' 와 '유사 공동체주의'를 동시에 비판함", 『철학연구』 제 45집, 여름, 61-99.
이승환(1999b), "한국에서 자유주의-공동체주의 논의는 적실한가", 〈자유주의와 공동체주의〉『철학연구회 99춘계 발표회 자료집』.

이영규, 심진경, 안영이, 신은영, 윤지선(2010), 『학습용어 개념사전』, 서울: (주)북이십일 아울북.

이홍구(2012), "유럽 재정위기와 공동체 정치의 시련", [중앙일보], 5. 28.

전상인(2017), "당당한 개인주의가 우리의 미래다", [조선일보], 12. 2.

최문기·이범웅·변종헌(2018), 『정치사회사상』, 파주: 양서원.

추병완(2004), 『도덕교육의 이해』, 서울: 백의.

Arthur, J. (2003), *Education with Character: The Moral Economy of Schooling*, London: Routledge.

Barber, B. R. (1984), *Strong democracy*, Berkeley: University of California Press.

Barber, B. and Battistoni, R. (1993), "A season of service: introducing serv-ice learning into the liberal arts curriculum", in *Political Science. 26*(2).

Bell, D. A. (1993), *Communitarianism and its critics*, Oxford: Clarendon.

Bellah, R. N., Madsen, R., Sullivan, W. M., Swidler, A. and Tipton, S. M. (1985), *Habits of the heart: Individualism and commitment in American life*, Berkeley: University of California Press.

Blau, P. M. (1977), *Inequality and heterogeneity: A primitive theory of social structure*, New York: Free Press.

Blunkett, D. (2003a), *Active Citizens, Strong Communities: Progressing Civil Renewal*, London: Home Office.

Blunkett, D. (2003b), *Civil Renewal: A New Agenda*, London: CSV/Home Office. Bock, G.

Boyte, H. C. (2003), "Civic education and the New American Patriotism Post-9/11", in *Cambridge Journal of Education. 33*(1).

Bradley, C. S. Watson (2010), Liberal Communitarianism as Political Theory, *Perspectives on Political Science, 28*:4.

Csikszentmihalyi, M. 이희재, 역(2010), 『몰입의 즐거움』, 서울: 해냄출

판사.

Dagger, R. (1999), "The Sandelian republic and the unencumbered self", in *The Review of Politics, 61* (2).

Diamond, S., *Getting more: How to Negotiate to Achieve Your Goals in the Real World*, 김태훈 역(2011), 『어떻게 원하는 것을 얻는가』, 서울: 세계사.

Etzioni, A. (1993), *The spirit of community*, New York: Crown.

Etzioni, A. (1996a), "The responsive community: A communitarian perspective", in *American Sociological Review, 61*, 1-11.

Etzioni, A. (1996b), *The new golden rule*, New York: Basic.

Etzioni, A. (1998), "Moral dialogues: a communitarian core element", in A. Allen and M. Regan(eds.), *Debating Democracy's Discontent: Essays on American Politics, Law, and Public Philosophy*, Oxford: Oxford University Press.

Etzioni, A. (2004), *From empire to community: A new approach to international relations*, New York: Palgrave.

Golby, M. (1997), "Communitarianism and Education", *Curriculum Studies, Vol. 5, No. 2*.

Gray, C. S. (1990), *War, peace, and victory: Strategy and statecraft for the next century*, New York: Simon & Schuster.

Karp, D. R. (2000), Sociological Communitarianism and The Just Community, in *Contemporary Justice Review, Vol 3(2)*.

Kymlicka, W. (2002), *Contemporary Political Philosophy*, Oxford: Oxford University Press.

Lickon, T. (1991), *Educating for Character: How Our Schools Can Teach Respect and Responsibility*, New York: Bantam.

Maynor, J. W. (2003), *Republicanism in the Modern World*, Cambridge:

Polity Press.

McLaughlin, T. and Halstead, J. (1999), "Education in character and virtue", in Halstead and McLaughlin (eds.), *Education and Morality*, London: Routledge.

Mead, G. H. (1956), *On social psychology*, (A. Strauss Ed.), Chicago: University of Chicago Press. (Thomas Meyer, 2008: 93)

Miller, D. (1995), *On Nationality*, Oxford: Oxford University Press.

Mouffe, C. (1993), "Rawls: Political philosophy without politics", in: Mouffe, C., *The return of the Political*, London/N.Y.: Verso.

Mulhall, S. and Swift, A. (1992), *Liberals and Communitarians*, Oxford: Blackwell.

Oldfield, P. (1990), *Citizenship and Community, Civil Republicanism and the Modern State*, London: Routledge.

Peterson, A. (2011), *Civic Republicanism and Civic Education: The Education of Citizens*, New York: Palgrave Macmillan.

Rawls, J.(1980), "Kantian constructivism in moral theory", in *Journal of Philosophy, 77* (9).

Rawls, J. (1993), *Political Liberalism*, New York, Columbia University Press.

Sandel. M. J. (1984), *Liberalism and its critics*, New York: New York University Press.

Sandel, M. J. (1999), *Justice: What's the Right Thing to do?*, London: Penguin.

Sandel. M. J. 김선욱·강준호·구영모·김은희·박상혁·최경석 역 (2008), 『공동체주의와 공공성』, 서울: 철학과 현실사.

Selznick, P. (1992), *The moral commonwealth*, Berkeley: University of California Press.

Serna, S. (2012), "A Communitarian Consideration of Human Enhancement", in *Perspectives on Political Science*, 41.

Slater, R. & Boyd, W. (1999), "Schools as polities", in J. Murphy & K. Louis(Eds), *Handbook of Research on Educational Administration*, San Francisco, Jossey-Bass.

Smiles, S. 정준희 역(2005), 『인격론』, 서울: 21세기북스.

Stern, D. N. (1985), *The interpersonal world of the infant*. New York: Basic Books.

Strandbrink, P. (2017), *Civic Education & Liberal Democracy*, U.K. London: Palgrave Macmillan.

Strike, Kenneth A. (2000), "Liberalism, Communitarianism and the Space Between: in praise of kindness", *Journal of Moral Education, Vol. 29*, No. 2.

Stryker, S. (1980). *Symbolic interactionism*, Menlo Park, CA: Benjamin/Cummings.

Sullivan, W. and Karp, D. R. (1997). *The civil society debate*. Report to the Smith Richardson Foundation.

Tajfel, H. (1981), *Human groups and social categories: Studies in social psychology*, Cambridge: Cambridge University Press.

Theobold, P. and Snauwaert, D. T. (1995) "Education and the liberal communitarian debate", in *Peabody Journal of Education. 70*(4). 119-138.

Tocqueville, A. De (1840), *Democracy in America*(J. & H. G. Langley).

Tönnies, F. (1988), *Community and Society*, New Brunswick: Transaction Books.

Viroli, M. (1999), *Republicanism*, New York: Hill and Wang.

Watson, B. C. S. (2010), "Liberal Communitarianism as Political Theory", in *Perspectives on Political Science, 28*:4, p. 211.

3장

공화주의 시민성과 시민교육

추병완 · 춘천교육대학교 교수

3장
공화주의 시민성과 시민교육

추병완(춘천교육대학교 교수)

원주민의 권리, 여성의 권리, 시민권, 동성애자를 위한 성적 권리로부터 언어권, 동물의 권리, 장애인 권리에 이르기까지 지구상의 많은 국가는 지난 수십 년 동안 포용과 소속감을 위한 새로운 요구의 물결에 휩싸였다. 가히 권리 혁명(rights revolution)이라는 명칭을 부여할 수 있을 정도로 각계각층의 다양한 사람과 집단이 권리와 승인을 요구하는 거대한 흐름에 참여하였다. 이에 따라 1990년대부터 이러한 새로운 권리에 관한 주장과 그것의 위험성 및 가망성을 탐구하려고 인문학과 사회과학에서 시민성(citizenship)에 관한 연구가 본격적으로 이루어졌다(Isin & Turner, 2002: 1). 특히 포스트모더니제이션(postmodernization)과 세계화(globalization)라는 거대한 양대 흐름의 영향을 받으면서 시민성 연구는 세 가지 기본적인 축에 해당하는 시민성의 범위(포용과 배제의 규칙·규범), 내용(권리와 책임), 깊이(두터움과

얇음)를 재정의·재구성하기 시작하였다(Isin & Turner, 2002: 2).

현대 영미 정치철학에서 1970년대에는 정의와 권리가 중심 개념이었지만, 1980년대에는 공동체와 멤버십(membership)이 핵심 단어가 되었다. 자유주의와 공동체주의 논쟁 이후 자유주의적 정의와 공동체적 멤버십의 요구를 통합할 필요성이 커졌고, 이 작업을 수행할 하나의 확실한 후보로 떠오른 것이 바로 시민성 개념이다. 시민성은 한편으로는 개인주의적 권리와 자격이라는 자유주의 개념과 친밀하게 연결되고, 다른 한편으로는 특정한 공동체의 멤버십과 그 공동체에 대한 소속감이라는 공동체주의 개념과도 연결되기 때문이다. 이렇듯 시민성 개념이 크게 강조되면서 공화주의 시민성(republican citizenship)에 관한 관심이 자연스럽게 증가하였다(Kymlicka, 2002: 284).

공화주의 시민성에 관한 관심이 증가한 또 다른 이유는 시민의 정치 참여 감소와도 밀접하게 관련된다. 대의 민주주의를 채택하는 대부분 국가에서 시민들이 정치에 무관심한 채 사적인 권리와 이익 추구에 집착하면서 많은 문제점이 드러나자 시민의 책무, 공동선, 시민의 덕, 시민 심의를 강조하는 공화주의 시민성에 관한 관심이 커지기 시작했다. 공화주의는 법치를 중시하고 사적인 이익보다는 공동선을 강조하며 시민의 활달하고 적극적인 정치 참여와 유덕한 시민의 역할을 중시하므로 대의 민주주의가 지닌 한계 및 문제점을 극복하는데 유용하기 때문이다.

공화주의는 공화국으로 조직된 국가에서 시민성에 중점을 둔 정치 이념을 의미한다. 공화주의는 자치에 참여하는 독립적이고 자유로운 시민의 공동체를 중시하는 정치 방식의 한 유형을 나타낸다. 공화주의는 시민의 덕과 적극적인 정치 참여를 통한 공동선의 정치를 강조한다. 공화주의의 핵심이 되는 관점은 독립적이고 자유로운 시민의 공동체가 바로 정치공동체고, 정치공동체의 시민은 공화국에 실천적·정서적으로 결속되어 있다는 것이다. 공화주의는 정치를 모든 사람이 관심을 두는 것 그리고 개별 시민이 참여하는 것으로 간주한다.

일반적으로 공화주의 정치는 상호의존적인 시민들이 적어도 개인의 이익을 증진하거나 개인의 권리를 보호하는 것만큼 역사적으로 발전해 온 정치공동체의 공동선에 대해 심의하고 공동선을 실현하는 것에 관심을 둔다. 공화주의는 공동선을 위한 책임을 강조한다는 점에서 개인의 권리에 집중하는 자유방임주의 이론과 구별된다. 공화주의는 공동선을 정치적으로 실현한다는 점에서 가치 및 좋은 삶에 대한 실제적인 질문을 정치에서 배제하려는 중립적인 자유주의 이론과 구별된다. 공화주의는 정치공동체의 정치적 구성을 강조한다는 점에서 정치를 전(前)정치적으로 공유된 공동체의 가치를 표현하는 것으로 바라보는 공동체주의 이론과도 구별된다(Honohan, 2002: 1). 이에 이 장에서는 공화주의 시민성 개념을 분석하고, 그것이 시민교육에 주는 함의가 무엇인지를 밝히고자 한다.

1. 공화주의란 무엇인가?

공화주의는 최근 국내외적으로 괄목할 만한 부흥을 누리고 있는 고대 정치사상의 한 전통이다. 자유주의, 보수주의, 기타 항구적인 정치 전통과 마찬가지로 공화주의가 정확히 무엇인지에 대해서는 사람들마다 상당한 의견 차이가 있다. 그러나 공화주의자로 자처하는 대부분의 사람은 통치가 1인 지배자나 소수 지배자 집단의 영역이 아니라 공적인 문제로서 자치적인 시민에 의해 주도된다는 사실에 동의한다.

  공화주의는 대체로 군주제에 반대하면서 대의 정부를 선호해 왔지만, 우리는 이를 신중하게 여길 필요가 있다. 공화주의는 민주주의와 어떻게 다른가? 일반적인 용어로 민주주의가 국민에 의한 통치를 의미한다면, 공화주의는 더 구체적으로 국민의 이해관계에서의 통치 또는 정치공동체의 구성원으로서 국민이 공유하는 공동선에 부합하는 통치를 의미한다. 둘은 독특하지만 밀접하게 관련되어 있다. 현대 공화주의자들은 국민을 공공의 이익에 대한 최고의 심판관으로 여기고 있으므로, 그것은 상당한 민주적 함의를 갖는다. 만약 민주주의가 법치주의에 대한 존중을 유지한다면, 그 나라는 민주 공화국이다. 하지만 그렇지 않다면 포퓰리즘(populism)적이고 다수결주의적인 혹은 국민투표적인 형태의 민주주의가 될 수는 있지만, 그런 국가가 공화국은 아니다. 여기서 포퓰리즘이란 정치, 경제, 사회, 문화면에서 본래의 목적보다 대중의 인기를 얻는 것을 목적으로 하는 정치 행태를 의미한다. 다수결 민주주의는 다수결이 무조건 옳고 곧 그것이 민주주의라고 규정하는 정치 형태다. 국민투표적인 민주주의는 선출된 대표는 있지만, 그 대표가 자신을 선출한 시민 유권자에 대해 마땅히 책임져야 할 의무로부터 자유로운, 변형된 형태의 민주주의를 의미한다. 대중의 인기에 영합하는 정책만을 추진하는 것, 다수의 의견을 항상 전체 의사로 보고 결정하는 방식, 그리고 유권자에 대한 책임을 다하지 않는 정치 형태는 결코 공화주의와 양립할 수 없다.

공화주의는 이렇듯 민주주의의 한계에 주목한다. 민주주의는 다수파 전횡에 따른 소수파 무시, 중우정치, 포퓰리즘, 선동정치에 취약하여 중우정과 참주정으로 쉽게 타락할 수 있다. 공화주의는 민주주의가 이런 한계를 이겨내지 못하므로 결코 최선의 정치 체제가 될 수 없다고 본다. 따라서 공화주의는 민주주의의 '다수파 지배'라는 의의와 '다수결의 전횡'이라는 한계도 함께 인정하면서 이를 보완하기 위해 '다수파와 소수파를 섞되 전혀 다른 제3의 방식으로 혼합하여 비지배적인 자유 상태'를 추구하는 체제인 민주 공화국이 필요하다고 본다(채진원, 2019: 126). 한편, 공화주의자는 법 위에 군림하는 군주가 아닌 법치의 지배를 받는 군주가 통치하는 것에 무조건 반대하지 않는다. 하지만 아무런 견제를 받지 않는 절대 권력의 1인 군주 통치에 대해서는 명백하게 반대한다.

공화국(republic)은 라틴어의 'res publica'라는 용어에서 비롯하였다. 이 용어는 공공의 것, 즉 공적인 사물·문제·비즈니스·재산을 의미한다. 이것은 공화국이 그 안에 거주하는 사람을 포함하여 모든 것을 자신의 재산으로 간주하는 군주국과는 근본적으로 다르다는 사실을 함의한다. 공화국에서 국가나 사회의 통치는 공적인 문제이고, 시민은 스스로를 통치한다. 따라서 사적 혹은 개인적인 것이 아니라 공개적이고 공적인 상태를 의미하는 공공성(publicity)과 공화국의 구성원인 시민이 스스로 통치한다는 자치 혹은 자치 정부(self-government) 개념은 공화주의를 설명하기 위한 필수 요소에 해당한다(Dagger, 2002: 146).

먼저 공공성은 두 가지 의미를 담고 있다. 하나는 일반 대중의 비즈니스로서 정치는 공개적으로 그리고 공적으로 행해져야 한다는 의미다. 다른 하나는 공동체나 정치 조직체의 구성원인 시민들이 자신의 사적인 이해관계를 넘어서는 공동의 관심사에 적극적으로 참여하는 것을 의미한다. 이러한 공공성 측면에서 공화주의는 법치주의와 시민의 덕(civic virtue)을 강조한다. 공적인 비즈니스는 글자 그대로 함께하는 편리성뿐만 아니라 부패를 방지하기 위해 공개적으로 이루어져야 한다. 일반 대중의 일원으로서 사람들은 자신의 개인적 성향을 극복해야 하고, 필요한 경우에는 사익을 제쳐 두고 일반 대중 전체를 위해 최상의 것을 실행할 준비 태세를 갖춰야 한다. 이런 식으로 행동하는 공공심이 있는 시민은 시민의 덕을 발휘한다. 시민이 시민의 덕을 드러내려면 법치주의를 따라야 한다. 정치는 시민의 비즈니스이기 때문에, 그것은 공개적인 토론과 결정이 필요하고, 그것은 다시 규칙적이고 확립된 절차, 즉 누가 말할 수 있는지, 언제 말할 수 있는지, 그리고 어떻게 결정을 내려야 하는지에 대한 규칙이 필요하다. 그 후, 결정은 구성원의 행동을 안내하는 공표된 규칙이나 법령의 형태를 취해야 한다. 그러므로 공공성을 강조하다 보면 자연스럽게 법치주의가 따라 나올 수밖에 없다.

자치와 법치주의의 연관성도 매우 분명하다. 시민이 자치를 할 수 있으려면 절대적 혹은 자의적 통치의 대상이 되어서는 안 된다. 다시 말해, 시민이 자치권을 가지려면 타인의 절대적 또는 자의적 지배로부터 자유로워야 한다. 이러한 자의성을 피하고자 시민들은 법의 지배를 받아야 한다. 공화주의 시민은 제멋대로, 충동적으로, 또는 무모하게 행동하는 사람이 아니라, 법에 따라 자신의 의견과 목소리를 내는 사람이다.

공공성과 마찬가지로, 자치에 대한 공화주의의 공약은 자유와 시민의 덕 개념과 같은 공화주의 특유의 주제로 이어진다. 자치는 자유의 한 형태다. 공화주의자에게 그것은 가장 중요한 형태인데, 왜냐하면 개인의 자유의 다른 형태들은 자유 국가에서의 법 아래에서만 오로지 안전하기 때문이다. 따라서 자유는 시민들이 다른 사람들의 자의적인 의지에서 독립할 수 있도록 법에 대한 의존을 요구한다. 일반적으로 공화주의자는 간섭으로부터의 자유보다는 지배로부터의 자유에 더 관심을 둔다. 노예가 주인의 의지에 복종해야 하고 시민이 법에 복종해야 할 때 노예와 시민 모두 간섭을 받지만, 그들의 조건은 전혀 동등하지 않다. 주인은 노예의 욕망이나 이익을 고려할 필요는 없지만, 적어도 이상적인 견지에서 법은 시민의 행동에 간섭할 때조차도 시민의 이익에 주의를 기울여야 한다. 법은 자의적이고 무책임한 권력으로부터 시민을 보호하기 때문에, 법은 시민의 자유를 보장하는 '비지배적인 간섭자'이다(Pettit, 1997: 41).

그러나 법이 시민에게 반응적이고, 공화국의 법이 효력을 발휘할 수 있을 만큼 공화국 자체가 안전하고 안정적일 때에만 법은 시민의 자유를 보장한다. 따라서 법치 하에서 자유를 온전하게 유지하려면 시민은 공적인 사안에 공적 정신을 갖고 적극적으로 참여하려는 시민의 덕(civic virtues)을 보여주어야 함과 동시에 적절한 형태의 정부도 필요하다. 그런 정부 형태는 1인 지배, 소수 지배, 다수 지배의 요소들을 혼합하여 균형을 이루기 때문에 흔히 혼합 정체나 균형 정부라고 불린다. 군주정, 귀족정, 민주정은 각각 독재, 과두정, 폭민 정치로 전락하기 쉽지만, 세 가지 요소들 사이에서 권력을 분산시키는 정부는 개인, 소수 그리고 다수 중 어느 누가 공동선을 희생하면서 자기 이익을 추구하는 경향을 막을 수 있다. 각 요소가 다른 요소들을 견제할 수 있는 충분한 힘을 가지고 있으므로 그 결과는 자유롭고 안정적이며 오래 지속되는 정부가 된다.

혼합 정체가 공화국의 특징적인 형태라면, 시민의 덕은 공화국이 의도하는 실체다. 외세의 위협으로부터 공화국을 수호하고 그 정부에 적극적으로 참여하려는 시민들 없이는 혼합 정체조차 실패할 것이다. 따라서 공화국은 샌델(Sandel, 1996: 6)이 형성 정치(formative politics)라고 불렀던 것에 관여해야만 한다. 여기서 형성 정치란 자치가 요구하는 성품 특질을 시민들이 함양하게 하는 것을 의미한다. 탐욕, 야망, 사치, 나태의 형태로서의 부패에 저항하기 위해서는 헌법상의 안전장치가 필요할 수 있지만, 시민들 사이에 상당한 정도의 덕이 없는 상황에서는 법치 하에서 자유를 지속하는 것이 결코 충분하지 않다. 따라서 교육 및 기타 수단을 통해 시민의 덕을 지속적으로 함양하게 하는 것은 공화주의의 주요 관심사 중 하나다.

2. 공화주의의 역사적 기원

공화주의 전통은 20세기 후반 이후 많은 공화주의 학자들에 의해 서구 정치사상의 역사를 가로질러 진행된 것으로 확인되었다. 공화주의 아이디어는 고대 그리스, 아리스토텔레스(Aristotle)의 문헌, 고대 로마의 키케로(Cicero)의 저술까지 거슬러 올라갈 수 있으며, 이후 마키아벨리(Machiavelli), 해링턴(Harrington), 루소(Rousseau), 매디슨(Madison)의 저술에서 그 아이디어가 차용·비판·적용·확장되었다는 사실은 일반적인 동의를 얻고 있다. 비록 학자마다 약간의 차이점은 있다 하더라도, 그들은 공통으로 시민적 덕과 정치 참여의 중요성, 부패의 위험성, 혼합 정체의 이득과 법치주의를 강조하였다.

호노한(Honohan, 2002: 13-14)은 공화주의 전통의 발전에서 4가지 핵심 시기를 식별하면서 자신의 역사적 해석을 시도한다. 호노한은 각 시기가 공화주의의 중심 개념을 우리에게 제공한다고 주장한다. 고대 그리스와 로마의 첫 번째 시기는 아리스토텔레스와 키케로의 저술에서 '덕'의 발전을 보았다. 15세기에서 17세기의 두 번째 시기는 마키아벨리와 해링턴의 저술에서 '자유'의 발전을 보았다. 18세기의 세 번째 시기는 매디슨과 루소의 저술에서 '참여'의 발전을 보았다. 네 번째인 현대의 시기는 아렌트(Arendt, 1963)와 테일러(Taylor, 1995)의 저술에서 '인정'(recognition)의 발전을 보았다.

호노한(Honohan, 2002: 4)에 따르면, 18세기까지 발전했었던 고전적 공화주의의 이상은 다음과 같다. 첫째, 국가의 시민은 외적 지배와 내적 폭정에서 독립하여 자치적일 때 비로소 자유롭다. 둘째, 공화국은 저절로 생기는 것이 아니므로, 정치 구조가 없다면 사람들이 함께 살 수 있는 협정을 맺을 수 있는 근거가 없다. 그래서 공화국은 그것의 기본 제도를 설립하기 위해 설립자나 법률 제공자를 필요로 한다. 셋째, 공화국은 사회 세력이나 정부 기관이 서로 균형을 이루며 특정한 이익에 의한 국가 지배를 방지하고, 시민의 공동선을 실현하기 위해 혼합 정부를 요구한다. 넷째, 시민의 개인적·정치적 자유는 통치자의 의지가 아니라 확립된 법치로 보장된다. 다섯째, 시민은 의무를 수용하여 군대와 정치 모두에서 공무를 수행하는 적극성을 보여야 한다. 이를 통해, 시민은 다른 시민과 공유하는 것의 가치를 인식할 필요가 있다. 시민은 시민의 덕, 즉 공동선에 대한 헌신을 함양해야 한다.

현대 공화주의자들은 공화주의의 기원을 고대 그리스와 로마에서 찾는다(곽준혁, 2008; 조일수, 2011; 조주현, 2015). 공화주의의 기원을 고대 아테네에서 찾는 사람들은 적극적인 시민성과 시민의 덕으로 이루어진 좋은 삶에 대한 특정한 관념을 증진하는 동시에 그러한 가치를 훼손하는 모종의 부패에 저항하는 것을 중시한다. 본래적 공화주의는 인간이 정치 영역에서 자신의 탁월성을 발휘함으로써 좋은 삶을 실현한다고 본다. 이러한 사실에 기초한 사람들은 그 전통이 고대 그리스의 폴리스와 아리스토텔레스의 정치철학에서 유래한 것이라고 믿는다. 이런 관점에 따르면, 적극적인 시민 참여와 시민의 덕은 본래적으로 인간 번영에 중요한 것이다. 이러한 관점을 일컬어 본래적 공화주의라고 부른다. 그러나 다른 공화주의자들은 적극적인 시민 참여, 시민의 덕, 부패와의 싸움이 인간 번영에 본래적으로 중요한 것이 아니라, 자의적인 지배로부터의 독립을 의미하는 정치적 자유 개념을 보장하고 보전하는 데 도구적으로 유용한 것으로 생각한다. 이러한 전통은 자유로운 시민과 의존적인 노예 간의 근본적인 차이를 강조했던 로마 사회와 키케로에서 유래한 것이다. 이러한 관점을 일컬어 도구적 공화주의라고 부른다.

본래적인 공화주의자들은 사람들이 이성적·정서적으로 공동체 및 공동체의 다른 구성원과의 애착을 명확하고 지속적으로 이해하지 않은 채 시민들이 진정으로 의미 있는 방식으로 공동체에 적극적일 수 있는지에 대해 의문을 제기한다. 공동체주의의 주제를 바탕으로 하는 본래적 공화주의자들에게 시민의 책무는 공통적이고 공유된 역사의식과 시도를 포함하는 공동체의 기본적인 유대의 결과다. 시민들은 공통적인 관심사에 도움이 되는 방식으로 시민들에게 작용하는 다양한 형성적인 과정을 통해 그러한 유대감을 계발해야만 한다. 이를 위해서는 시민들이 참여하는 방법뿐만 아니라 정치공동체의 좋은 삶과 공동선에 관한 토론에 적극적으로 참여해야 한다. 또한, 그것은 시민들이 공동체의 공유된 역사적 근거에 대해 학습하는 것을 포함하는 과정이다. 하지만 도구적 공화주의자들은 시민의 책무에 대한 이러한 관심을 공유하지만, 그것을 주로 자유주의적인 용어로 그리고 상호성과 시민적 자긍심 의식에서 파생한 것으로 이해한다. 엄밀하게 살펴볼 때, 공동선은 궁극적으로 지배를 하지 않고 지배를 당하지 않는 방식으로 좋은 삶에 대한 자신의 개념을 따를 수 있는 개인의 능력을 보호하는 것을 목표로 하는 정치공동체의 일반적인 관심에 지나지 않는다(추병완, 2020: 154).

3. 공화주의의 자유 개념

앞에서 부분적으로 살펴본 바와 같이, 일반적으로 공화주의는 시민의 정치 참여, 시민의 덕, 시민의 의무와 책무, 시민 심의, 부패 예방, 법치주의, 혼합 정체를 중시한다. 그럼에도 공화주의를 규정하고 구성하는 핵심 개념 중 하나가 바로 자유 개념이다. 비롤리(Viroli,

1999: 4)가 지적한 바와 같이, 공화주의는 정치적 자유에 관한 이론이다. 정치 담론에서 자유는 종종 자유주의와 동의어이고 보다 구체적으로는 불간섭으로서 자유의 원칙을 의미한다. 그것은 1950년대 정치 철학자 벌린(Berlin)이 소극적 자유와 적극적 자유를 구별한 것에서 가장 멋지게 정의되었다. 벌린(Berlin, 1998: 203)은 적극적 자유를 자제(self-mastery)로 정의하면서 그것을 다음과 같이 표현했다.

> 나는 내 삶과 결정이 어떤 종류의 외부 세력이 아니라 나 자신에 의존하기를 바란다. 나는 다른 사람이 아닌 나 자신의 의지에 따른 행동의 도구가 되기를 원한다. 나는 대상이 아닌 주체가 되고 싶다. 나는 외부에서 나에게 영향을 미치는 동인이 아니라 나 자신의 의식적인 목적과 이유에 의해 움직이고 싶다. 나는 아무것도 아닌 사람이 아니라 어떤 사람, 즉 행위자가 되고 싶다. 마치 내가 나 자신의 목표와 정책을 생각하고 그것을 키울 수 있는 인간으로서의 역할을 수행할 수 없는 사물, 동물, 노예인 것처럼 무엇을 위해 결정되는 것이 아니라 결정하는 사람, 그리고 외적 본성이나 다른 사람에 의해 행동을 하는 것이 아니라 자기 주도적으로 행동하는 사람이 되고 싶다.

벌린은 이것을 소극적 자유와 비교한다. 소극적 자유는 '사람이나 사람의 신체가 나의 활동을 방해하지 않는 정도' 그리고 '한 사람이 다른 사람에 의한 방해를 받지 않고 행동할 수 있는 영역'(Berlin, 1998: 194)과 관련이 있다. 소극적 자유는 불간섭으로서 자유라는 소극적 의미를 담고 있다.

한편, 1816년에 프랑스의 정치가였던 콩스탕(Constant, 1988: 316-317)은 고대인의 자유와 현대인의 자유를 다음과 같이 구분했다.

우리는 집단 권력에 적극이고 지속적인 참여로 이루어진 고대인의 자유를 이제 더는 누릴 수 없다. 우리의 자유는 사적인 독립을 평화롭게 누리는 데 있다. … 고대인의 목적은 동일한 모국의 모든 시민 사이에 사회적 힘을 공유하는 것이었다. 그들은 그것에 자유라는 이름을 붙였다. 현대인의 목적은 사적인 향유에서 안전이다. 현대인은 제도가 그 향유에 부여한 보증에 자유라는 이름을 붙였다.

여기서 콩스탕은 자치 혹은 자치 정부로서의 자유와 사적 이해관계의 보호로서의 자유를 중요하게 구분한다. 공화주의자들이 관심을 두는 것은 바로 이러한 구분이다. 왜냐하면 그러한 구분은 자치에 참여한다는 의미에서 표현될 수 있는 자유에 관한 더욱 오래되고 심층적인 개념을 상기하여 주기 때문이다. 불간섭으로서 자유, 달리 말해 현대인의 자유에 관한 자유주의적 이해의 발전과 만연은 계몽주의 시대 동안 및 그 이후로 자유가 시민의 덕 이론에서 분리되기 시작하는 상태를 조성했다. 오늘날 공화주의자들은 이 분리를 해결하고 둘 사이의 관계를 다시 설명하고자 한다.

공화주의의 자유 개념을 범주화할 때, 두 부류의 공화주의 사상을 구별하는 것이 가능하다. 이 구별은 본래적 이유에서 정치 참여를 중시하는 공화주의자와 도구적 이유에서 정치 참여를 중시하는 공화주의자를 구분하는 것에 근거한다. 인간의 정치적 본질에 대한 아리스토텔레스의 이해를 바탕으로 샌델과 올드필드(Oldfield)와 같은 일부 공화주의자들은 오늘날 서구 사회에서 콩스탕의 '고대인의 자유'를 다시 활성화하려고 한다. 따라서 그들은 남성과 여성이 자치를 행사하는 것에 참여할 수 있을 때 비로소 자유가 존재한다는 원칙에 호소한다. 더욱이 그들은 이 시민 참여가 적어도 부분적으로 좋은 삶의 형태와 관련이 있다고 제안한다. 즉, 공공 업무에 관여하는 것은 좋은 삶의 방식에 도움이 된다. 자치에 참여하는 의미에서의 자유를 증진하려는 공화주의자들은 본질적으로 시민 문제에 대한 참여의 본래적 가치나 중요성을 구체적으로 주장한다. 샌델(Sandel, 1996: 26)은 다음과 같은 말로 이 입장을 설명한다. "정치적 존재로서 우리의 본성을 고려할 때, 우리는 공동선에 대해 심의할 수 있는 능력을 행사하고 자유로운 도시나 공화국의 공적인 삶에 참여하는 한에서만 자유롭다."

이에 대해 현대 공화주의의 주요 옹호자로서 정치 철학자이자 법철학자인 페팃(Pettit, 1997: 18)은 대담한 용어로 언급한다. "나는 소극적-적극적 자유 구분이 정치사상에서 우리를 병들게 하였다고 믿는다. 세부 사항은 제쳐두더라도 그것은 자유를 이해하는 방식이 고작 두 개라는 철학적 환상을 지속하였다." 스키너(Skinner)의 역사적 공화주의 연구에 근거하여 페팃은 비지배(non-domination) 측면에서 자유 개념을 지지하는 가장 대표적인 학자다. 페팃을 비롯한 여러 도구적 공화주의자들은 비지배로서의 자유는 벌린과 콩스탕의 분류 틀 밖에 존재하는 세 번째의 자유를 표상한다고 주장하면서 단지 두 가지 형태의 자유 개념에 반대한다.

비지배로서의 자유는 자의적인 지배가 부재한 것 또는 타인의 지배가 부재한 것으로 정의할 수 있다. 페팃(Pettit, 1997: 22)이 설명했듯이, 이 아이디어는 존재가 아닌 부재에 초점을 맞춘 현대인의 자유 그리고 간섭이 아닌 지배에 초점을 맞춘 고대인의 자유와 공유한다. 페팃(Pettit, 1997: 52)은 지배를 '자의적인 근거에서 간섭의 특정한 힘'으로 정의하면서 그것은 두 가지 형태를 취한다고 주장한다. 임페

리움(Imperium)은 본질상 수직적이고, 국가에 의한 시민 지배를 의미한다. 도미니움(Dominium)은 본질상 수평적이고, 한 시민 또는 시민 집단이 다른 시민이나 시민 집단을 지배하는 것과 관련이 있다. 주인과 노예의 관계 비유를 통해 페팃은 지배를 '한 행위자가 다른 행위자의 선택에 자의적으로 간섭할 수 있는 권력을 가지는 것'으로 규정하고, 그것과 정반대의 의미에서 자유를 비지배로 규정한다(Pettit, 1997: 52). 여기서 중요한 사항은 자유의 상태는 현재 타인이 자의적으로 간섭하지 않는다는 현재적 사실뿐만 아니라 미래에도 자의적으로 간섭할 수 있는 능력을 갖추지 않는다는 것까지 포함한다는 사실이다.

이것은 비지배로서 자유가 불간섭 혹은 간섭의 부재로서 소극적 자유 개념과 다름을 함축한다. 불간섭으로서 소극적 자유 개념은 현실적 간섭만을 회피하기 때문에 미래의 간섭 가능성을 배제하지 못한다. 비지배로서의 자유 개념은 자의적 간섭을 피하는 것이기 때문에 자의적이지 않은 간섭은 허용한다. 이 점에서 비지배로서 자유 개념은 불간섭으로서의 자유 개념과 다르다(Pettit, 1997: 15-26). 자유주의의 불간섭으로서 자유 개념은 남편이 아내의 선택에 간섭하지 않을 정도로 자비롭다면 가부장제 사회의 여성이 자유롭듯이, 주인이 노예가 하는 일을 방해하거나 관여하지 않는 한 노예는 자유롭다는 터무니없는 입장으로 이어질 수 있다. 반면에 자유에 대한 공화주의 개념에 따르면, 위의 예에서 노예와 여성은 주인이나 남편이 자기 마음대로 자신의 삶을 간섭할 수 있으므로 자유롭지 못하다. 따라서 자유는 단순히 우발적인 행동이 아니라 권력의 구조적 관계에 달려 있다. 그러므로 공화주의자는 공화주의의 자유 개념이 자유주의의 자유 개념보다 더 강건하다고 주장한다.

페팃은 자유주의와 공화주의 공식화 간의 차이점을 근본적으로 강조하려고 했으며, 그렇게 함으로써 불간섭보다 비지배를 우선시한다. 그는 이에 대한 두 가지 이유를 제시한다. 첫째, 불간섭으로서 자유는 개인의 자유를 제한하는 구체적인 행동에 관한 것이지만, 비지배로서 자유는 제한을 행사하는 것보다는 자의적인 힘의 존재에 초점을 맞춘다. 둘째, 비지배로서 자유는 제약이 특정한 견제를 하고 있고 자의적인 근거에서 발생하지 않는다면 시민의 삶을 구속할 수 있게 한다. 이런 식으로 비지배에 대한 공화주의자들의 호소는 부분적으로 자유주의의 권력이나 지배에 대한 상대적인 무관심에 대한 비판으로 이해되어야만 한다(Pettit, 1997: 9). 그러므로 비지배로서 자유는 도구적인 이유에서 시민의 시민 관여를 소중히 여기는 특정한 형태의 자유를 나타낸다.

이렇듯 오늘날 공화주의자는 자유를 일종의 구조적 독립성, 즉 주인이나 지배자의 자의적이거나 통제되지 않는 힘에 종속되지 않는 조건으로 정의한다. 노예가 주인의 자의적인 의지 밑에 놓여 있으므로 자유롭지 않듯이, 국가의 자유는 누군가의 자의적인 의지 밑에 놓이지 않을 때 보장된다. 따라서 개인이나 집단은 다른 사람이나 집단이 임의로 자기 일에 간섭할 수 있는 능력을 갖추지 않을 정도로까지 자유를 누린다. 비지배로서의 자유는 법치 하에서 어느 한 시민도 다른 어떤 시민의 주인이 되지 않는, 질서 정연하고 평등한 시민의 자치 공화국에서 가장 잘 실현된다.

4. 공화주의 시민성의 가치

"우리 사회에는 물리학자, 기하학자, 화학자, 천문학자, 시인, 음악가, 그리고 화가들이 많이 있다. 그러나 우리 사회에는 더는 시민들이 존재하지 않는다." 일찍이 루소(Russeau, 1750/1950: 169)는 『예술과 과학에 관한 담론』에서 이렇게 썼다. 루소의 한탄은 오늘날 '실제적인' 또는 '진정한' 시민성의 쇠퇴나 상실을 개탄하는 사람들의 글에서도 자주 엿볼 수 있다. 특히 미국을 비롯한 여러 나라에서는 선거 참여의 감소와 사회자본의 침해를 우려하는 목소리가 매우 높다. 의식적이든 아니든 간에, 이러한 탄식은 공화주의 시민성의 부활을 바라는 열망을 가득 담고 있다. 공화주의 관점에서 볼 때 시민성은 법적 차원만이 아니라 윤리적 차원도 갖고 있다. 그렇지 않다면 점점 더 많은 사람이 시민이라는 법적 직함을 갖는 세상에서 루소의 한탄은 전혀 이치에 맞지 않을 것이다. 그 한탄의 말이 맞는다면, 그것은 우리가 시민성을 공화주의적인 방식에서 하나의 에토스(ethos) 혹은 삶의 방식으로서 계속 간주하기 때문이다. 시민성은 시민에게 각종 특권과 면책 특권을 부여하는 법적 지위의 문제일 수도 있지만, 사실은 그 이상의 것이어야 한다. 실제적인 혹은 진정한 시민성은 공익을 위한 헌신과 적극적인 공공 업무 참여를 요구한다. 동시에 그것은 시민의 덕을 요구한다.

그렇다고 해서 공화주의자들이 시민성의 법적 측면을 폄하하는 것은 절대 아니다. 그와는 반대로 법치주의의 지배를 받는 공동체의 시민은 멤버십의 법적 권리와 의무를 진 사람이어야 한다. 철수나 영희가 공화국의 시민이라고 말하는 것은 철수나 영희가 공화국의 법의 보호를 누릴 뿐만 아니라 그 대상도 된다고 말하는 것이다. 또한 시민으로서 철수나 영희가 다른 시민과 동등한 위치에 서게 되어 있다는 것을 말하는 것이다. 철수나 영희가 법에 따라 동등하게 대우받지 못한다면, 철수나 영희는 당연히 '2등 시민'이라고 불평할 것이다. 이런 점에서 법적인 지위는 다른 어떤 것에 못지않게 공화주의 시민성 개념에 필요한 것이다(Dagger, 2002: 149).

시민성의 법적 차원은 필요하지만 충분하지는 않다. 왜냐하면 그것은 윤리적 차원을 보완하도록 요구하기 때문이다. 시민성의 이러한 윤리적 측면은 시민성과 공화국의 개념을 우리에게 알려준 고대 그리스인과 로마인의 이론과 실천에서 뚜렷이 드러난다. 고대 그리스와 로마에서 시민은 공동체의 완전한 일원이었다. 여성, 아동, 노예, 거주 외국인 등 다른 모든 구성원은 법의 적용을 받았으며, 그 법 아래에서 약간의 권리를 누릴 수도 있었지만, 오직 시민만이 공동체의 정부에 참여할 권리를 가지고 있었다. 시민은 시민 업무에 종사할 자격이 있을 뿐만 아니라, 그렇게 할 것으로 기대되었다. 고대 아테네에서, 이것은 한 시민이 그의 시간과 에너지 대부분을 1년 동안 배심원으로 일하는 것과 같은 공적인 관심사에 바쳐야 한다는 것을 의미할 수 있다. 자치 공동체의 자치 구성원이 되는 시민의 이상을 성취하기 위해서는 시민의 그러한 헌신이 필요했다. 시민의 삶보다 더 사적인 혹은 덜 고된 삶을 선호하는 사람들은 아무짝에도 쓸모없는 사람으로 조롱을 받았다. 실제로 그리스인들은 공적인 일에 한몫을 할 것으로 기대되는 시민(politēs)과 그러한 기대를 충족시킬 수 없거나 충족시키지 않는 이기적이고 사적이며 분리된 개인(idiōtēs)으로 구별하였다(Dagger, 2002: 149).

우리가 오늘날 시민(citizen)과 이기적인 사람(idiot)을 더는 정반대 개념으로 생각하지 않는 것은 우리가 시민성이라는 고전적 이상에서 얼마나 벗어났는지를 보여주는 척도일 것이다. 그렇더라도 시민성의 윤리적 차원이 지속되고 있음을 입증하는 증거는 얼마든지 있다. 예를 들어, 우리는 때때로 사람들을 선량한 시민이나 악한 시민으로 특성화한다. 만약 시민성이 오로지 법적 지위에 관한 문제라면, 우리는 좋은 시민과 나쁜 시민, 또는 진정한 시민과 명목뿐인 시민을 구별할 수 없을 것이다. 이 점은 "모든 시민이 공직을 맡는다."라고 주장하는 사람들에게서 유래한 것이다. 달리 말해, 시장, 상원의원, 시의원, 국회의원들이 그러하듯이 시민들도 공적인 책임의 위상을 갖고 있다는 것이다. 따라서 책임 있는 행동을 하지 않는 시민은 공신력에 어긋난다고 말할 수 있고, 의무를 성실히 수행하는 시민은 시민의 덕을 발휘한다고 부를 수 있다. 간단히 말해 시장, 교사, 배관공, 의사의 개념에 내장된 표준이 있듯이, 시민성 개념에 설정된 표준이 있으므로 시민성 개념은 윤리적 차원을 갖는다. 시민성의 경우, 더욱이 이것들은 시민성의 공적인 본질을 강조하기 때문에 공화주의자들의 표준이다.

이러한 공적인 본질은 두 가지 방식으로 나타난다(Dagger, 2002: 150). 첫째는 선량한 시민은 개인의 이익보다 공동체의 이익을 우선시하는 공적 마인드를 가진 사람이라는 점이다. 그러한 사람은 시민성이 권리만큼 책임과 책무의 문제라는 것을 인식할 것이고, 그렇게 하도록 요구될 때 선량한 시민은 그러한 책임과 책무를 기꺼이 이행할 것이다. 그래서 선량한 시민은 교통 법규를 준수하고, 타인의 권리를 존중하는 일상적인 요구에서부터 납세와 병역 의무를 이행한다. 공동선에 대한 이러한 헌신이 드러나는 두 번째 방식은 시민 참여에 있다. 선량한 시민은 배심원 의무 수행의 경우처럼 정치적 요청을 받았을 때 공적인 책임을 지지만, 그들은 항상 다른 사람들이 자신을 부르는 것을 마냥 기다리지는 않을 것이다. 대신에 좋은 시민은 공적인 일에 적극적으로 나설 것이다. 선량한 시민은 이따금 공적인 일에 바치는 저녁 시간이 너무 많은 것으로 생각하지 않을 것이며, 정치를 자신이 피해야 할 성가신 일이나 목격해야 할 구경거리라고 생각하지도 않을 것이다. 공화주의 견해에 따르면 정치는 대중의 비즈니스이므로, 선량한 시민은 이 사업의 수행에서 지식과 정보에 정통하고 공적인 기질을 갖고 맡은 바 임무를 수행하려고 할 것이다.

따라서 시민성의 윤리적 차원에 내재된 공화주의자들의 표준은 시민이 된다는 것이 무엇인지에 관한 이상을 제공한다. 그러나 다른 이상과 마찬가지로 공화주의 시민성은 다소 엄격한 형태를 취할 수 있다. 가장 엄격할 때, 공화주의의 시민성 개념은 의심할 여지가 없는 충성심과 시민의 완전한 희생을 요구하는 것처럼 보인다. 아들에게 전쟁에서 영웅이 되어 돌아오거나 죽어서 방패에 실려 돌아오라고 말한 것으로 추정되는 스파르타의 어머니 사례가 이에 속한다. 하지만 덜 엄격한 형태에서, 공화주의 시민성 개념은 좋은 시민이라도 사리사욕을 완전히 저버리면 안 된다는 것을 인정한다. 토크빌(Tocqueville)은 '적절하게 이해된 자기 이익' 교리를 칭찬하면서 이 입장을 분명히 밝혔다. 세금 납부, 배심원 복무, 법률 준수, 공적인 일에 참여하는 것은 시간과 관심, 대단히 귀중한 것을 요구하지만, 우리가 공화주의 정부를 보존하고 시민의 권리를 계속 누리려면 그러한 희생이 필요하다. 토크빌은 '적절하게 이해된 자기 이익' 교리는 비범한 행위나 영웅적인 희생을 불러일으키지는 않을지 모르지만, 그것은 매일 어떤 작은 희생을 불러일으킨다는 것 그리고 그것만으로 인간을 도덕적으로 만들 수는 없지만, 그러한 규율은 질서정연하고, 온화하고, 온건하고, 신중하고, 자제하는 많은 시민을 형성한다는 것, 더 나아가 그것이 그 의지를 직접적으로 덕으로 이끌지 않으면 무의식적으로 그런 식으로 돌리는 습관을 확립한다는 것을 인정했다. 토크빌의 발언에서 알 수 있듯이, 공적 정신을 가진 시민의 습관을 들인 사람은 다른 면에서도 더 좋고 도덕적인 사람이 될 가능성이 크다. 어떻게 이런 일이 일어날 수 있는지를 인식하려면 통합적 차원과 교육적 차원이라는 공화주의의 두 차원을 더 검토해야 한다(Dagger, 2002: 150).

공화주의자들은 시민성이 현대인의 여러 역할 활동을 하나로 모으는 통합적인 경험을 제공하고, 분리된 역할을 보다 일반적인 관점에서 조사할 것을 요구한다고 본다(Wolin, 1960: 434). 우리가 공화주의 시민으로서 행동할 때, 우리는 단순히 부모나 노동자, 소비자 또는 이 집단이나 저 종파의 구성원으로서 말하거나 투표할 수 없다. 예를 들어, 소비자로서 자기에게 이득이 되는 정책이 노동자 또는 부모로서 자기에게 손해가 될 수 있으므로, 자신의 이해관계에 대한 더 많은 합리적 이해를 모색하는 것이 필요하게 된다. 루소에 따르면, 사람들은 공중의 일원으로서 외에는 아무 관심도 없는 사람으로서, 즉 시민으로서 가진 일반 의지를 따르도록 개인의 이익을 단순히 제쳐두어야 한다. 그러나 우리는 관련자들의 개인적 이익에 대해 어느 정도 이해가 되지 않는 한 진정으로 공중의 일원으로서 행동할 수 없다. 시민성의 활동(예: 의견 교환, 토론의 주고받기)이 이러한 이해를 제공하는 데 도움이 된다. 실제로 시민성의 활동은 두 가지 측면에서 통합적인 기능을 수행하는데, 그것은 개인이 수행하는 다양한 역할을 통합할 수 있게 하고, 개인들을 공동체에 통합시킨다.

시민성이 실제로 이러한 통합적 경험을 제공한다고 가정할 때, 사람들은 이것이 어떻게 누군가가 더 나은 사람이 되도록 돕는지 여전히 궁금해 할 수 있다. 답은 그것이 한 사람으로서 자신의 정체성과 진실성에 대한 보다 안전한 자아의식을 심어 준다는 것이다. 현대사회에 대한 가장 흔한 불만 중 하나는 삶이 거의 분리된 일련의 구획들로 나뉘는 경향이 있다는 것이다. 우리는 일을 하려고 집을 떠나는데, 거기서 분업이 종종 우리를 좁고 반복적인 일에 구속한다. 우리는 쇼핑하러 가기 위해 일을 그만두고 떠난다. 그곳에서 우리는 점원과 고객으로만 알고 있는 사람들과 마주친다. 우리는 차를 운전하거나 차를 타고 집에 가기 위해 가게를 떠난다. 길을 가는 동안 친숙한 얼굴을 거의 보지 못한다. 현대 도시 사회는 이전의 사회 형태보다 훨씬 더 많은 기회를 제시하지만, 또한 사람들을 서로 분리시키고 그들의 삶을 산산조각으로 나누기도 한다. 적극적이고 능동적인 시민성은 사람들이 자신이 수행하는 다양한 역할의 합보다 자신을 더 많이 볼 것을 요구하는 범위 내에서, 안정된 자아의식을 확립하는 데 효과가 있을 것이다. 따라서 이것이 바람직하다고 생각하는 사람은 시민성의 통합적인 측면이 적어도 장기적으로 볼 때 개인적인 이익의 측면일 것이라고 믿을 만한 충분한 이유가 있을 것이다.

물론 역할의 다양성과 현대 생활의 정체성 특성의 단편화에 대처하는 다른 방법들도 있다. 한 가지 방법은 동굴로 철수하는 것이고,

또 다른 방법은 마음을 같이 하는 사람들의 모든 것을 포용하는 공동체에 참여하는 것이다. 그러나 또 다른 것은 현대 생활의 끈질긴 요구들이 다른 모든 것을 사실상 배제하도록 하면서 부모나 군인이나 학자와 같은 단 하나의 역할에 집중시키는 것이다. 그러나 공화주의 관점에서 볼 때, 시민성은 통합적인 경험뿐만 아니라 교육적인 경험을 약속하기 때문에 더 나은 대안을 제시한다(Dagger, 2002: 151).

아마도 이 점을 지적하는 가장 좋은 방법은 톰슨(Thompson)이 루소의 '애국적인' 개념과 밀(Mill)의 '계몽된' 시민성 개념을 구별한 것이다(Thompson, 1976: 43-50). 루소의 엄격한 공화주의에서, 진정한 시민은 다른 모든 고려사항보다 공동체의 이익을 우선시한다. 시민성은 세련됨보다는 단순함, 즉 의무에 대한 온전한 헌신을 요구한다. 그러나 밀의 자유주의적 공화주의에서 좋은 시민은 공적인 삶에 적극적인 참여를 통해 자신의 능력을 키우는 사람이다. 밀에 의하면, 사적인 시민은 공적인 기능에 참여하면서 지적 성장, 실천적 규율, 도덕적 차원에서 이득을 얻는다. 시민은 공적인 참여를 통해 자신이 대중의 일원임을 느끼고, 공동선이 집단만이 아니라 자신에게도 이득이 된다는 것을 알게 된다(Mill, 1861/1975: 196-197).

밀의 논지에 따르면, 적극적인 시민성은 다른 방법으로는 아직 개발되지 않았거나 충족되지 않은 채로 남아있을 수 있는 능력을 끌어냄으로써 사람들을 교육한다. 이러한 능력은 시민의 삶의 다른 측면에서도 가치 있는 것으로 증명될 것이기 때문에, 시민성의 교육적 차원은 분명히 시민들에게 이익이 되도록 노력할 것을 약속한다.

이 교육적 차원의 두 가지 다른 특징은 주목할 만하다. 둘 다 공적인 일에 참여함으로써 얻을 수 있는 교육의 도덕적 부분과 관련이 있다. 첫 번째는 이러한 참여가 개인들이 '적절하게 이해된 자기 이익'이라는 토크빌의 교리로 이끈다는 점이다. 밀이 말한 바와 같이, 적극적인 시민성은 개인의 시야를 넓히고, 그들에게 알려지지 않은 사람들의 삶을 포함한 그들의 삶이 다른 사람들의 삶과 어떻게 관련되어 있는지에 대한 그들의 의식을 깊게 한다. 이처럼 참여는 개인주의를 극복하는 데 도움이 된다고 토크빌은 생각했다. 토크빌은 개인주의를 이런 식으로 이해했다: "각 시민이 동료들의 집단으로부터 스스로를 고립시키고 가족과 친구들의 모임으로 철수하도록 하는 차분하고 배려된 감정; 그의 취향에 맞는 이 작은 사회가 형성되면서, 그는 기꺼이 더 큰 사회를 떠나 스스로를 돌보게 된다." 공화주의 시민성은 대중과 떨어져 있는 것이 아니라, 개인의 자기 자신에 대한 감각을 일부분으로 육성함으로써 이러한 유해한 형태의 개인주의를 극복하기 위해 노력한다.

참여가 어떻게 공적 정신을 가진 시민성을 촉진하는지도 눈여겨봐야 한다. 시민성의 법적 차원은 시민성을 단정적인 용어로 생각하도록 우리를 부추긴다. 어떤 정치 조직체의 시민이거나 그렇지 않은 것 중의 하나로 생각하도록 만든다. 그러나 윤리적 관점에서 볼 때, 한 사람은 '진짜' 시민, '명목뿐인 시민' 또는 그 중간 정도의 시민일 수 있다. 명목뿐인 시민이 공적인 생활에 동참하도록 격려함으로써 진정한 시민성을 배양할 수 있다는 것이 밀의 통찰이다. 한 사람이 '자신의 것만이 아닌 공동의 이익'을 평가하고 '사적인 편파성'을 넘어서 바라볼 때, 정치 참여는 명목상의 시민을 '공공의 한 사람'으로 인식하는 진짜 시민으로 변화시킬 수 있다. 그러므로 공공 생활에 참여하는 것은 공화주의 시민성의 결정적인 특징일 뿐만 아니라, 공화주의 시민성으로의 통로가 된다.

5. 공화주의 시민성 이론과 시민교육

지금까지 살펴본 바와 같이, 공화주의자들은 시민성의 실천에 대한 헌신을 통해 시민의 마음을 다시 깨우려는 사명에서 연합되어 있으며, 자유주의의 불간섭으로서 자유 모델이 제한적임을 인식하고 있다. 그들은 우리의 사적인 이해관계를 초월하여 중요하고 필수적인 공적인 생활이 있으며, 이 공적인 생활에 관여하는 것이 많은 이득을 가져다준다는 사실을 우리에게 상기시킨다. 공화주의의 논지에 따르면, 이러한 공적 생활은 실천, 심의, 정치공동체의 공동선에 관한 관심을 특징으로 한다. 따라서 공화주의는 행동을 요구하는 어떤 것을 나타낸다. 공화주의의 시민성 개념이 시민교육에 주는 함의는 무엇인가? 내가 보기에 이에 대한 가장 명쾌한 분석을 시도한 사람은 바로 영국의 피터슨(Peterson, 2011)이다. 그는 공화주의 시민성에는 다섯 가지의 요약된 교리가 존재하며 이것은 시민교육에 중요한 함의를 갖는다고 주장한다(추병완, 2020: 285-290).

첫째, 공화주의는 자치(자치 정부)로서의 자유 개념 또는 비지배로서의 자유라는 개념으로 자유주의의 불간섭으로서 자유 개념을 대체하거나 보완한다. 공화주의자들은 불간섭으로서 자유에 관한 자유주의 개념의 정설에 도전한다. 자유주의 교리의 수동성과 제한된 본질을 거부하면서, 공화주의자들은 공적 생활의 적극적인 참여자로서 시민들에게 더 큰 기대를 부여하는 대안적인 자유 개념을 주장한다. 그러나 특정한 형태의 자유를 강조하는 데 있어서 공화주의자들은 서로 의견을 달리한다. 시민 생활에 내재하는 이득을 확인하려는 공동체주의자들과 합류하는 공화주의자들에게 자유는 자치(자치 정부)라는 적극적 의미에서 가장 잘 이해된다. 도구적인 이유에서 정치적으로 적극적인 삶을 중시하는 자유주의자들과 합류하는 공화주의자들에게 자유는 지배의 부재라는 소극적인 의미에서 가장 잘 이해된다. 여기서 각각의 자유 개념은 공화주의 이론을 뒷받침하는 적극적인 시민성 원칙과 결부되어 있다. 시민교육의 맥락에서, 자유는 이제껏 상세하게 분석되지 않은 개념이다. 종종 인용되었지만 거의 정의되지 않았던 자유는 시민성의 원칙을 중심으로 구성된 모든 형태의 시민교육에 의미를 부여하는 개념이 되어야만 한다. 이것은 적어도 시민교육이 공화주의 아이디어를 자세히 조사함으로써 배울 수 있는 중심적인 교훈 중 하나다.

둘째, 공화주의는 시민성의 지위와 실천에서 기인하는 책무를 인정한다. 공화주의자들은 시민성의 지위에서 발생하는 책무를 지적하는 데 열정적이다. 공화주의 개념이 본질적인 실천 의식을 시민성에 제공하는 것은 바로 이러한 유대, 의무, 책임을 인정하고 수용하는 것이다. 그러한 책무는 단지 권리와의 상호 관계에서 비롯하는 것이 아니다. 오히려 책무는 권리와는 독립적으로 존재하고, 시민의 공동체 의식과 관련하여 존재하는 것이다. 공화주의자들은 우리의 정치공동체에 대한 이렇듯 강한 책무 의식을 자유주의 정치사상과 실천의 개별화·원자화 경향에 대한 필수적인 평형추라고 이해한다. 교육적인 용어에서, 공화주의 의제는 학생들의 사회적·도덕적 책임에 대한 인식과 헌신을 계발하려는 공통의 목표로 시민교육 프로그램을 도입할 것을 강조한다. 시민교육 프로그램은 자선활동과 박애활동이라는 사회적 의미나 시민 영역의 의사결정 과정에 영향을 미치는 정치적 의미에서의 지역사회에 대한 상당한 봉사 정신을 요구한다.

셋째, 공화주의는 정치공동체에서 공동선의 중요성과 역할을 강조한다. 공동선 개념은 공화주의 사상의 핵심이다. 공화주의를 지지하는 사람들이 통일된 용어로 공동선 개념을 이해하지는 못하지만, 공화주의자들은 일반적으로 개인의 권리와 공동선 사이에 상호 의존적이고 상호 유리한 관계를 설정한다. 공화주의 이론에는 공동선이 가장 높은 형태의 생활이거나 그중 하나라는 정치적 행동 측면에서 도덕적 기반을 갖추고 있다는 상당한 인식이 존재하지만, 공화주의자들은 공동선 개념을 주로 공적인 이해관계의 관점에서 생각한다. 공적인 이해관계에 관한 공화주의자들의 요구는 두 가지로 분류된다. 첫째, 당파적인 이해관계가 아닌 공적인 이해관계가 공공 정책의 담론과 형성에서 모습을 드러내야만 한다. 둘째, 개별 시민들은 시민 심의와 행동에서 그들의 단순한 자기 이익보다는 공적인 이해관계에 관심을 가져야만 한다. 시민교육 프로그램에서 가장 많이 표현되는 것은 공동선에 대한 공화주의자들의 관심 가운데 두 번째의 요소다. 그러나 그것은 심의를 통한 지속적인 형성과 주조로 인해 본질적으로 역동적인 개념이다. 다시 말해, 공동선은 정적이고 형성된 것이 아니라 오히려 시민 담론을 통해 형성되고 수정되는 것이다. 그러한 담론은 공개 포럼뿐만 아니라 학교의 교실에서도 발생한다. 그러나 학생들이 공동선을 토론하고 공적인 이해관계에 마음을 갖도록 하려면 학생들이 공동선의 토대와 공동선 자체에 대한 이해력을 갖추어야 한다는 사실을 우리는 기억해야만 한다. 공적인 이해관계는 다소 추상적인 용어일 수 있으므로, 시민교육자들은 그것을 교육 프로그램에 의미 있게 적용할 수 있는 방법을 신중하게 고려할 필요가 있다.

넷째, 공화주의는 시민들이 필수적인 시민의 덕을 갖추는 것을 필요조건으로 제시하고, 시민의 덕을 시민들에게 고취할 필요가 있다는 관점을 강조한다. 덕 또는 더 정확하게 말해서 시민의 덕은 현대 공화주의자들에게 문제가 되는 용어다. 공화주의자들은 시민의 태도, 성향, 행위에 관심이 있으며, 이것들이 시민의 관심사로 긍정적으로 인도된다는 것은 분명하다. 그러나 공화주의자들이 마음에 두고 있는 것이 참된 그리고 고대적인 의미에서의 덕으로 이해할 수 있는지는 확실하지 않다. 이 차이는 중요한 것이다. 고전적인 의미의 덕에 관심을 두는 것은 '심정의 습관'을 강조하는 것이며, 인간의 성품과 삶에 대한 특별한 심상을 갖는 것이다. 덜 심오한 태도와 성향에 관해 관심을 두는 것은, 비록 공적인 삶이 시민의 행동에 특별한 요구를 가하지만, 이것이 그들의 성품의 뿌리 깊은 특징이 되는 것은 아님을 제안하는 것이다. 이 후자의 주장은 전자보다 시민에 대한 요구에서 덜 엄격하다. 더욱이 공화주의자들은 명확한 시민의 덕목을 제공하지 않으며, 왜 시민의 덕이 더욱 개인적인 덕이나 성품 특질과 구별되어야 하는지에 대한 의미 있게 해명하지도 않는다. 공화주의 사상에서 불확실한 덕의 본질은 시민교육 프로그램에서 시민의 덕에 관한 관심에 투영된다. 일반적으로 이러한 프로그램에서 시민의 덕이라는 용어는 공화주의 이론에서와 동일한 문제점을 안고 있다. 그 문제점은 모호한 의미, 덕이라는 용어가 얇아짐, 더욱 개인적인 성품 특질과의 관계 결핍이다. 시민교육자들이 시민교육에서 어떤 형태의 성품 발달을 거부하려고 할 때 이러한 문제는 더욱 심화한다. 이것은 시민교육에 관심이 있는 사람들에게 특히 교육과정의 표현이라는 관점에서 주제의 도덕적 목적과 목표에 훨씬 더 많은 관심을 기울일 것을 상기시킨다.

다섯째, 공화주의는 민주적 실천과 정통성의 핵심 원천으로서 심의적인 정치 관여의 역할과 중요성을 강조한다. 공화주의자들은 시민들이 공적인 중요성을 가진 문제에 대해 서로 심의하는 것을 허용하고 장려하는 정치 형태를 구상한다. 이것은 여러 가지 이유에서 효과적인 정치 체제의 필요조건이다. 첫째, 공개 포럼에서의 대화를 통해 시민과 국가는 자신의 이해관계를 공유하고 서로의 이해관계를 배우게 된다. 둘째, 심의 실천이나 관행은 차이를 인정하는 가운데 공동선을 구성하는 것을 포함하여 합의를 지향하는 노력을 한다. 셋째, 시민들이 권력을 보유하고 행사하는 사람들의 업무를 점검하고 영향을 미칠 수 있는 것은 공적인 토론에 참여하는 것을 통해서 가능하다. 이런 의미에서 심의는 시민에게 부여된 경계(감시) 요구의 일부를 구성한다. 넷째, 시민의 관점과 심의를 고려한 방식으로 내려진 결정은 시민의 형성과 시민에 의한 면밀한 조사 덕분에 정통성을 갖는다. 공화주의 심의의 또 다른 주목할 만한 특징은 공적 담론에 포괄적이든 또는 그렇지 않든 간에 여하튼 광범위한 관점을 포함하는데 개방적이라는 사실이다. 공화주의자들은 형이상학이나 신앙의 표현에 근거하여 그러한 신념을 부정하려고 하지 않고, 대신에 그것들을 추론적인 관행과 실천에 열어 둔다. 또한, 공화주의자들은 심의 실천에서 수사학의 역할에 폐쇄적이지 않다. 심의 실천은 시민교육 프로그램에 공통된 주요 특징이다. 학생들은 특정한 관점을 발전시키고 다른 사람들의 관점을 듣기 위해 대화에 참여해야 한다. 심의 실천은 학교 전체에 걸쳐 교실로부터 확장되며, 오늘날 일반적으로 '학생의 목소리'라고 부르는 것에 관한 여러 가지 요소를 의미 있게 포함할 수 있다. 공화주의 시민성 모델은 학생들이 공감과 성찰을 포함하여 자신의 추론적인 실천을 알리기 위해 많은 역량을 기를 수 있도록 교육해야 한다는 사실을 시민교육자들에게 상기시킨다. 결정적으로 공화주의 모델은 토론과 대화에 참여하는 것이 개인 간의 경쟁을 특징으로 하는 것이 아니라 집단적이고 협력적인 과정으로 여겨져야 한다는 아이디어를 지적한다.

피터슨의 견해는 공화주의 시민성 개념이 시민교육에 주는 시사점을 명료하게 밝히고 있다. 나는 여기서 우리나라의 시민교육과 관련하여 공화주의의 시민성이 갖는 중요한 함의를 세 가지 측면에서 더욱 상세하게 논의하고자 한다. 세 가지 측면은 바로 비지배로서 자유 개념, 시민의 덕 함양, 시민 심의의 중요성이다.

1) 비지배로서 자유 개념의 중요성

앞에서 살펴본 바와 같이, 공화주의자들이 강조하는 비지배로서 자유는 도구적인 이유에서 시민의 시민 참여 및 관여를 소중하게 여기는 특정한 형태의 자유를 나타낸다. 비지배로서 자유 개념이 시민교육에서 갖는 중요성은 내가 보기에 두 가지 이유에서 두드러진다. 하나는 현재 우리의 시민교육에서 자유의 개념에 대한 분석이 제대로 이루어지지 않고 있다는 사실이다. 시민교육에서 자유에 관한 개념 분석이 이루어진 경우에도 대부분 불간섭으로서 자유 개념에 국한된 것이 사실이다. 공화주의에서 강조하는 비지배로서 자유 개념은 시민교육의 근간이라 할 수 있는 자유에 대한 폭넓은 이해를 가능하게 해주는 장점이 있다. 특히 비지배로서 자유 개념은 공동선보다 개인적 이해관계만을 중시하는 현실, 정치적 무관심의 증가와 정치 참여 감소, 시민의 책무 의식 약화 등과 같이 한쪽으로 치우친 현대사회의 정치적 문제점을 해결하는 데 많은 도움을 준다. 또한, 비지배로서 자유는 법으로 시민이 자신의 안전을 확실하게 보장받으면서 자신의 사적인 목적을 추구할 수 있게 해주기 때문에 부분적으로 바람직하다.

공화주의는 자의적인 지배를 거부하면서 보편이고 공동선을 지향하는 법에 따른 지배와 통치를 중시한다. 공화주의의 자유 개념은 타인의 의지에 종속되지 않는다는 점에서 자유주의의 자유 개념과 유사하다. 하지만, 여기서 공화주의의 자유는 선택의 자유가 아니라 개별 인간의 자유라는 점에서 자유주의와 차별적이다. 공화주의의 자유 개념에 따르면, 타인이 나를 그의 의지에 복종하게 하는 위치에 있지 않을 때 나는 비로소 자유로운 것이다. 내가 하려는 어떤 것이 방해를 받지 않는 것이나 불간섭은 비지배로서 자유 개념을 보장하지 못한다. 또한, 비지배로서 자유는 기존의 분류법인 소극적 자유와 적극적 자유에 대한 대안적인 가능성을 제시한다. 존재가 아니라 부재에 초점을 맞춘다는 점에서 비지배로서 자유는 소극적 자유와 개념적으로 하나의 공통점을 갖고 있고, 간섭이 아니라 지배에 초점을 맞춘다는 점에서 적극적 자유와 공통점을 갖는다.

간섭과 지배의 차이를 설명하기 위해 페팃은 '통제되지 않은 통제'

(uncontrolled control)와 '통제된 통제'(controlled control)를 구별한다. 행위자 A가 다른 행위자 B의 '통제되지 않은 통제'에 종속된다면 A는 지배를 받는 것이다. 행위자 B는 A를 방해할 수 있는 위치에 있고 A가 B의 위치를 통제할 수 있는 어떤 제도화된 수단에 의지하지 않는 경우 B는 A에 대해 '통제하지 않는 통제'를 하는 것이다. 페팃의 말에 따르면, 이것은 B를 A를 간섭하거나 간섭하지 않으려는 가치 있고 침해받지 않은 능력을 소유한 위치에 있게 한다(Pettit, 2012: 50). 페팃은 정치적 권리가 '통제된 통제'를 위한 필수 요건이라고 믿는다. 비지배로서 자유를 위한 필수 조건은 공권력의 대상이 되는 사람들이 투표에 의해 그리고 정부가 보증하는 다른 수단을 통해 참여할 수 있다는 것이다.

이상의 논의를 종합하면, 비지배로서 자유를 강조하는 공화주의의 시각은 두 가지 근거를 갖는다. 첫째, 자유의 조건은 노예와는 달리 타인의 자의적 권력에 종속되지 않는 사람, 즉 타인에 의해 지배를 받지 않는 사람의 지위로 설명된다. 따라서 실질적 간섭이 없어도 자유의 손실이 있을 수 있다. 간섭하지 않는 주인의 사례에서처럼 간섭이 없어도 노예화와 지배가 얼마든지 존재할 수 있다. 둘째, 공화주의 전통에서 자유는 실질적 간섭이 없이도 상실될 수 있는 것과 마찬가지로, 지배하지 않는 간섭자의 사례에서처럼 사람들이 지배를 받지 않아 자유를 누린다고 해도 여전히 간섭이 있을 수 있음을 강조한다. 잘 조직된 공화국에서 그런 간섭자는 바로 법률과 정부라고 할 수 있다. 잠재적인 지배자들이 적절한 헌법 아래 있을 때, 다시 말해 적절한 대표, 공직의 순환, 권력 분립과 같은 기제가 적재적소에 존재할 때, 자체적으로 적절하게 제한되고 타인에 대한 자의적인 권력을 갖지 않게 된다. 이를테면 법은 필연적으로 간섭과 연관되고 그 본질상 강압적이기는 하지만 이때의 간섭은 자의적이지 않다. 또한 법적인 권위들은 오직 시민 공통의 이익을 추구하고 이러한 것들을 시민들 사이에서 얻어지는 의견을 따르는 방식으로 추구할 때만 간섭할 자격과 능력을 갖추게 된다(Pettit, 1997: 36-37). 이에 대해 페팃은 다음과 같이 말한다(Pettit, 1997: 41). "친절한 지배자는 신민들을 실제로 간섭하지는 않지만, 이들을 지배하면서 신민의 자유를 빼앗는다. 잘 조직된 법은 신민들을 간섭하지만, 지배하지 않기에 그들의 자유를 빼앗지 않는다."

비지배로서 자유 개념이 시민교육에서 갖는 또 다른 중요성은 바로 시민의 참여 및 관여와 관련된다. 자유주의 관점에서 시민성은 어느 정도의 시민 행동이 없다면 자유주의 제도가 효과적으로 기능하지 못할 것이라는 의미에서 필요한 것이지만, 시민 행동은 어디까지나 자발적이고 일시적이다. 개인은 특정한 목적으로 그리고 특정한 시간에 시민성의 영역으로 들어가며, 자신이 원할 때는 언제나 사생활과 시장 영역으로 자유롭게 다시 돌아올 수 있다. 공화주의자들은 현대사회는 자유주의적 개인주의가 지배하므로 공적 시민이 사적 영역으로 후퇴하였다고 생각한다.

공화주의 관점에서 공동선을 위한 시민 참여는 비지배로서 자유를 누리기 위한 필수 요건일 뿐만 아니라 시민으로서 마땅히 수행해야 할 책무이자 의무다. 마트와 페팃(Mart & Pettit, 2010: 77)은 이것을 다음과 같이 표현하였다. "시민들이 완전하게 관여하는 삶에 필요한 노하우를 가진 채 자신이 속한 사회와 정치에 대해 제대로 알고 이해하는 비지배를 폭넓게 누리려면 교육이 필수적이다." 또한 메이너

(Maynor, 2003: 181)는 "현대 공화주의 국가는 비지배의 실체와 형태 그리고 그것에 수반하는 필수적인 가치와 덕에 관해 시민들을 교육함으로써 공교육의 내용에서 적극적인 역할을 수행해야 한다."

일반적으로 시민의 책무는 특정한 정치공동체에서 시민에게 기대하는 의무를 의미한다. 시민의 책무는 공동체 생활에 참여하고, 선거에서 투표하며, 그 밖의 민주적인 과정에 참여하고, 경제적으로 적극적이고 책임감 있게 행동하며, 법을 준수하고, 사회적 협약을 유지하며, 시민사회의 제도에 관여하고 지원하는 것을 포함한다. 이러한 시민의 책무는 지배로부터 시민을 보호하는데 중요한 역할을 수행한다. 시민들이 협소한 이해관계를 넘어서서 공적인 생활에 적극적으로 참여하는 것은 시민들 사이의 상호성을 유지하면서 비지배로서 자유를 누리기 위한 필수 조건이다. 공화국에 대한 시민의 책무와 의무를 다하는 것이야말로 시민들이 지배를 당하지 않는 가운데 자유를 누릴 수 있는 확실한 방법인 셈이다.

2) 시민의 덕 함양

과거와 현대 모두에서 공화주의 입장의 주요 특징 중 하나는 정치공동체에 참여하는 것이 시민의 자유를 보호하고 유지하는 것에 핵심이 되고, 그러한 시민의 적극적인 참여와 관여는 시민들이 특정한 태도와 성향, 즉 시민의 덕을 계발·함양하는 것을 필요로 한다는 신념이다(추병완, 2020: 158). 그래서 공화주의자들은 개별 시민의 자유는 모든 시민의 덕에 달려 있다고 생각한다. 한마디로 말해, 시민의 덕은 공화주의 이론의 중심 사상이다.

시민의 덕은 정치 체제에 효과적으로 잘 참여하는 시민의 성품을 묘사한다. 시민의 덕은 정치 체제의 효과적인 기능 수행이나 정치공동체의 가치 및 원칙의 보전과 관련된 개인적 자질을 의미한다. 시민의 덕은 정치공동체의 성공을 위해 중요한 시민의 태도와 성향을 포괄하는 우산과 같은 개념이다. 시민성 개념과도 밀접하게 연계된 시민적 덕은 개인의 이익을 희생하더라도 정치공동체의 복지에 대한 시민의 헌신으로 여겨지는 경우가 많다. 따라서 시민의 덕을 구성하는 시민의 성품 특질을 확인하는 것은 사실상 정치철학의 중요한 관심사 가운데 하나다.

시민의 덕은 부패의 위험을 예방하는 것과도 밀접하게 연관되어 있다. 이와 관련하여 우리는 시민의 덕과 부패를 두 측면에서 살펴볼 수 있다. 하나는 공직자의 부패와 시민의 덕이고, 다른 하나는 일반 시민 차원에서 부패와 시민의 덕이다. 공화주의자들은 전형적으로 공직자들이 본질적으로 부패했다는 견해를 거부하며, 대신 개인을 잠재적으로 부패할 수 있지만, 반드시 부패하지는 않은 것으로 간주한다. 이러한 가정에서 출발할 경우, 어떤 공적인 법률·제도·규범 등의 구성과 제정이 부패의 위험을 최소화하고, 공직자 시민의 덕을 향상할 가능성이 가장 큰지는 엄밀히 말하면 실용적이고 경험적인 질문이다. 공직자의 부패를 방지하기 위한 선택지는 공직자 선발에 대한 심사 절차, 일부 정책 선택권이 한도를 벗어나지 못하게 하는 규칙과 규범, 적극적·소극적 제재를 포함한다. 그러한 제도를 설계할 때, 최악의 사람들을 상정하지 않는 것이 중요하다. 최악의 사람들을 상정하여 시시콜콜하게 규범과 규정을 제정하는 것은 우리 사회에 회자되는 '법꾸라지'의 사례처럼 우리가 애초에 의도하지 않았던 공직자의 매우 부패한 행동을 오히려 장려할 수 있기 때문이다.

하지만 공화주의 관점에서 더욱 중요한 것은 바로 일반 시민이 갖추어야 할 시민의 덕이다. 공화주의가 강조하는 비지배로서 자유를 시민들이 광범위하게 누리려면 무엇보다도 시민들이 공화주의의 이상을 위해 헌신하고, 그것을 실현하는 데 있어서 각자의 역할을 기꺼이 수행해야만 한다. 예를 들어, 시민들은 집단적인 정치적 행동을 통해 명시적 혹은 암묵적인 지배의 구체적 사례를 대중적인 관심사로 만들 수 있고, 공화주의의 자유를 확대하는 법과 정책을 지지할 수 있으며, 공화주의를 수호해야 하는 정치적 요청을 받았을 때 공화주의를 방어하기 위한 그들의 역할을 수행할 수 있다. 공화주의의 이상에 대한 이러한 유형의 헌신을 촉진하기 위해서는 상당히 강력한 시민교육과 더불어 시민의 덕을 공적으로 존중하고 보상하려는 정치공동체의 정치 문화가 필요하다.

여기서 우리가 한 가지 유념할 사항이 있다. 엄밀히 말해, 시민이 유덕하다는 것만으로 공화주의의 자유를 마음껏 누릴 수 있는 것은 결코 아니다. 시민들이 비지배로서 공화주의의 자유를 누리는 정도는 사실상 그 시민들이 속한 정치공동체의 법, 제도, 규범이 어떻게 제정·운영되는지에 달려 있기 때문이다. 하지만 시민의 덕은 올바른 종류의 법률, 제도, 규범을 도입하고 그 내구성과 신뢰성을 보장하는 데 도구적으로 유용하기 때문에 시민의 덕은 공화주의의 자유를 누리는 것과 밀접하게 관련된다.

이제 시민의 덕에 대해 본래적 공화주의와 도구적 공화주의가 보이는 차이점을 살펴보자. 본래적 공화주의는 시민의 덕을 주로 고전적인 의미로 이해하여 개별 시민의 성품 계발과 관련한 것으로 본다.

따라서 고전적인 개념은 특수한 시민의 덕이 더욱 일반적인 덕과 반드시 유리된 것으로 보지 않았다. 인간 번영에 필수적인 일반적인 덕을 소유하는 것은 시민의 시민적 성향과 직접적으로 관련되어 시민적 성향을 높였다(추병완, 2020: 165). 도구적 공화주의는 정치공동체에 유익한 시민 행동의 관점에서 시민의 덕을 개념화한다. 이러한 공식화는 시민에게 부담을 덜 주고, 본래적 공화주의자들이 설명하는 긍정적인 성품 특질의 깊은 내면화를 추구하지 않는다. 시민의 덕은 인간의 번영을 구성하는 것이 아니라 정치공동체에서 적극적인 시민성을 허용하고 그 자체로서 비지배로서 자유를 보호하고 증진하는 데 기여한다. 여기서 시민의 덕은 가치 있는 시민 행동을 위한 일련의 원칙을 나타낸다(추병완, 2020: 167). 따라서 도구적 공화주의의 관점은 시민의 덕에 관한 설명이라기보다는 시민의 원칙에 관한 설명이라고 볼 수 있다. 시민의 덕을 덜 부담스러운 형태의 교양(civility) 또는 시민의 원칙으로 이해할 때, 그것은 유익한 시민의 행동과 공화주의 정치공동체의 제도 및 법 사이의 인과적이고 상호 유익한 관계를 포함한다. 공화주의 국가가 합법적으로 증진하고자 하는 것은 비지배로서 자유에 도움이 되는 행동을 지원하는 가치와 행동이다. 반면에 시민들은 공화주의 법률을 지원하는 규범이 존재하는 정권 밑에서 더 높은 수준의 비지배를 누린다(Pettit, 1999: 244). 시민의 비지배 자유를 보장하기 위해서는 공정한 절차를 통해 법을 집행하는 것이 필수적이고, 이러한 법 집행의 안정성을 확보하려면 시민의 교양이 뒷받침되어야 한다.

요약하면, 고대에 기원을 둔 본래적 공화주의는 시민의 덕을 내면화된 성품 성향으로서 규정한다. 현대와 자유주의에 기반을 둔 도구적 공화주의는 시민의 덕을 교양의 관점에서 이해한다. 이런 방식으로 이해되는 시민의 덕은 사회에서 효과적인 시민 관여에 도움이 되는 정도를 평가하는 선호적인 행동 유형을 의미한다. 다시 말해, 이러한 덕은 엄밀한 의미에서 덕은 아니지만, 시민의 행동을 안내하는 역할을 하며, 시민의 성품에 반드시 내면화할 것을 요구하지 않는 수많은 시민 원칙이라고 말할 수 있다.

이런 차이점에도 불구하고 한 가지 분명한 것은 공화주의자에게 시민은 시민 생활에 유익하게 참여하는 데 필요한 기술과 성향을 갖춘 상호 의존적인 행위자라는 사실이다. 그러나 공화주의 전통은 시민에게 요구되는 능력이 반드시 자연적으로 발생하지는 않는다는 점을 분명히 밝힌다. 시민의 덕은 계발되고 고취되어야 한다. 모든 공화주의자는 인간 본성에 대하여 발달 관점을 제시하는데, 이것은 시민들이 다양한 형태의 공화주의 자유를 보호하는 데 필요한 시민의 덕을 소유하려면 사회화 과정이 필요하다는 것을 이해한다. 일반적으로 현대 공화주의자들은 인간을 종종 다양하고 때로는 상충하는 이해관계를 지닌 복잡한 존재로 파악하기에, 시민들은 어느 정도의 지도와 설득이 없이는 공적 생활에 참여할 지식·기술·속성을 갖고 있지 않다. 현대적 형태의 인간 본성에 대한 이러한 공화주의 개념은 올드필드(Oldfield, 1990: 151-152)의 연구에서 가장 분명하게 드러난다. 그는 '인간이 약하고 근시안적이라는 것은 시민 공화주의의 일관된 주제'라고 주장한다. 시민성 실천에 필요한 욕구와 성품은 인간에게 내재된 것이 아니므로 그것을 고취하여 유지해야만 한다. 그래서 어떤 의미에서 시민들은 전 생애 동안 번데기 상태에 놓여 있는 것이다. 마찬가지로 샌델(Sandel, 1996: 319)은 인간이 시민이 되려는 자연적인 성향을 더는 상정할 수 없는 형성 상태의 중요성을 언급한다. 인간의 정치적 상호작용의 개념을 본질적으로 복잡한 것으로 수용한다면, 많은 공화주의자가 주장해야만 했던 것처럼 국가가 형성적 역할을 채택하는 것이 단순히 바람직한 것이 아니라 필수 불가결한 것이다. 시민의 덕을 함양할 형성적인 국가가 없다면 시민은 공무에 참여하는 것을 선택하지 않을 수도 있다. 이러한 선택의 불안정성은 전반적인 공화주의 프로젝트를 훼손할 것이다. 그러므로 대부분의 공화주의자는 시민에게 시민의 덕을 고취하는 것을 중요하게 여긴다. 공화주의자들이 형성 프로젝트를 위해 강조하는 두 가지 중요한 기제가 있다. 하나는 공적 생활에서 드러나는 법, 제도, 정치과정이고 다른 하나는 공식적인 교육 체제다.

공화주의 전통의 역사적 선례를 바탕으로 현대 공화주의자들은 공화주의의 법, 제도, 관행을 통해 시민들에게 작용하는 형성적인 과정을 확인한다. 공화주의 국가에서 법과 제도는 공적인 사안에 대한 효과적인 적극적인 시민의 관여를 함양하고 유지하는 데 중요한 역할을 수행한다. 이것은 시민의 행동과 관여를 지원하는 현대 정치 공동체에서의 과정에 대한 보다 광범위한 관심을 어느 정도까지 반영한다. 민주적인 제도를 통해 그리고 법에 따라 공적인 생활에 관여하면서 시민들은 명시적·암묵적으로 그러한 관행을 수행할 수 있는 능력을 지속적으로 유지하는 교육적인 과정에 놓이게 된다. 이러한 이유로, 공화주의 국가의 제도는 그것의 구성과 작용에서 특정한 공화주의의 목적과 목표에 기초함과 동시에 그것을 다시 생성한다. 공화주의자들은 또한 민주적인 관여의 교육적인 기능을 시민사회의 제도로까지 확장한다. 공화주의자들은 시민성을 위한 시민의 준비 태세를 갖추는 데 있어서 비(非)국가 조직과 과정의 중심적인 역할을 인정한다. 비국가 또는 비정부 조직은 공화주의 체제의 주요 기능 중 상당수의 출구 역할을 수행한다. 이러한 기능은 기존 관행에 대한 비판적 조사 달성, 집단 내에서 심의를 위한 기회 제공, 시민성을 행사하고 공동체 의식을 가질 기회, 시민의 덕을 실행하는 것을 포함한다.

시민의 덕에서 공화주의자들이 강조하는 사회화의 또 다른 요소는 국가의 공식적인 교육 체제다. 공화주의자들은 현대 정치공동체에서 적극적인 시민성을 장려하고 유지하는 데 필요한 성향과 행동을 고취하기 위한 공식적인 교육의 중요성을 강조한다. 이와 관련하여 샌델(Sandel, 1996: 6)은 "자유주의 개념과는 다르게 공화주의의 자유 개념은 자치 정부가 요구하는 성품의 특성을 시민이 함양할 수 있는 형성적인 정치(formative politics)를 필요로 한다."라고 주장하였다. 이 진술은 공화주의 프로젝트에 필수적인 시민의 덕을 갖춘 시민을 육성하는 데 있어서 학교 교육의 분명하고 중요한 역할을 암시한다.

시민의 덕을 함양하기 위한 공식적인 학교 교육의 중요성에 대해 공화주의자들은 이견을 보이지 않지만, 시민교육에서 시민의 덕을 어떻게 가르칠 것인지의 문제에 대해서는 본래적 공화주의와 도구적 공화주의 사이에 이견이 존재한다. 이것은 마치 도덕교육에서 해묵은 논쟁 주제 중 하나인 덕을 가르칠 것인지 아니면 원리를 가르칠 것인지의 문제를 생각나게 한다. 오늘날 공화주의자들 사이에는 시민교육을 통한 시민의 덕 계발·함양에서 두 가지 독특한 접근법이 존재한다. 시민의 덕을 내면화된 성품 성향의 발달과 관련시키는 접근법과 정치공동체의 기능 수행에 필요한 특정한 시민 원칙에 일치하여 학생들이 행동하도록 교육하려는 접근법이 존재한다. 일반적으로 본래적 공화주의는 내면화된 성품의 형성을 위한 인성교육(character education)을 옹호하지만, 도구적 공화주의는 원리에 입각한 비판적 사고를 강조하는 콜버그(Kohlberg) 학파의 입장을 옹호하기 때문이다.

그러므로 시민교육에서 시민의 덕을 함양하려는 시도에서 우리는 이제껏 우리가 터득한 이론적·실천적 실험과 경험에서 비롯된 생생한 몇 가지 교훈에 주목해야 한다. 첫째, 우리는 시민의 덕과 덕 그 자체를 구별·분리하려는 시도에 주의해야 한다. 공화주의자들은 시민의 시민적 속성에만 관심이 있기에 결과적으로 개인의 도덕성에 대해서는 거의 말하지 않는다. 시민의 시민적 역할에 특별하게 초점을 맞추는 것이 현대 공화주의 사상의 중심 요소를 나타내지만, 이것은 시민과 개인 간의 밀접한 상호작용을 훼손할 우려가 있다. 일반적으로 공화주의자들은 덕을 시민의 영역에서만 전적으로 묘사하며, 아리스토텔레스가 말하는 것과 같은 보다 전체론적인 개념화를 무시한다. 아리스토텔레스는 시민의 덕을 공적인 생활에서 표현된 개인적 덕으로 본다. 개인적인 삶의 영역에서 정직하게 행동하는 사람은 공적인 삶의 영역에서도 정직하게 행동한다. 덕과 관련하여 개인적인 것과 공적인 것 그리고 개인적인 것과 정치적인 것을 의도적·인위적으로 분리하려는 시도는 그리 좋은 것이 못 된다. 삶의 많은 측면에서 시민들은 사적인 관심과 공적인 관심 둘 모두를 동시에 포함하는 결정에 관여한다. 개인의 내면화된 성품 성향에 상응하는 적절한 인식이 없으면, 공적인 것에서 학생이 도달한 어떤 결정이 비록 공통의 이익을 설명하는 것이라 할지라도 그것은 제한되고 부분적인 것으로 남게 된다.

둘째, 시민교육을 통해 정치공동체가 임의로 선택한 몇 가지 시민의 덕을 강제로 주입·교화하려고 시도해서는 절대 안 된다. 시민의 덕을 가르침에 있어서 우리는 학습자의 비판적 합리성을 존중해야만 한다. 시민교육은 학생들이 지금 그리고 여기에서의 시민으로서 해야 할 일과 주어진 상황에서 그 행동을 해야 할 이유에 관한 학생들의 합리적인 심의 능력을 발달시켜야 한다. 그러므로 시민교육에서 교사는 '시민으로서 나는 누구인가?', '시민으로서 나는 어떤 덕을 갖추어야 하는가?'라는 질문에서 출발하여 '시민으로서 나는 이 상황에서 어떻게 행동해야 하는가?'라는 질문에 학생들이 스스로 답을 찾을 수 있도록 도움을 주어야 한다. 시민교육에서 교사의 임무는 다른 사람의 행동뿐만 아니라 자신의 개인 생활 및 시민 생활과 관련하여 성품과 덕을 고려할 수 있는 학생들의 성찰적인 능력을 형성하는 것이다.

셋째, 시민교육에서 교사는 학생들이 시민의 덕을 실천할 수 있는 다양한 실천 기회를 부여해 주어야 한다. 공화주의 관점에서 시민교육은 학생들이 자치를 경험할 기회를 제공함과 동시에 시민 생활에의 적극적인 참여를 통해 적극적인 시민성을 체화할 것을 강조한다(심성보, 2015: 59). 전자와 관련하여 우리는 학교 자체를 학생들이 자치를 실험·연습할 수 있는 민주적 공간으로 변모시켜야 하고, 후자와 관련하여 학생들에게 봉사 학습(service learning)의 실천 기회를 다양하게 제공해야 한다.

3) 시민 심의의 중요성

공화주의자들은 민주 공화국에서 심의가 중요한 기능을 수행하는 것으로 인식한다. 시민들은 심의를 통해 그들의 이해관계를 공유하고 다른 사람들의 이해관계를 배우게 된다. 공동 대화에 참여함으로써 시민들은 무엇보다도 공동선의 개념 및 시민의 덕의 내용과 범위를 논의할 수 있다. 특히 이의 제기 또는 견제 개념의 틀에서 바라보면 공화주의의 심의는 결정과 공공 정책에 더욱 고조된 정통성 요구를 제공한다. 이 정통성은 대중 주권뿐만 아니라 공적 담론의 성찰적 본질에서 비롯한다. 심의가 깊이 간직한 공유 가치의 관점에서 합의를 목표로 삼는지 또는 정치적 동의의 관점에서 합의를 목표로 삼는지는 공화주의자들 사이에 견해 차이로 남아있다. 그런데도 다양한 포럼에서 공적인 관심사를 논의하기 위해 함께 모인 공화주의 시민들은 정치공동체에 대한 그들의 헌신을 보여주고 강화함으로써 자신에게 권능(empowerment) 의식 및 사실상 시민 의식을 부여할 수 있다. 여기서 공화주의 사상의 교육 명법이 다시 한번 분명해진다. 시민들은 효과적인 심의에 필요한 능력과 기술을 배울 필요가 있을 뿐만 아니라 공화주의 국가에서는 심의 자체가 교육적인 기능을 수행한다(추병완, 2020: 232-233).

그렇다면 시민 심의란 무엇이고, 시민교육에서 시민 심의가 중요한 이유는 무엇인가? 시민 심의는 의사결정이라는 목표 달성을 위해 논쟁거리가 되는 공적인 이슈에 대한 상충된 관점을 사려 깊고 심각하게 고려하는 행위다. 진정한 심의가 이루어지려면 논쟁이 되는 이슈가 존재하고, 그 이슈에 대한 견해의 정당한 차이가 인정되며, 심의가 공적으로 진행되어야 하고, 모든 사람이 심의에 동등하게 참여할 수 있어야 한다. 심의민주주의를 옹호하는 많은 학자는 다양한 배경의 보통 사람이 실제적인 공적 이슈에 관하여 심도 있게 사유하려고 함께 모일 수 있는 공적인 공간을 구상한다(Avery et al., 2013: 105). 이런 의미에서 민주주의는 정부 형태라기보다는 오히려 공통의 이슈에 관해 상이한 관점을 함께 모여 해결해 나가는 생활방식이다.

공적인 포럼에서 이슈에 관해 추론하는 것은 심의민주주의의 초석이다. 심의 포럼에서 시민은 이슈를 연구하고 대안적인 해결 방안과 잠재적인 결과를 고려하며 그 이슈를 다루는 방법에 관한 모종의 합의를 이루어낸다. 이것은 모든 참가자가 합의된 입장에 동의한다는 것이 아니라, 그 이슈에 대한 사려 깊은 고려를 통해 합의된 영역이 두드러진다는 것을 말하는 것이다. 것먼(Guttman, 2000: 75)은 시민이 공적 이슈에 대해 말할 수 있는 가장 좋은 방법의 하나는 심의를 통한 것이라고 주장하였다. 그에게 심의란 하나의 정당화할 수 있는 해결책에 도달하는 것을 목표로 삼는 공적인 논의와 의사결정을 의미한다. 그리고 이때 이슈는 분별 있는 사람들이 이치에 맞는 의견의 불일치를 보일 수 있는 것이어야만 한다. 이를테면 우리의 아이들을 교육하는 방식과 교육 내용에 관한 심의는 정당한 이슈에 속한다. 하지만 우리의 아이들을 교육해야만 하는지는 우리가 심의해야 할 공적 이슈가 아니다. 왜냐하면 아이들을 교육해야만 한다는 것은 시공을 가로질러 보편적인 합의를 이루고 있기 때문이다.

심의 과정을 옹호하는 사람들은 그것이 개인, 집단, 민주 정치 조직에 가져다주는 이점을 강조한다. 개인은 심의 과정을 통해 이슈에 대해 더 많이 알게 된다. 집단의 일원으로서 개인은 다양한 관점을 고려하면서 이슈에 대한 이해를 높인다. 집단 과정 그 자체는 합의를 이루려는 상호 목표를 향해 노력하는 성원으로서 공동체 의식을 촉진해 줄 잠재력을 갖는다. 심의 과정에서 내려진 결정은 나의 최상의 사고나 이익이 아닌 우리의 최상의 사고나 우리의 공유된 이익에 근거한다. 달리 표현하면, 심의 과정에서 '나'는 '우리'가 되는 것이다. 심의 과정은 민주적 과정의 정당성에 대한 신념을 향상해 준다. 집단의 일원으로서 나는 집단의 합의된 입장을 좋아하지 않을 수도 있다. 하지만 그 과정이 공정하고 모든 관점을 동등하게 청취한 것이라면 나는 집단의 결정에 대해 긍정적인 감정을 가지게 된다. 심의 과정 그 자체는 민주주의의 핵심 교의에 해당하는 공정성, 평등, 관용, 협동에 대한 신념을 더욱 확고하게 해 준다(Avery et al., 2013: 106).

것먼(Gutman, 1999: 44)은 좋은 삶과 좋은 사회에 대한 경쟁적인 개념을 이성적으로 심의하는 것은 민주 사회에서의 교육의 본질이라고 주장했다. 것먼은 심의 인성(deliberative character)과 민주 인성(democratic character)을 상호 교환적으로 사용하면서, 심의 인성을 계발하는 것이 초등학교에서 정치교육의 목표가 되어야 한다고 주장하였다(Guttman, 1999: 52). 것먼은 심의가 개념 정의와 실제에서 민주주의 발전과 밀접하게 연관되어 있다고 생각했다(Guttman, 1999: 52). 개인적 수준에서 심의는 결정에 대해 하나의 견해를 가진 주의 깊은 고려로 그리고 제도적 수준에서 심의는 일군의 입법부 의원이 어떤 조치에 대해 찬성하거나 반대하는 이유를 고려하고 논의하는 것으로 규정된다.

한편 실제적인 면에서 심의 인성의 계발은 민주적 주권 사회의 이상을 실현하는 데 필수적이다(Guttman, 1999: 52). 민주주의는 시민 간의 상호 헌신과 신뢰에 기반을 둔다. 민주 사회에서 시민은 법규가 민주적 주권의 기반이 되는 기본 원칙에 어긋날 때를 제외하고는 민주적 과정을 통해 제정된 법규를 준수해야만 한다. 심의하는 시민은 적어도 부분적으로는 습관의 깨우침을 통해 민주적인 삶의 일상적 요청에 부응하여 생활하는 데 헌신하지만, 그와 동시에 인간 존중과 같은 민주적 주권의 기본 이상이 위협을 받는 것처럼 보일 때는 언제나 그러한 요청에 대해 헌신적으로 의문을 제기한다. 심의하고자 하는 자발적 의욕과 능력은 도덕적으로 진지한 시민을 궤변론자나 전통주의자와 구별되게 한다. 궤변론자는 자신의 이익을 독선적인 대의명분으로 끌어올리는 교묘한 논거를 사용하고, 전통주의자는 자신의 이성을 불공정한 대의명분에 종속시키기 위해 확립된 권위를 사용한다. 법규의 도덕성을 진지하게 고려하는 사람은 자기 이익에 맞지 않는 법규를 지지하고 존중할 것으로 기대될 수 있으며 동시에 민주적 원칙에 어긋나는 법규에 반대할 것으로 기대된다. 그리고 필요하다면, 심의하는 시민은 다수의 양심에 호소하면서 그 법규를 바꿀 의도를 가진 채 궁극적으로 그 법규에 불복종할 것이다. 따라서 민주 사회에서 학교는 심의하는 시민을 길러낼 막중한 책무를 갖고 있다. 특히 초등학교는 심의의 민주적 덕목을 학생들이 함양하도록 하는 것과 관련된 영역을 독점하고 있지는 않지만, 그 영역의 가장 많은 부분을 점유하고 있다(Guttman, 1999: 52).

시민교육에서 학생들의 심의 인성을 계발하는 데 가장 효과적인 방식은 학생들이 공적인 논쟁 이슈에 대한 심의 경험을 갖게 하는 것이다. 일상의 이슈에 대하여 학생들이 효과적으로 말하는 방법을 학습하는 것은 건강하고 잘 기능하는 민주주의의 초석이다. 따라서 학교는 학생들이 정치적 논쟁 이슈에 대한 논의와 심의를 경험할 기회를 부여해 주어야 한다(Hess, 2009: 5). 학생들을 공적인 논쟁 이슈에 참여시키는 것은 시민 참여, 비판적 사고 능력, 대인 관계 기술, 이슈에 대한 심층적인 이해, 정치적 활동을 증가시킴으로써 지금 그리고 여기에서의 학생-시민들이 시민 심의에 필요한 기술을 발달시킬 기회를 제공한다. 공적인 논쟁 이슈를 다루면서 학생들은 시사 문제 및 사회 문제에 대한 흥미와 관심을 높이고, 상대방을 존중하고 관용하는 방식을 체화함으로써 생활방식으로서의 민주주의를 몸소 체험할 수 있다.

민주주의를 살아 움직이게 만드는 것은 바로 사려 깊고 합리적인 판단을 내릴 수 있는 주권자로서 시민의 능력이다. 민주주의에서 시민은 열린 마음을 유지하고 결론을 잠정적인 것으로 여기는 가운데 상충하는 입장을 옹호해야 한다. 각각의 대안적인 행동 방안이 완전하고 공정한 청문 절차를 거치고, 그것의 강점과 약점을 밝히기 위해 비판적 분석 활동이 이루어져야만, 시민은 국가가 취해야만 할 중요한 행동 방안에 대해 가장 합리적인 판단을 내릴 수 있다. 따라서 시민은 자신의 입장을 조사하고 옹호하며, 반대 입장을 비판적으로 분석하고 그것에 도전하며, 모든 관점에서 논쟁 이슈를 동시에 살펴보고, 모든 면에서 최상의 정보와 추론을 활용하는 종합을 모색하도록 서로 협력할 수 있어야 한다.

존슨(Johnson)은 긍정적인 정치 담론이 6단계의 절차로 구성된다고 주장하였다(Johnson, 2015; 추병완, 2019: 231-232). 첫째, 시민은 현재 고려하고 있는 문제를 해결할 것이라 여겨지는 행동 방안을 제안할 자유와 기회가 필요하다. 둘째, 시민은 사회적 문제를 해결하기 위해 어떤 행동 방안이 필요한지를 먼저 결정한다. 셋째, 시민은 자신의 입장에서 가능한 최상의 사례를 제시하고, 반대편의 발표를 주의 깊게 경청한다. 넷째, 시민은 옹호·논박·반박을 특징으로 하는 열린 토론에 참여한다. 다섯째, 시민은 그 이슈를 모든 관점에서 동시에 바라보고, 반대 입장을 정확하고 완전하게 요약하여 자신의 이해를 입증하려고 노력한다. 여섯째, 시민은 옹호된 다양한 입장을 포섭하거나 적어도 모든 관점에서 최상의 정보와 추론을 통합하는 하나의 종합을 창조하기 위해 노력한다.

그런데 시민이 심의 과정에서 이러한 절차를 항상 자동으로 따르지는 않는다. 왜냐하면 이러한 절차는 학생들이 어릴 적부터 몸에 익혀서 완벽해져야만 필요한 시점에서 쉽게 드러날 수 있는 것이기 때문이다. 그래서 시민은 효과적인 심의에 필요한 능력과 기술을 배울 필요가 있다(Peterson, 2011: 118). 학생들은 민주적 심의에 참여하는 다양한 기회를 통해 사회적 역량과 상호작용 기술, 민주적 가치 지향, 성찰 능력·관점 채택·언어적 이해, 민주적 참여에 필요한 지식 습득, 의사결정 및 갈등 해결, 집단 결정에 대한 책임 인식 및 집단 결정의 질을 향상하려는 지속적인 시도를 배울 수 있어야 한다(Reich, 2007: 192). 학교는 학생들이 이러한 절차를 배워야 할 가장 논리적인 장소이고, 건설적 논쟁은 논쟁적인 공공 이슈에 관한 심의에 학생을 참여시키는 가장 효과적인 방법 가운데 하나다. 건설적 논쟁은 학생들이 참된 의미에서의 다양한 관점 채택을 통해 자신의 입장과 관점을 재개념화할 기회를 제공한다. 건설적 논쟁에서 학생들은 자신의 초기 입장을 버리고 상대방의 입장을 취해 보는 활동을 해 보면서 궁극적으로 양측이 모두 합의하는 하나의 해결책을 생성해야 한다. 우리가 공적인 논쟁 이슈에 대한 심의 기술을 갖춘 시민을 양성하고자 한다면, 학생들에게 건설적 논쟁을 접하고 체험할 풍부한 기회를 제공해야 한다.

건설적 논쟁은 각기 다른 입장과 견해를 가진 사람들이 자기의 주장을 제시하고 비판하는 대화에 참여하는 과정이다. 건설적 논쟁은 동의-추구(concurrence-seeking), 토론(debate), 개인적 차원에서의 결정(individualistic decisions)과 대조된다. 동의-추구는 토론을 억제하고 합의를 강조하므로, 구성원들의 다양한 의견을 통해 얻을 수 있는 대안적 아이디어와 현실적인 아이디어를 생성하는 것이 어렵다. 토론은 논쟁과 마찬가지로 둘 이상의 양립할 수 없는 입장에서 시작된다. 그러나 판정관이 가장 우수한 입장을 결정하므로 참가자들이 토론에서 이기기 위해 언어적인 말다툼을 한다는 점에서 건설적 논쟁과는 구별된다. 개인적 차원에서의 결정은 다른 사람의 목표나 의견과는 독립적으로 이루어진다는 면에서 건설적 논쟁과 구별된다.

건설적 논쟁은 서로 다른 의견이나 그로 인해 발생하는 문제들을 말다툼이나 일방적인 결정이 아닌 협동하여 해결책을 함께 만들어 가는 과정을 포함하고 있다. 즉, 상대방의 입장을 주의 깊게 듣고, 상대방의 이해를 돕기 위해 여러 가지 자료를 제공하고자 노력하며, 관점을 바꾸어 논거를 펼치는 과정에서 창의적인 해결 방안을 모색한다. 이러한 과정을 구체적으로 제시하면 〈그림 1〉과 같다.

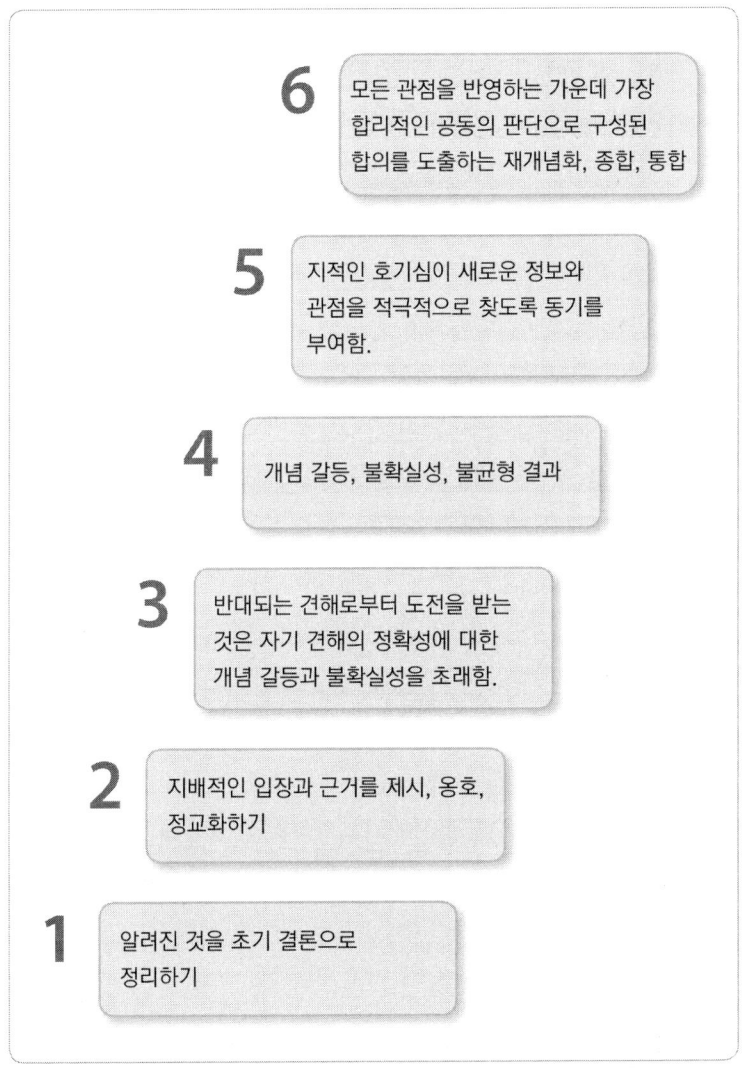

<그림 1> 건설적 논쟁의 과정

민주주의는 해결하기 어려운 모순을 인정하고 심의하는 것을 포함하는 지속적인 과정이다. 학생들이 건설적 논쟁을 통해 민주주의를 경험하는 것 자체가 학생들에게는 강력한 시민 심의의 학습 경험이 될 수 있다. 민주적이고 열린 교실 풍토에서 공적인 논쟁 이슈에 대해 학생들이 자유롭게 논의하면서 하나의 해결책을 모색하는 것은 시민교육자로서 우리가 학생에게 제공할 수 있는 가장 큰 민주적 선물임을 우리는 반드시 기억해야 할 것이다.

6. 요약

1990년대 세계의 전면적인 재편 이후 공화주의 사상이 부활하였다. 사회주의가 자유주의에 따라 궤멸한 것처럼 보였지만, 다양한 목소리는 자유가 단순히 정부의 통제를 제거한다고 해서 실현되는 것이 아니며, 일부 중요한 문제는 당파적인 이익의 싸움으로 잘못 전달되고 있으며, 많은 사람에게 시민성이 진정한 의미를 결여하고 있다는 우려를 표명하였다. 공화주의는 이러한 우려에 분명히 중요한 무언가를 제공할 수 있다. 그러나 공화주의 전통을 단순히 부활시키는 데에도 어려움이 내재한다. 비록 고대의 공화주의가 전체주의의 선구자는 아니지만, 억압적이고 배타적이며 군국주의적이고 남성 위주라는 비난에 열려 있다는 것을 보았다. 게다가, 공화국은 주로 더 작고 더 동질적인 사회에서 발전하였다. 그러므로 현대 공화주의자들은 공화주의의 현대적 표현이 단순히 고대 공화주의에 대한 이상적인 향수를 불러일으키는 것만은 아니라는 것을 보여줘야 한다. 이러한 어려움을 인식하는 가운데, 오늘날 현대 공화주의자들은 자유, 적극적 시민성, 상호의존성에 기반을 둔 정치공동체에서 공화주의를 재조명하고 있다.

먼저 공화주의 이론은 신자유주의의 자유에 대한 대안적인 관점을 제공한다. 신자유주의 관점에서 자유는 개인들이 간섭받지 않는 범위 내에서 소유하는 것이다. 자유에 대한 주된 위협은 정부다. 사회주의의 문제는 너무 많은 정부 통제였다. 정부 활동이 최소한으로 줄어들면 자유가 극대화된다. 자유가 늘어나려면 민영화, 규제 완화, 공공 서비스 축소, 세금 감면, 개인의 가처분 소득 증가 등이 필요하다.

그러나 현대 공화주의자들은 간섭에 대한 자유주의의 우려는 자유에 대한 심각한 위협을 제대로 고려하지 못한다고 주장한다. 자유에 대한 위협이 항상 국가로부터 나오는 것이 아니기 때문이다. 앞에서 우리는 공화주의 전통에서 자유는 노예제도나 한 사람의 지배와 대조를 이룬다는 사실을 확인하였다. 타인의 자의적 권력에 복종하는 사람은 누구나, 비록 실제로 이러한 다른 사람들이 마음씨가 착하거나 태만하여서 간섭하지 않는다고 하더라도, 체계적으로 자유롭지 못한 것이다. 타인으로부터의 자의적 간섭에 대한 지속적인 두려움이 어떤 사람이 폭력의 위협을 피하고 권력자의 환심을 사도록 그의 행동을 조정하도록 강요한다면 그 사람의 자유는 심각하게 제한을 받는 것이다.

그래서 자유를 실현하려면 지배를 제한하기 위한 정치적 개입이 필요하다. 공화주의자에게 정부를 제한하고 세금을 줄임으로써 자유가 극대화된다는 생각은 너무 단순하다. 효과적인 법률 체계가 자유를 보장할 수 있다. 그러나 국가는 또한 지배의 원천이 될 수 있으므로 임의의 간섭에 대한 안전장치 역시 필수적이다. 정부가 시민의 자유를 확보하는 역할을 해야 하지만, 정부가 제멋대로 행동하는 것에 대한 안전장치도 마땅히 있어야 한다.

　자유는 본래 부서지기 쉬운 것이기에 강력한 법적인 토대만이 아니라 자신이 다른 시민과 공유하는 이해관계를 인정하고 그것을 지속할 시민의 공적인 관여가 필요하다. 하지만 공통의 이해관계는 간과되기 십상이기에 개인적 이해관계보다 훨씬 취약하여 부패를 유발할 수 있다. 이 때문에 공화주의에서 자유는 정치적 평등을 요구하며, 적극적 시민성의 두 차원인 시민의 덕과 정치 참여에 근거한다. 시민성은 권리만이 아니라 책임을 수반한다. 자치적인 시민은 공동선의 추구를 위해 완전한 자족성보다는 자신의 삶에 대해 어느 정도의 집단적인 지시를 행사할 기회를 추구한다. 공화주의 관점에서 시민은 공통의 관심사를 고려하고, 개인의 이익 추구에 대한 일부 한계를 인식하며, 정치적 사안에 관여할 때 다른 의견을 서로 교환할 수 있도록 개방적인 입장을 취하는 시민의 덕을 보여줄 수 있어야 한다. 시민의 덕은 비지배로서 자유의 전제조건이다. 공화주의는 권리와 의무를 상호 대체적인 것이라 상관된 것으로 규정한다.

　현대 공화주의자들은 비지배의 조건과 정치적 평등을 강조하지 않은 채 그리고 시민들이 정치에서 공동선의 실현 방식을 결정하는 데 참여할 수 있는 공간의 필요성을 강조하지 않은 채 시민의 책임만을 강조하는 공동체주의자들에게 매우 비판적이다. 시민의 헌신은 정치 참여를 통해 얻은 효능감에 의해 강화된다. 이것은 관료들에게 책임감을 주고 정책을 경쟁적으로 만들기 위한 강력한 절차뿐만 아니라, 공화정에도 참여적이고 심의적인 형태의 민주주의가 필요하다는 것을 의미한다.

　한편, 공화주의 사상은 공동체의 기반과 한계에 대해 뚜렷한 입장을 갖고 있다. 자유주의자들은 이것을 한 사회의 정치 제도에 대한 동의와 충성심에 근거한 것으로 보지만, 민족주의자들은 그것을 공통의 정체성에 근거한 것으로 본다. 공화주의의 눈에는 이 두 가지 견해 모두 문제가 있는 것으로 보인다. 제도만이 신뢰할 수 있는 충성심의 초점이라고 보기 어렵다. 반면에, 정치공동체가 전(前)정치적(pre-political) 문화나 민족공동체에 근거한다고 말하는 것 또한 문제가 된다. 국가가 반드시 민족과 일치하지 않기 때문이다. 국경이 다시 그려질 수 있지만, 문화적 소수자들은 거의 확실하게 남을 것이다.

공화주의 시민성은 자유주의 시민성(liberal citizenship)과 국가시민성(national citizenship)과는 구별된다. 공화국은 반드시 서로를 선택한 것은 아니지만 역사적으로 함께 성장한 사람들의 정치공동체로서, 광범위한 상호의존성과 그들의 미래를 집단으로 형성할 가능성을 공유한다. 이런 종류의 상호의존성은 종종 공동의 권위에 복종하는 데서 비롯된다. 공화주의의 희망은 국민이 그러한 권위를 스스로 지닐 수 있다는 것이다.

그래서 공화주의 전통은 공통의 운명과 공통의 관심사를 공유하는 사람들의 상호의존성과 상호 취약성에 구성원 자격을 부여한다. 마키아벨리(Machiavelli), 매디슨(Madison) 및 18세기 혁명가들이 구상한 공화국은 문화적 동질성 측면보다는 공통의 정치 생활을 공유하는 사람들의 측면에서 이해되었다. 이 사상가들이 지지한 '애국심'은 다른 국가의 시민이 아닌 개인이나 집단의 사리사욕과 대조되는 공동체의 공동선을 위한 헌신을 의미했다.

공화주의와 민족주의는 종종 밀접하게 연관되어 있지만, 그 둘은 개념적으로 뚜렷한 기반을 갖추고 있다. 공화주의는 공통성보다는 상호의존성에 바탕을 두고 있다. 이와는 대조적으로, 민족성의 주요 특징은 공통의 정체성 의식이다. 민족적·문화적·언어적 기초에 근거하든, 이것은 종종 '상상의 공동체'에 뿌리를 두고 있으며, 본질적으로 공동 민족들 간의 실천에서 상호의존성을 요구하지 않는다. 국적이 시민성의 기본인 곳에서는 상호의존성보다는 공통성이 중요하다. 예를 들어, 구소련 출신의 독일계 민족은 독일로 이주하면서 시민권을 부여받았지만, 이것이 수년 동안 독일에 거주했던 터키인들에게도 해당한 것은 아니었다.

공화주의가 종합적이거나 상세한 시민교육 이론을 제시하는 것은 아니지만, 공화주의는 시민교육과 깊은 관련이 있다. 모든 공화주의자는 시민들이 그들이 속한 정치공동체에 적극적으로 참여하는 구성원이 되는 방법을 학습하는 데 관심을 두고 있기 때문이다. 시민이 없으면 공화국도 없고, 교육이 없다면 시민도 없을 것이 분명하다. 이처럼 시민교육은 공화주의 정치의 실현과 유지를 위한 핵심적인 필수 조건이다. 공화주의 관점에서 시민교육은 학생들이 공적인 생활에 참여할 수 있는 능력을 갖춘 적극적이고 책임감이 있고 도덕적으로 깨어 있는 시민이 되는 방법을 가르치는 것을 목표로 삼는다.

공화주의에 근거한 시민교육은 공동선, 시민의 책무, 시민의 덕, 시민 참여, 시민 심의 등과 같은 핵심 용어를 중시한다. 적극적이고 능동적인 시민의 모습을 강조하는 공화주의 사상은 시민성의 실천이 시민들이 비지배로서 자유를 누리는 데 필수적이라고 규정한다. 대부분의 현대 민주 국가에서 나타나고 있는 시민의식의 쇠퇴, 정치적 무관심의 증가, 정치 참여 감소 등과 문제점을 해결하려면, 공화주의에서 강조하는 시민교육 의제가 학교 교육에서 중요한 위상을 차지해야 할 것이다. 민주 시민은 저절로 태어나는 것이 아니라 시민교육을 통해 만들어지고 되어 가는 존재이기 때문이다.

참고 문헌

곽준혁(2008), "시민적 책임성: 고전적 공화주의와 시민성", 『대한정치학회보』, 16(2), 127-149.

심성보(2015), "시민교육에 한 시민 공화주의 입장과 안 학교 모델의 모색", 『교육철학연구』, 37(1), 43-65.

이충한(2013), "본래적 공화주의와 도구적 공화주의", 『철학연구』, 128, 211-239.

조일수(2011), "공화주의적 시민성에 대한 연구: 아테네적 전통과 로마적 전통의 차이점을 중심으로", 『윤리연구』, 291-316.

조주현(2015), "공화주의 시민성과 도덕과 교육의 과제: 중학교 도덕 교과서의 분석을 중심으로", 『도덕윤리과교육』, 49, 65-94.

채진원(2019), "민주주의, 민족(국가)주의, 세계시민주의 그리고 공화주의", 한국정치평론학회 편, 『공화주의의 이론과 실제』, 107-149, 고양: 인간사랑.

Avery, P. G., Levy, S. A. & Simmons, A. M. M. (2013), "Deliberating controversial public issues as part of civic education", *The Social Studies*, 104, 105-114.

Berlin, I. (1998), *The proper study of mankind: An anthology of essays*, H. Hardy & R. Hausher (Eds.), London: Pimlico.

Constant, B. (1988), *Constant: Political writings*, B. Fontana (Ed.), New York: Cambridge University Press.

Dagger, R. (2002), "Republican citizenship", In E. F. Isin & B. S. Turner (Eds.), *Handbook of citizenship studies* (pp. 145-157), London: SAGE.

Gutmann, A. (1999), *Democratic education*, Princeton: Princeton University Press.

Gutmann, A. (2000), "Why should schools care about civic education?", In L. M. McDonnell, P. M. Timpane & R. Benjamin (Eds.), *Rediscovering the democratic purposes of education* (pp. 73-90), Lawrence: University of Kansas Press.

Hess, D. E. (2009), *Controversy in the classroom: The democratic power of discussion*, New York: Routledge.

Honohan, I. (2002), *Civic republicanism*, London: Routledge.

Johnson, D. W. (2015), *Constructive controversy: Theory, research, practice*, 추병완 역(2019), 『4차 산업혁명 시대의 혁신 교수법: 건설적 논쟁의 이론과 실제』, 서울: 하우.

Isin, E. F. & Turner, B. S. (2002), "Citizenship studies: An introduction", In E. F. Isin & B. S. Turner (Eds.), *Handbook of citizenship studies* (pp. 1-10), London: SAGE.

Kymlicka, W. (2002), *Contemporary political philosophy*, 2nd ed., New York: Oxford University Press.

Mart, J. L. & Pettit, P. (2010), *A political philosophy in public life: Civic republicanism in Zapatero's Spain*, Princeton: Princeton University Press.

Maynor, J. W. (2003), *Republicanism in the modern world*, Cambridge: Polity Press.

Mill, J. S. (1861/1975), *Three Essays: 'On liberty', 'Representative government', and 'The subjection of women'*, R. Wollheim (Ed.),

Oxford: Oxford University Press.

Peterson, A. (2011), *Civic republicanism and civic education: The education of citizens*, 추병완 역(2020), 『시민 공화주의와 시민교육』, 서울: 하우.

Pettit, P. (1997), *Republicanism: A theory of freedom and government*, Oxford: Clarendon Press.

Pettit, P. (2012), *On the people's terms: A republican theory and model of democracy*, Cambridge: Cambridge University Press.

Reich, W. (2007), "Deliberative democracy in the classroom: A sociological view", *Educational Theory, 57*(2), 187-197.

Rousseau, J-J. (1750/1950), *The social contract and the discourse*, G. D. H. Cole (tr.), New York: E. P. Dutton.

Sandel, M. (1996), *Democracy's discontent: America in search of a public philosophy*, Cambridge: Cambridge University Press.

Thompson, D. (1976), *John Stuart Mill and representative government*, Princeton: Princeton University Press.

Tocqueville, A de (1835-40/1969), *Democracy in America*, G. Lawrence (tr.), Garden City: Doubleday.

Wohlin, S. (1960), *Politics and visions: Continuity and innovation in western political thought*, Boston: Little, Brown.

4장

세계시민성과 시민교육

변종헌 · 제주대학교 교수

4장
세계시민성과 시민교육

변종헌(제주대학교 교수)

1. 국가시민성과 세계시민성

　세계화와 정보화의 심화가 동반하고 있는 전 지구적 전환의 흐름은 우리에게 그러한 과정에 능동적으로 참여하고 적응할 수 있는 경쟁력의 확보와 함께 개별 국가의 편협한 이해관계를 넘어서 인류의 보편적 가치를 지향하는 의식과 태도의 함양을 요구하고 있다. 이러한 상황 속에서 21세기에 요구되는 시민교육은 민주적 공동체의 지속과 번영에 이바지할 수 있는 민주적 시민의 육성과 함께 세계시민으로서의 자질 함양에도 초점을 맞추어야 한다.
　특정한 민주적 공동체의 유지와 발전에 기여할 수 있는 민주시민으로서의 자질과 능력을 국가시민성(state citizenship)이라고 한다면, 이른바 세계시민성(world citizenship)은 국가시민성의 공간적 범주를 넘어서는 세계시민으로서의 소양과 역량이라고 정의할 수 있다. 여기서 세계적 소양이란 국제사회에서 요구되는 의식, 태도 및 행동을 말하며, 세계적 역량이란 국제관계에 대한 지식과 이해 및 전 지구적인 문제에 관한 관심과 해결 능력을 말한다(변종헌, 2001).

하지만 국가시민성과 세계시민성이 조화된 새로운 시민교육을 위해서는 국가시민성과 세계시민성의 의미와 내용 그리고 그들 사이의 관계에 대한 충분한 논의가 전제되어야 한다. 이를 위해 본 장에서는 먼저 세계시민성 관념과 세계시민교육 논의의 토대인 세계시민주의의 연원과 그 전개 과정을 살펴보고자 한다. 그리고 최근 활발히 진행되고 있는 세계시민성 논의의 배경을 살펴보고, 국가시민성과 세계시민성의 조화 가능성을 검토함으로써 오늘날 시민교육에서 강조하고 있는 세계시민성 함양의 가능성과 그 과제를 논의하고자 한다.

시민교육이란 일반적으로 한 사회의 구성원인 시민들이 민주적 가치와 태도를 함양하여 그 사회가 추구하는 목표를 달성하는 데 기여할 수 있게 하고 나아가 인류의 보편적 가치를 지향하고 실천하게 하는 교육적 활동이라고 정의할 수 있다(변종헌, 2014: 56). 현대의 시민은 그들 스스로의 삶의 조건과 질을 향상해 가는 사회의 주역으로서 그러한 과업 수행을 위해 요구되는 자질을 갖출 필요가 있다. 더욱이 현대 민주 사회가 시민들의 자율적 능력에 기초하고 있다면 사회의 구성원인 시민들의 민주적 자질과 태도의 함양이 민주주의의 성장과 발전에 중요한 요인이 아닐 수 없다. 또한 인류가 직면하고 있는 전 지구적 차원의 문제에 관한 관심과 이해를 바탕으로 문제 해결에 동참하려는 의지와 태도 역시 민주시민이 되기 위한 중요한 자질이다. 시민교육은 바로 이러한 민주적이고 보편적인 자질과 태도가 교육적 노력으로 길러질 수 있다는 사실에서 출발하고 있다.

하지만 시민교육의 이와 같은 현실적 요청과 필요성에도 불구하고, 공동체의 구성원들에 대해서 국가시민성을 요구하는 것이 개인의 자율성 관념과 양립할 수 없다는 주장 또한 제기되어 온 것이 사실이다. 세계시민성에 대한 논의는 차치하더라도, 특정 정치공동체에 대한 시민으로서의 애착과 헌신을 강조하는 것이 과연 정당화될 수 있는지가 그와 같은 논란의 핵심이다. 이러한 맥락에서, 니부어(R. Niebuhr)는 이른바 '애국심의 윤리적 역설(ethical paradox of patriotism)'을 통해 사회구성원들에게 시민성이나 시민의식을 요구하고 교육하는 것에 대해서 가장 전형적인 비판을 가하고 있다:

> 신랄하고 예리한 분석을 거부하는 애국심에는 윤리적 역설이 내재되어 있다. 애국심을 통해 개인적 이타주의가 국가적 이기주의로 변환되는 것이 바로 하나의 역설이다. 국가에 대한 박약한 충성심이나 아니면 향토애 등과 같은 지역적 애착심과 비교해 볼 때, 애국심은 매우 차원 높은 형태의 이타주의가 아닐 수 없다. 따라서 애국심은 모든 이타적 충동을 실어 나르고 그것을 표출하는 원천이 된다. 그리고 이러한 열정이 국가에 대한 개인들의 비판적 태도를 차단하거나 완전히 말살해 버리는 경우가 종종 있다. 이와 같은 무조건적 헌신이 바로 국가권력의 기반이며, 국가가 아무런 도덕적 제약도 받지 않고 권력을 행사할 수 있는 자유의 토대이기도 하다. 이렇게 개인들의 이타심은 국가의 이기심에 기여하게 되는 것이다 (Niebuhr, 1960: 91).

니부어는 구체적으로 애국심이나 국가시민성과 관련된 3가지 문제점을 지적함으로써 민주시민성에 내재된 철학적 토대를 비판하고 있다(Niebuhr, 1960: 93-112). 첫 번째 문제는 단지 전체 공동체의 일부만이 국가의 활동으로부터 수혜를 받을 수 있다는 사실에서 비롯된다. 요컨대, 구성원의 자격을 체계적으로 제한하고 그들에게만 유리한 방향으로 작동하는 차별화된 사회에 과연 시민들이 참여할 수 있겠는가 하는 점이다. 이러한 사회에 시민들을 참여시키는 것이 어떻게 도덕적으로 정당화될 수 있는지가 바로 보편화 가능성에 입각한 반론이다. 둘째는, 국가가 요구하는 대로 국가에 충성하는 사람들은 개인적 자율성을 상실하게 될 것이라는 점이다. 자율성의 의도적 포기와 국가에 대한 복종이 어떻게 설명되고 정당화될 수 있는가 하는 점이다. 이 문제가 바로 자율성에 입각한 반론이다. 셋째는, 국가에 충성하는 개인들은 국가나 국가의 정책과 여러 가지 제도 등에 관해서 충분히 비판적으로 검토하고 판단할 수 없을 것이라는 우려이다. 이 문제는 일종의 지혜에 입각한 반론에 해당한다.

하지만 시민성 관념은 서구 정치사상에서 매우 중요한 위치를 차지해 왔는데, 이는 시민성 관념이 정의에 대한 요구와 공동체 구성원들의 요구를 서로 통합해야 한다는 주장을 일관되게 견지해 왔기 때문이다(Dauenhauer, 1996: 1). 이처럼 시민성은 개인의 타고난 권리의 존중 그리고 공동체에 대한 애착과 헌신이라는 두 가지 측면 모두와 밀접하게 관련되어 있다. 따라서 시민성 관념은 자유주의나 공동체주의 진영 모두에게 매우 중요한 의미를 지닐 수밖에 없다. 요컨대, 자유주의와 공동체주의는 개인과 공동체의 관계를 바라보는 기본적 시각의 차이에도 불구하고 공통으로 국가시민성의 철학적 토대를 사실상 옹호하고 있다는 점이다(변종헌, 2001).

시민성이 개인과 정치공동체 사이의 정치적 관계를 표현하는 것이라고 할 때, 시민성 관념은 민족국가 그리고 민족주의 등과 밀접하게 관련되어 있다. 인종, 종교, 이데올로기, 영토 등에 기초하고 있는 민족주의는 하나의 강력한 결속력으로 간주되어 왔으며, 그것은 사람들에게 집단적 정체감과 개인적 소속 의식을 제공하고 있다. 민족주의는 개인들의 정체성의 근원을 하나의 주권을 담지하고 있는 집단 속에서 찾는다. 여기서 민족은 개인들이 충성을 바치는 주된 대상이고 집단적 결속의 기반이 된다(Greenfeld, 1992). 이것은 세계시민성 내지는 세계시민의식의 함양이 결코 쉬운 문제만은 아니라는 사실을 시사하고 있다.

니부어의 지적처럼, 개인의 이타심은 국가의 이기심으로 전환된다. 따라서 개인들의 사회적 동정심이 확산한다고 해서 인류의 사회 문제가 해결되는 것은 아니다. 개인들의 이타적 열정을 민족주의나 심한 경우 국수주의로 바꾸기는 쉬워도 인류 전체를 향한 열정으로 승화시키기는 어렵다. 왜냐하면 인류공동체에 대한 충성심이라고 하면 너무 막연하고 추상적이기 때문이다. 그리고 국가보다 규모가 작은 공동체인 종교, 문화, 인종, 경제단체들도 시민들의 충성심을 확보하는 데 있어서 국가보다 불리한 위치에 있다. 중세의 교회는 보편성이라는 특권을 가지고 국가와 경쟁할 수 있었지만, 오늘날은 상황이 다르다. 현재로서는 국가가 그 어떤 공동체보다도 최고의 권위를 누리고 있다.

국가는 다른 공동체들이 결여하고 있는 공권력을 보유하고 있을 뿐만 아니라 가장 강력하고 생생한 상징을 통해 시민들의 의식 속에 국가의 요구 사항을 각인시킬 수 있다. 여기서 상징(symbol)의 의미는 매우 크다. 국가는 국가적 의식과 행사를 통해, 군사력의 과시를 통해, 권위와 위엄의 상징을 드러내며, 이러한 상징들은 시민들의 경외심을 불러일으킨다. 애국심이라는 시민들의 감정을 통해 무한한 힘을 얻게 된 국가는 정치공동체의 전망과 목표를 실현하기 위해서 국가권력을 사용할 수 있는 전권을 위임받게 되는 것이다(Niebuhr, 1960: 92). 따라서 오늘날 시민들의 일차적 충성의 대상은 세계공동체도 아니고 국가보다 작은 규모의 공동체도 아닌 국가라는 점이다.

그렇다면 이와 같은 세계시민성 관념의 공허함과 현실적 한계에도 불구하고 최근 시민교육을 통해 세계시민으로서의 자질과 태도에 다시금 주목하고 있는 배경은 무엇인가? 그것은 무엇보다도 세계시민성 관념과 세계시민교육의 이념적 토대인 세계시민주의(cosmopolitanism)가 지닌 강력한 선험적 호소력에서 그 이유를 찾을 수 있다. 세계시민주의는 한 개인이 바쳐야 할 충성의 일차적 대상이 인류공동체라고 주장한다. 그리고 인류공동체를 구성하고 있는 모든 구성원의 가치는 동등하게 존중되어야 한다고 본다. 이러한 의미에서 세계시민주의는 보편적 인권 가치를 옹호하기 위한 노력과 잘 결부된다. 세계시민주의는 멋있고 고상한 울림을 지닌다. 세계시민주의의 의의를 정리하면 다음과 같다.

첫째, 세계시민주의는 모든 인간에게 내재되어 있는 이성을 근거로 인류의 단일성을 도출하고 있다. 세계시민주의는 신과 인간을 포함하여 우주를 지배하는 원리가 로고스(logos), 즉 이성이라고 본다. 그리고 우리가 세계시민으로 살아야 하는 이유는 우리에게 선험적으로 내재되어 있는 보편적 이성 때문이라고 주장한다. 모든 인간에게 내재되어 있는 이성은 신의 속성이기도 하며, 우주의 원리이기도 하다. 따라서 모든 인간은 이성을 통해 단일성을 보장받을 수 있다. 고대 그리스 로마 시대의 철학자들은 인간 본성에 내재된 이성을 통해 세계시민주의의 실현이 가능하다고 보았다(강성률, 2018: 11-14).

둘째, 세계시민주의는 평화적 공존을 위한 당위적 요청이다. 전 인류에게 커다란 고통과 충격을 던진 두 차례의 세계대전을 통해 세계인들은 전쟁과 평화가 인류 공동의 문제라는 것을 인식하게 되었다. 세계시민주의는 전쟁과 폭력, 부정의로 인한 인류의 공멸을 방지하고, 평화를 통해 공존과 공생을 모색할 수 있는 이념적 토대가 될 수 있다. 실제로, 칸트(I. Kant)가 궁극적으로 지향하는 목적이나 그가 주장하는 국제법적 합의의 의의를 고려한다면, 그의 세계시민주의는 지구적 차원의 평화를 위한 정치적 기획이라고 평가할 수 있다.

셋째, 세계시민주의는 지구적 차원의 문제 해결을 위한 현실적 요구에 부응할 수 있다. 19세기 유럽의 산업화에 뒤이은 열강들의 식민지 개척은 전쟁과 비인도적 식민통치, 빈부격차 등의 지구적 문제를 수반하였다. 여전히 세계 도처에서 일어나는 환경파괴와 자연재해, 경제 양극화, 다국적 기업의 횡포, 핵 확산과 테러의 위협, 난민 문제, 바이러스의 대유행 등은 전 지구적 차원의 관심 그리고 연대와 협력을 통해 해결되어야 할 문제들이다. 따라서 인류 공동의 문제의식과 대응이 필요하며 그 과정에서 세계시민주의에 관한 관심과 요청은 필수적이다.

2. 세계시민주의의 이념적 토대

1) 견유파의 세계시민주의

모든 인류가 개별 국가의 경계나 민족의 차이를 초월하여 인류애를 발휘해야 한다는 사상은 기원전 4세기경 고대 그리스로 거슬러 올라간다. 당시 이와 같은 세계시민주의와 세계시민의 이념을 명시적으로 드러낸 최초의 사상가들이 바로 견유파(Cynic)[1]와 스토아(Stoa)학파의 철학자들이다. 그리고 스토아학파에 나타난 평등의 이념과 세계시민주의의 기초를 제공한 것이 견유파 철학자들이다. 견유파의 안티스테네스(Antisthenes), 디오게네스(Diogenes) 등은 일상화된 사회적 관습과 제도를 거부하고 금욕적인 삶을 살고자 하였다. 대다수 그리스 남성들의 정체성의 토대였던 폴리스(polis)라는 정치공동체 또한 이들이 회의적으로 바라보았던 사회적 관습 가운데 하나였다.

견유파가 더 중요시했던 공동체는 전통적 폴리스를 넘어서는 우주적 공동체, 즉 코스모스(cosmos)였다. 견유파의 세계시민주의는 바

---

[1] 견유파의 희랍어 어원 *hoi kynikoi*를 직역하면 '개와 같은 자들'이다. 시노페(Sinope)의 디오게네스(Diogenes)는 소크라테스처럼 어떤 학파도 만들지 않았다. 학파는 하나의 인위적 제도라고 할 수 있다. 견유파의 이념이 모든 인위적 제도의 거부라는 점을 고려한다면, 견유학파보다는 견유파로 번역하는 것이 타당할 수 있다. '학파'와 달리 '파'는 제도적 조직의 의미가 없고, 특정 사상을 공유하는 사상적 족보 혹은 이념적 공동체를 뜻한다는 점에서 견유파의 이념에 부합하는 우리말 번역어로 보인다(이창우, 2000: 185-186 참조).

로 이러한 우주, 즉 코스모스를 공동체의 기반으로 하고, 거기에 속하는 모든 인류를 동료 시민으로 간주해야 한다는 이념을 표방하고 있다. 따라서 시민들의 공동체는 도시와 국가를 넘어 세계로 확장된다. 이처럼 견유파가 사용한 세계시민주의의 이념 속에는 오늘날 우리가 사용하는 세계시민의 의미가 담겨 있다.

더욱이 견유파의 세계시민주의는 단지 선언적 의미에 국한되거나 하나의 아이디어에 불과한 것이 아니었다. 견유파는 세계시민주의의 이상을 몸으로 실천하고 그 이념에 따른 삶을 살고자 하였다. 견유파의 세계시민주의는 새로운 공동체적 삶의 이념이었고, 이를 통해 플라톤(Platon)과 아리스토텔레스(Aristoteles)로 대표되는 고전적 그리스 사상을 극복하고자 하였다. 즉, 전통적 폴리스 개념을 근간으로 하는 고전적 사상의 범주를 벗어나고자 한 것이다. 이는 견유파의 세계시민주의가 보수적 세계관과 가치관에 도전하는 하나의 도발적이고 실천적인 프로그램의 성격을 지녔다는 것을 의미한다.

디오게네스(Diogenes)가 "나는 세계시민"이라고 답했을 때, 이것은 그가 전통적으로 그리스 남성들의 정체성의 근간이었던 지역적 출신과 소속 집단에 따른 규정을 거부하고자 한 것이다. 대신에 그는 좀 더 보편적인 열망과 관심사에 따라 스스로를 규정하고자 한 것이다(Nussbaum, 1996: 7). 이처럼 디오게네스는 어느 곳에서든지 그리고 모든 사람 사이에서 – 심지어 인간 이외의 모든 자연적 존재들 사이에서 – 자신의 자유와 행복을 추구하고자 하였다.

이러한 디오게네스에게 전통적 의미의 폴리스는 자연에 반하는 것이었다. 그는 그리스에서 전통적으로 내려오는 정치 사회적 질서들을 부정하면서 폴리스를 잘못된 국가로 규정하였다. 시민의 권리와 자유인의 자격은 성(性), 혈통, 사회적 신분 등의 외적 요인에 의해 제한받지 않는다. 따라서 기존의 그리스 폴리스는 더는 제대로 된 공동체, 즉 시민들의 자유와 자족을 구현해 주는 사회적 틀이 될 수 없다(이창우, 2000: 194). 더욱이 그는 현존하는 모든 폴리스에 대한 부정적 태도를 넘어 이를 대체하는 새로운 폴리스의 이념을 표명하였다.

견유파의 폴리스는 일종의 이념 공동체이다. 견유파의 이념을 지니고 견유파의 삶을 사는 사람이라면 그는 이미 견유파의 공동체 안에 들어와 있다. 따라서 견유파의 삶의 양식을 구현하는 사람은 성(性), 혈통, 나이, 신분, 교육 수준과 관계없이 새로운 폴리스의 시민이라고 할 수 있다. 견유파 폴리스의 시민은 그 어느 곳에서도 동일한 시민이다. 예를 들어, 견유파의 삶을 사는 아테네의 자유인과 그와 삶의 양식이 같은 이집트의 노예는 신분과 사회적 위상에서 커다란 차이가 있다. 하지만 두 사람은 같은 견유파 폴리스의 시민이다. 그들은 서로가 한 번도 만난 적이 없다 하더라도 서로에 대해 동일한 연대의식을 가지고 있다. 이러한 연대의식은 완성된 견유파 구성원에 대해서만 가지는 것이 아니다. 누군가의 삶이 아직 견유파의 삶의 양식으로 전환되지 않았다 하더라도 언젠가 완성될 가능성을 가지고 있는 한, 연대 의식을 공유할 수 있는 자격이 있다고 보고 있다.

견유파 철학자들은 자신을 둘러싸고 있는 세계에 관한 총체적 사유를 중시하였다. 견유파는 완성된 인간들의 상호 관계, 완성된 인간과 미완성된 인간의 관계, 인간과 동물의 관계뿐만 아니라 인간과 신의 관계까지 통일적으로 조망하고 사유하고자 하였다. 모든 그리스인과 마찬가지로 견유파 철학자들에게 신은 자족성과 행복의 이상적 모델이다. 완성된 인간으로서의 견유파 철학자 자신은 신의 닮은

꼴이고, 신의 친구이다(이창우, 2000: 193). 완성된 인간으로서의 견유파 철학자들과 신들은 동질적 관계, 즉 우애(philia)로 엮여 있다. 이들 양자가 코스모폴리스(cosmopolis)의 가장 주요한 구성원들이다. 요컨대, 우주는 신들과 견유파 철학자들의 집이다.

하지만 일부에서는 견유파의 이와 같은 세계시민주의 이념을 제한적으로 평가하기도 한다. 이러한 시각에 따르면, 견유파의 *kosmos*는 말 그대로 우주, 자연 전체를 가리키는 것이지 인류의 거주 공간을 의미하지는 않는다. 그리고 그들이 사용한 *kosmopolites*라는 말도 오늘날의 세계시민이라기보다는 지역적 연고로부터 독립되어 우주와 연관을 맺고 살아가는 현자의 이미지를 표현한 것이다. 이러한 맥락에서 견유파 철학자들의 경우, 전통적으로 폴리스가 지닌 영향력을 의식 속에서 극복하고자 한 측면은 있지만, 세계시민의 관념이나 세계시민주의의 이상을 서구 지식인들과 일반 대중에게 본격적으로 알린 것은 스토아학파라고 주장한다(성염, 1999: 25-62).

2) 스토아학파의 세계시민주의

스토아학파의 사상은 견유파와 많은 공통점이 있다. 자연에 따른 삶의 양식, 현자와 우중의 이분법, 외적 선 - 건강, 재산, 사회적 신분, 정치적 명예 등의 경시가 그것이다. 그리고 바로 세계시민의 이념 또한 그 가운데 하나이다. 디오게네스를 계승한 스토아학파는 국적이나 민족적 소속감, 신분, 성별의 차이가 우리와 우리 동료들 사이의 경계선이 되어서는 안 된다고 주장한다. 우리는 인간의 속성이 어디에서 나타나건 그것을 인정해야 하며, 인간성의 필수적 요소인 이성과 도덕적 능력을 존중해야 한다고 주장한다.

　스토아학파는 디오게네스의 세계시민 관념을 한층 발전시켜 우리는 모두 사실상 두 개의 공동체, 즉 우리가 출생한 지역 공동체와 인간적 주장과 열망의 공동체에 살고 있다고 주장한다. 인간적 주장과 열망의 공동체는 우리가 모든 구석을 볼 수는 없고, 태양으로 우리의 국경선을 측정하는 위대한 공동체라고 할 수 있다. 바로 이러한 공동체가 우리의 도덕적 의무의 근본적 원천이다. 따라서 우리는 정의와 같은 가장 기본적인 도덕적 가치를 존중하면서 모든 인류를 우리의 동료 시민이자 이웃으로 간주해야만 한다고 주장한다(Nussbaum, 1996: 7).

　이 공동체를 묶어주는 통합적 원리가 바로 로고스(logos), 즉 이성이다. 이성은 코스모폴리스의 법, 즉 스토아의 용어로는 자연법이다. 스토아학파는 우주 전체에 이성을 담은 신의 원리가 충만해 있고, 그 이성이 모든 인간에게 지성으로서 영혼마다 깃들어 있다고 보고 있다. 결국 인간이 이성이라는 로고스를 공유하고 있다는 사실로부터 인류의 단일성을 논하는 근거를 찾고 있다(성염, 1999: 32).

　키케로(Cicero)는 이성과 공통의 법을 토대로 인류의 단일성을 주장한다. 그에 따르면, 인간은 자신의 이성을 통해 우주 세계의 보편적 이성, 즉 자연의 본성을 인식한다. 그리고 이를 신과 나누어 가짐으로써 신들과 우주적 차원의 공동체를 이룰 수 있다. 누구든지 진실한 인간이 되고자 한다면, 이성 능력에 근거한, 즉 인간이 자신 안에서 발견하고 자신에게 부여한 자연의 법칙을 존중해야 한다. 우주적인 자연 질서에 의하여 인간은 태어날 때부터 평등하다. 따라서 그리스인과 이민족, 주인과 노예 사이에 존재하는 신분상의 차별은 없어져야 한다. 나아가 모든 인간은 동일한 존재이기 때문에 인류는 단 한 명의 예외도 없이 박애주의를 지향하는 이성적 세계국가에 속한다.

> 여러 종류와 본성의 생물들 가운데서 유독 인간만이 이성과 사유를 갖추고 있으며 그 밖의 다른 것들은 모두 그것을 갖추고 있지 못하다…. 그런데 이성보다 좋은 것은 아무것도 없고 사람과 신에게 공통으로 있으므로 인간이 신과 맺는 첫 번째 친교는 이성으로 맺어지는 친교다. 신과 인간 사이에 이성이 공통된 이상, 그들 사이에는 올바른 이성이 공통된다. 그리고 올바른 이성이 곧 법이므로, 인간들은 법에 따라서 신들과 맺어져 있다고 여겨야 한다. 그들 사이에 법의 친교가 있는 만큼 그들 사이에는 또한 정의의 친교가 존재한다. 그들에게 이 모든 것이 공통되므로 또한 같은 국가를 갖고 있다고 할 것이다. 그리하여 우주, 곧 이 세상이 신들과 인간들에게 공통된 단일한 국가라고 여겨야 한다(Cicero, De legibus, 1.7.22-23; 성염, 1999: 48-49 재인용).

스토아학파에 따르면, 이 세상에 존재하는 어떠한 사회조직도 올바른 합리성에 의해 질서 지워진 것은 없다. 그래서 스토아학파는 기존의 공동체에 폴리스라는 용어를 사용하지 않았다. 오히려 코스모폴리스야말로 올바른 이성에 의해 질서 지워진 곳이다. 코스모폴리스가 진정한 의미의 폴리스이다. 이처럼 스토아학파의 폴리스는 전 우주를 포괄하는 개념이며, 여기에는 인간이나 동물뿐만 아니라 모든 생명체와 지구, 별, 심지어는 신들까지도 포함된다(오유석, 2013: 82).

코스모폴리스에서는 현자(sophos)와 우중이 모두 그 구성원들이다. 현자는 자신의 잠재적 이성을 완전히 현실화시킴으로써 완성된 이성적 존재이다. 현자는 신들과 우애를 누린다. 하지만 잠재적인 이성적 존재인 우중 또한 코스모폴리스의 시민이다. 우중은 점진적 향상을 통해 현자로 나아갈 수 있다. 그러므로 우중과 현자는 모두 코스모폴리스의 시민이 될 수 있는 것이다.

> 스토아학파를 창설한 제논의 『국가론』은 한 가지 요점을 겨냥하고 있으니, 거처를 정하는 우리의 방식이, 자기 나름대로 특정한 법률의 체제를 가진 국가나 국민에게 바탕을 두어서는 안 된다는 것이었다. 오히려 우리는 만인을 시민으로 생각하고 국민의 일원으로 간주할 것이며, 마치 가축들이 공통의 법과 목축으로 한데 모아지고 사육되듯이, 만인에게 단일한 생활양식과 단일한 세계가 있어야 한다는 것이었다(Armin, 1903-1904: 1,262; 성염, 1999: 37 재인용).

누군가 아직 현자는 아니라 하더라도, 그가 인간인 이상 피부색, 성(性), 가문, 지역 소속, 사회적 신분과 관계없이 이미 나와 친족의 관계를 맺고 있다. 이 친족관계는 이성 능력의 가능성이라는 인간 종의 특징에 기초한다. 이 친족관계로 인해 나와 그는 동일한 폴리스의 시민이다(이창우, 2000: 196). 이처럼 스토아학파의 코스모폴리스 이념은 견유파와 마찬가지로 강한 휴머니즘의 요소를 지니고 있다.

초기 스토아학파가 코스모폴리스의 이념에 관심을 집중했다면, 중기의 스토아학파는 현실 세계에서 평범한 인간이 행해야 하는 의무에 더 주목한다. 예컨대, 파나에티우스(Panaetius)는 개인의 자족보다는 공적 의무사항의 완수를 보다 중시하면서, 인류의 단일성, 남성과 여성의 동등성, 동료 인간에 대한 자선 그리고 법 앞의 평등을 주장하였다. 현자와 우중 모두 이성적 존재로서 형제자매와 같다고 보면서 인류의 단일성을 강조하고 있다. 이러한 입장은 키케로에게서도

나타난다:

> 스토학파의 철학자들은 세상이 신들의 명령에 따라서 지배되고 있는 것으로, 세상은 마치 신과 인간의 공동 도시요 국가로 파악합니다. 우리가 사는 세계는 자연히 그런 세상의 일부에 불과하므로 우리 자신의 이익보다는 공동의 이익을 우선시해야 한다고 그들은 말합니다. 마치 법률이 만인의 안녕을 개인의 안녕에 우선하는 것처럼, 선하고 현명한 자는 법률에 복종하고, 시민의 의무에 게으르지 않고, 만인의 유익을 개인의 이익이나 자신의 이익보다 더 중요하게 여깁니다. 따라서 국가를 위해서 죽음을 택한 사람이 칭찬받는 이유는 우리에게는 우리 자신보다 조국이 더 소중하다는 것이 지당하기 때문입니다(김창성, 1999: 151).

후기 스토아학파를 대표하는 철학자는 노예 출신의 에픽테투스(Epictetus)와 마르쿠스 아우렐리우스(Marcus Aurelius) 등이다. 이들의 세계시민주의는 강조점의 차이에도 불구하고, 공통으로 이성을 공유하는 인류의 단일성을 주장한다. 에픽테투스는 인간이 신과 혈족이라는 관념을 바탕으로 양자를 결속시키려 하며, 아우렐리우스는 지성을 공유하고 공동의 법을 소유한다는 점에서 세계시민의 관념을 도출하고 있다(성염, 1999: 50-58).

3) 칸트의 영구평화론

칸트(I. Kant)는 계몽주의 시대에 세계시민주의의 이상을 피력한 가장 유명한 철학자이다. 그의 세계시민주의는 무엇보다도 모든 인간이 이성을 공유하고 있으므로 그들을 동일한 하나의 시민으로 대할 것을 강조한 스토아학파의 세계시민주의와 많은 부분에서 유사하다. 칸트는 스토아학파의 철학자들과 마찬가지로 인간은 누구나 합리적 인간성을 지니고 있으므로 그가 어디에 거주하든 똑같은 목적적 존재로 취급받아야 한다고 주장한다(Nussbaum, 1997: 4-5).

세계시민주의에 입각한 칸트의 새로운 국제질서의 구상은 오늘날까지도 국제정치와 국제관계 이론에서 중요한 사상적 원천이 되고 있다. 칸트의 사상은 국제연맹의 창설에 직접적인 영향을 주었을 뿐만 아니라 유럽연합, 인권목록, 조약에 의한 국제법의 보장 등의 기반을 마련하였다(김종기, 2007: 329). 그리고 그가 제시한 세계시민권 속에는 세계의 모든 시민이 어디에나 여행하고 체류할 수 있는 권리, 어디서나 적대적으로 대접받지 않을 권리, 지구에 대한 공동의 권리와 책임 등이 포함된다. 이는 고대 그리스 로마에서 시작된 시민권 관념을 세계적 차원으로 확대한 것이며, 나아가 근대 철학에서 추상적 원론적 수준에서만 논의된 세계시민주의를 보다 구체화하고 실제적인 법적 제도적 구상으로 발전시킨 것이다(신진욱, 2010: 100).

칸트는 1795년 『영구평화론』을 통해 모든 국가가 자기 이익만을 추구하면 만인에 대한 만인의 투쟁 상태로 귀결될 것이라고 보고, 이러한 상황을 이성적으로 극복하여 평화공존으로 나아가는 방안들을 제시하고 있다:

> 인간은 누구에 대해서나, 그 타인이 나에게 위해를 가하는 경우를 제외하고, 결코 적대 행위를 해서는 안 된다. 이것은 쌍방이 공히 시민적·합법적 상태에 있는 경우에는 분명히 합당한 일이다. 왜냐하면 타인은 이러한 상태에 들어와 있음으로써 나에 대해 필요한 보장이 주어져 있기 때문이다. 그러나 순수하게 자연상태에 있는 인간(또는 민족)은 바로 이 자연상태에

서 그가 내 곁에 있음으로써, 이미 나로부터 이러한 보장을 빼앗고 나에게 위해를 가하는 것이 된다…. 그때 나는 그가 나와 함께 공통적·합법적 상태에 들어가든가 아니면 내 곁을 떠나든가를 요구할 수 있다…. 즉 서로 상호 교류가 가능한 인간은, 하나의 공통적 시민적 체제에 속해 있지 않으면 안 되는 것이다(박환덕·박열, 2018: 34-35).

그렇다면 세계시민사회와 평화공존은 어떠한 방식으로 가능할까? 무엇보다도 그는 국가 간의 계약 없이는 어떠한 평화도 보장받을 수 없다고 주장한다. 다만 칸트는 국가들 사이의 관계가 일시적인 전쟁을 끝내게 되는 평화조약(pactum pacis)을 넘어, 영원히 전쟁을 종식할 수 있는 평화연맹(foedus pacificum)이어야 한다고 주장한다. 평화조약은 단지 휴전 아니면 적대 행위의 연기에 불과할 뿐, 적대감의 종식을 의미하는 평화가 아니라고 보기 때문이다(박환덕·박열, 2018: 54). 그리고 국가 간의 연맹은 특정 국가의 권력 획득을 위한 것이 되어서는 안 되며, 어디까지나 모든 국가의 자유를 유지하고 보장하기 위한 것이어야 한다. 이러한 평화연맹은 개별 국가의 자유를 보호하며, 타 국가들의 자유도 보호하고 지속시켜 준다. 칸트에 따르면, 이와 같은 평화연맹의 이념이 점차 모든 국가로 확산하면서 영구평화의 길이 실현된다.

칸트는 국가들 사이의 무정부 상태도 원치 않았으며 제국주의도 원치 않았다. 그는 국가들이 각기 인격체로서 자유를 지니고 서로가 도덕적 성숙을 통하여 법으로 조화를 이루는 상태로서의 세계공화국을 이념적으로 지향하고 있다. 하지만 국제관계가 자연상태를 넘어서 법 상태에 이르기 위해서는 단일 세계국가(Völkerstaat)나 연방국가로서의 세계공화국이 아닌 국제연맹(Völkerbund)의 형태를 지녀야 한다고 주장한다(박환덕·박열, 2018: 55). 그의 국제연맹은 국가주권, 국가평등, 국가 간 불간섭 원칙에 입각한 국제질서를 마련하기 위한 것이었다.

칸트가 세계국가 대신에 국제연맹을 주장한 것은 세계국가의 실현이 불가능한 이상이기 때문이 아니라 세계국가의 등장으로 개별 국가들의 자유가 상실되는 것을 우려했기 때문이다. 그는 주권이 연방정부에 있는 세계공화국보다는 주권이 여전히 개별 국가에 있는 국제연맹에 치중함으로써 국가주권과 국가들 사이의 평화를 동시에 마련하고자 하였다. 이러한 연맹을 통해 평화적 세계질서가 형성된다면, 각국의 시민은 자국의 법적 질서를 통해 자유롭고, 평등하고, 자립적인 지위를 보장받을 수 있을 뿐만 아니라 타국에 의해 이러한 지위를 위협받지 않을 수 있다고 보았다(박환덕·박열, 2018: 55).

칸트가 주장하는 세계시민주의의 핵심은 이성의 공적 사용이다. 그의 세계시민주의는 개인적 차원에서 공적 이성의 사용을 통한 자유의 실현과 국가적 차원에서 국제연맹을 통한 세계시민권의 보장을 핵심으로 하고 있다. 요컨대, 칸트는 누구든 이성을 공적으로 사용할 때 완전한 공동체 또는 세계시민사회의 일원이 된다고 보았다. 결국 이는 이성의 공적 사용을 통한 완전한 시민적 정체와 세계시민사회는 별개일 수 없다는 것이다(장동진·장휘, 2003: 201). 그는 『계몽이란 무엇인가에 대한 답변』에서 다음과 같이 말한다:

> 계몽을 위해서는 자유 이외의 다른 어떤 것도 필요하지 않다. 그리고 그것은 자유라고 이름할 수 있는 것 중에서도 가장 해가 없는 자유, 즉 모든 국면에서 그의 이성을 공적으로 사용할 수 있는 자유이다… 이성의 공적인 사용은 언제나 자유롭지 않으면 안 된다. 이 이성의 공적인 사용만이 인

류에게 계몽을 가져올 수 있다…. 공동체의 이해가 걸려 있는 많은 일은 어떤 기계적 장치가 있어야 하는데, 공동체의 구성원들은 이 장치에 의해 단지 수동적으로 정부의 명령대로 그 일을 수행할 수밖에 없다…. 그러나 기계 장치의 한 부분이 자신을 전체 공동체의 한 구성원으로서, 혹은 세계시민사회의 한 구성원으로서 간주하는 한에서, 그리고 저작을 통해 대중에게 이야기하는 지식인의 자격으로서는 그는 확실히 논의할 수 있다(이한구, 2009: 15-16).

칸트는 개인의 자유와 자율성을 공동체의 보편적, 법적, 형식적 질서로 통합하고자 하였다. 따라서 그의 세계시민주의는 그 자체만으로 독립적으로 평가할 수 없으며, 일련의 전체적인 철학적 기획 속에서 파악할 필요가 있다. 말하자면, 칸트의 인간 행위의 도덕성은 사람들이 세계시민으로서 스스로를 인식할 수 있는 정치사회를 전제할 때만 작동할 수 있다는 것이다. 이러한 맥락에서 그의 세계시민주의 이념은 단순히 국제사회에서 평화를 유지하기 위한 하나의 방안을 넘어, 주관과 객관을 통합하는 인식론적 프로젝트를 완성하기 위한 전체적인 도덕적 기획의 일부라고 할 수 있다(장동진·장휘, 2003: 197-203).

하지만 칸트의 국제연맹에 입각한 세계시민주의의 이상에 대하여 피히테(J. G. Fichte)는 『폐쇄된 상업국가(Der Geschlossene Handelsstaat, 1800)』에서 자유로운 국제무역이 허용되는 칸트의 국제연맹 체제에는 침략의 위험이 항상 도사리고 있다고 지적한다. 그는 상업정신이 전쟁을 극복하는 것이 아니라 오히려 전쟁을 심화시키고 있다고 비판한다. 칸트는 국가 간의 부의 불균형이 낳고 있는 문제점에 대하여 세계평화와 관련하여 구체적이고 적극적인 논리를 전개하고 있지 못하다는 것이다. 헤겔(G. W. F. Hegel) 또한 국가 간에 현실적으로 발생하는 갈등을 칸트처럼 도덕적이고 종교적인 차원에서 해결하려고 하면 국제관계는 우연성에 좌우되며 따라서 국제연맹 이론은 허약할 수밖에 없다고 비판하고 있다(김석수, 2004: 255).

3. 세계시민성 논의의 배경

1) 세계화와 상호의존의 심화

컴퓨터와 뉴미디어의 출현 그리고 이를 기반으로 하는 고도의 정보통신 기술은 인간 삶의 전 영역과 사회에 엄청난 변화를 초래하였다. 디지털 혁명을 통해 아날로그 방식의 의사소통 문법이 더 효율적이고 명료한 디지털 방식으로 전환되었으며, 산업사회의 물질과 상품을 대신해서 지식과 정보가 가치의 새로운 원천이 되었다. 정보의 생산, 저장, 분배와 관련된 산업이나 활동이 새로운 경제의 중심이 되었다. 그 결과 고도의 통신기술과 SNS 등이 일상화되면서 정치, 경제, 사회, 문화 등의 거의 모든 생활 영역을 지배하게 되었다.

다원화, 분권화, 네트워크화 등을 특징으로 하는 급속한 사회 변화는 특정 국가 내에서뿐만 아니라 외부 환경과 국가 간의 관계에도 영향을 미치면서 이른바 세계화를 조장하고 촉진하고 있다. 무엇보다도 정보화와 세계화를 거치면서 개별 국가의 지리적 경계를 가로지르며 하나의 세계를 추동하고 단일의 세계 경제체제를 형성하고 있다. 이것은 과거 단순한 국제적 분업체계 이상의 의미를 부여하면서 인류의 삶을 규율하고 있다.

세계화는 21세기의 화두다. 하지만 상당한 개념적 혼란을 빚고 있는 것 또한 사실이다. 그것은 우리의 의지와는 관계없는 경험적 사실이기도 하며, 다른 한편으로는 우리가 추구해야 하는 당위적 명제일 수도 있다. 하지만 세계화가 엄연한 현실이고 실제 상황이라는 점은 분명하다. 세계화는 흔히 자본, 노동, 상품, 기술, 정보, 이미지, 환경이 주권과 국경의 벽을 넘어서 조직, 교환, 조정되고 있는 현상을 의미한다(임혁백, 2000: 64). 달리 표현하자면, 전 지구적 상호의존의 심화 또는 국지적인 것들 상호 간의 사회적 관계가 세계적으로 확대 심화하여 어느 한 곳에서 일어나는 일이 다른 곳에 영향을 주고받는 현상을 말한다(Giddens, 1990: 64).

세계화 현상에 관한 논의는 기본적으로 자본주의 경제를 중심으로 하는 세계 경제체제의 형성과 관련되어 있다. 과학기술의 발달은 교통과 통신 및 정보처리 기술 등을 발전시켰고 이로 인해 국경을 초월한 사람, 물자, 자본 및 정보의 소통과 교류가 쉽고 활발해졌다. 그 결과 시장 기능이 공간적으로 확장되고 심화됨으로써 경제 주체 간의 상호의존성이 증대되었다. 물론 세계 경제체제가 형성되는 과정에서 국가 간의 과도한 경쟁과 갈등, 이해관계의 충돌에 따른 역기능이 제기되고도 있지만 전 지구적 차원에서 경제질서의 새로운 패러다임이 형성되고 심화되었다.

그러나 세계화는 경제 영역에서의 표준화의 확대나 상호의존의 심화와는 달리 정치적, 문화적 영역과도 관련된 매우 복합적인 현상이다. 우선 세계화 현상의 가속화로 지리적 경계를 기반으로 하는 근대국가 관념이 변화되었다. 왜냐하면 세계화는 근대 역사를 통해 인간의 가장 포괄적이고 강력한 조직체로 자리 잡은 영토국가의 기능이 약화되고, 그 대신 인간의 삶의 공간이 전 지구적 차원으로 확대되는 과정이기 때문이다. 이처럼 근대를 통해 인간의 집단적 행위에 있어 가장 기본적인 원리였던 민족국가의 영토적 주권이 그 본래의 배타적 기능을 상실하고 있는 것이 바로 세계화이다.

개별 근대국가를 단위로 하는 국제체제에서 국가는 일정한 영토 내에 있는 인적 물적 자원에 대한 통제력을 가지며 대외적으로는 절대적인 주권을 행사해 왔다. 하지만 시장 기능이 전 지구적으로 급속히 확대되면서 국가의 이와 같은 규제적 속성이 약화되고 주권의 절대성과 영토 관념이 희박해지는 것이 바로 세계화 문제의 본질 가운데 하나다. 즉, 세계화 현상은 시장 메커니즘의 확산과 그에 따른 인적 물적 자원 및 정보의 이동으로 근대국가의 속성인 영토성과 주권의 의미가 희석되는 현상이라고 말할 수 있다.

세계화가 진행되면서 국가의 위상 변화는 불가피하다. 개별 국가의 영토적 경계와 국가체제 및 주권이 여전히 유지되고는 있지만, 과거보다는 그 위상이 약해지고 있다. 하지만 이러한 상황은 국가 역할의 종언이라기보다는 지금까지 당연시되어 온 국가의 역할과 기능에 대한 인식의 변화라고 할 수 있다. 세계화는 영토적 국가와 국민과의 관계에 기초한 근대국가의 시민성 관념의 변화를 요구하고 있다. 국민국가적 시민성의 테두리를 뛰어넘어 인류가 해결해야 할 과제들이 많아지면서 지역적 경계와 정체성을 넘어서는 새로운 시민성의 정립이 필요하게 된 것이다.

문화적 영역에서 진행되고 있는 뉴미디어의 급속한 발달과 확산

그리고 그에 따른 글로벌 스탠더드의 중요성은 국가 단위의 문화적 경계를 허물고 있고, 그 결과 우리의 일상에서도 세계화된 생활양식이 일반화되고 있다. 문화는 응집력이 매우 강해서 다른 문화의 유입에 매우 완강하고 개방에 보수적이다. 하지만 이제는 어떠한 민족이나 국가도 자신의 문화 속에 갇혀 살 수 없는 시대가 되었다. 세계는 이제 하나가 되어 가고 있고 지구상의 모든 사람은 원하건 원치 않건 간에 지구촌의 한 시민으로서 살아갈 수밖에 없다. 이것은 자신의 고유한 문화를 유지하면서 그것을 넘어서는 또 하나의 지구적 문화와 연결되어 있다는 것을 의미한다(이환, 1999: 201).

이러한 추세와 함께 세계화는 또한 특정 문화의 패권적 지위와 주변 문화의 후진성과 야만성에 기초한 이분법적 세계관에도 영향을 끼치고 있다. 국가 사이의 문화적 우열에 기초한 차별적 인식에서 벗어나 문화와 문화 사이의 같음과 다름에 주목하는 가운데 다양한 문화의 인정을 넘어 공유와 공존이 강조되고 있다. 경제의 표준화와 단일화는 국가 간의 정치적 이념적 대립과 대결을 약화시킬 수 있다. 하지만 개별 국가의 문화적 특수성에 기초한 지역화 현상이 더욱 가속화될 수 있고, 이것이 문화 간의 충돌로까지 이어질 수 있는 것이 세계화의 모습이다(Walzer, 1994: 89-91). 이렇게 본다면 세계화는 경제적 영역에서 보듯이, 하나의 보편적 표준으로 수렴하는 것 이상의 의미가 있다. 요컨대, 세계화는 단선적으로 진행되는 것이 아니라 개별 국가의 다양한 정치적 문화적 특수성이 결부되고 반영되는 중층적이고 복합적인 현상으로 전개되고 있다.

21세기 세계시민성과 세계시민에 관한 관심이 새삼스럽게 증가하고 있는 배경 가운데 하나는 이처럼 세계화로 지칭되는 거대하고 복합적인 사회변동 과정이다. 요컨대, 지구적 수준에서 진행되고 있는 지역 간 그리고 개별 국가 간의 연결이 심화되면서 여러 국가와 민족이 과거와 비교해 볼 때 유례가 없을 정도로 밀접한 상호작용과 상호의존 관계를 형성하게 되었다는 사실이다(변종헌, 2006: 141-143).

2) 지구촌 위기의 확산

세계시민성과 세계시민에 관한 관심과 논의가 확대되고 있는 또 다른 이유는 여러 가지 지구촌 문제를 제대로 인식하고 해결하기 위해서는 전통적인 국민국가 중심의 사고와 행위를 뛰어넘어야 한다는 요청 때문이다. 과학기술의 발달에 따른 부작용과 인간 삶의 환경의 급격한 변화는 그에 상응하는 복잡다기한 난제들을 야기하고 있다. 그리고 이와 같은 문제들은 전통적인 사고방식과 세계관으로는 해결할 수 없는 매우 복합적이고 체계적인 특성을 지니고 있다(이용필 외, 1999: 17-24). 말하자면, 특정 지역이나 개별 국가의 경계 내에서 발생하고 해결될 수 있는 성질의 것이기보다는 다른 지역이나 국가에까지 파급되거나 영향을 미칠 수 있다는 점에서 체계적인 문제라고 할 수 있다. 따라서 최근 인류가 직면하고 있는 문제들은 특정 사회나 개별 국가 단위의 처방을 넘어서는 전 지구적인 차원의 접근과 상호 협력을 통해서 해결될 수 있는 것들이다.

현대사회는 다원성, 복합성, 상호의존성이 증대되고 있으며 따라서 인류가 직면한 지구촌 문제의 해결을 위해서는 공동의 이해와 노력이 필요하다. 인류가 당면한 문제를 어느 한 개인이나 집단, 국가의 힘만으로는 해결하기 곤란한 경우가 점차 많아지고 있기 때문이다. 결국 21세기 우리가 직면한 당면 문제를 합리적이고 민주적으로 해결하기 위해서는 인류 전체의 생존과 보편적 가치의 관점에서 접근할 필요가 있다. 특정 지역과 국민국가의 특수성과 이해관계만을 지나치게 강조하게 될 경우, 지역 이기주의나 편협한 민족주의에 매몰되어 지구공동체 전체가 추구해야 할 가치를 위협함으로써 오히려 문제 해결을 방해할 수 있기 때문이다.

지구 생태계의 파괴, 인권침해, 전쟁과 갈등, 빈곤과 양극화 등의 문제를 직시하고 해결하기 위해서는 특정 집단이나 지역, 개별 국가의 입장에서 벗어나 인류 전체의 관점에서 그것의 해결을 위해 노력할 필요가 있다. 이는 개별 국가의 특수한 이해관계를 초월하여 보편적인 가치를 추구하고 그것을 위해 행동하는 시민성의 함양을 요구한다. 이러한 맥락에서 요청되는 바람직한 세계시민의 모습은 지구와 인류에 대한 책임감을 가지고 이를 보호하기 위한 참여의식을 가진 존재 또는 초국가적 사회운동에 참여하는 사람이라고 할 수 있다(Heater, 1998: 170-176; Falk, 1994: 132-139).

세계화를 하나의 현상이나 개별 국가가 취하고 있는 혹은 취해야 하는 전략의 차원이 아닌 규범적 차원에서 접근한다면, 세계시민성에 관한 관심이 강력하게 제기되는 이유는 자명하다. 경제적 기술적 차원에서 진행되고 있는 세계화가 개별 국가들 사이의 불평등과 격차를 초래할 수 있다면, 이를 극복하고 보편적 가치에 기초한 세계공동체를 구현하기 위해서 요청되는 것이 바로 세계시민성이기 때문이다.

세계시민성의 형성은 자신의 특수성으로부터 한발 벗어나 자신과 자신이 속한 공동체를 바라보는 태도에서 시작될 수 있다. 세계시민성을 위해서 요구되는 것은 바로 이와 같은 반성적 정체성이다. 결국 세계시민성 관념은 어느 한 개인이나 집단, 국가의 힘만으로는 해결할 수 없는 인류 공동의 문제를 합리적이고 민주적으로 해결하기 위해 그리고 더 나아가 인류 전체의 보편적 가치를 가꾸고 추구하기 위해 요청되는 것이라고 할 수 있다.

세계화가 진행되면서 개별 국가들의 다양한 문화와 가치가 병존하는 가운데 때로는 갈등과 마찰을 빚기도 한다. 그러나 다원주의 추세 속에서도 인류가 공통으로 직면한 문제를 해결하기 위해서는 세계적인 상호의존과 협력이 절실히 요청된다. 세계화가 심화할수록 세계는 더욱 밀접한 상호의존 관계에 놓이게 되고, 인류가 직면한 문제의 범위도 점점 지구 전체로 확대되고 파급되면서 어느 한 국가의 힘만으로는 해결할 수 없는 상황이 전개되고 있다.

따라서 세계화된 인류의 문제를 해결하기 위해서는 편협한 국가 이익의 추구를 지양하고 인류의 공존과 공영이라는 더 넓은 관점에서 해결책을 모색할 필요가 있다. 세계화 시대에는 지구 전체를 고려하는 지구적 세계관 또는 지구적 관점이 요청된다. 세계시민이 되기 위해서는 지구적 관점을 가지고 전체적인 맥락에서 합리적인 판단을 내려야 하고 또 그에 따라 행동하고 연대할 수 있어야 한다.

전통적인 지역 중심적 세계관과 비교해 볼 때, 지구적 세계관에서 핵심적인 것은 지구적 사고를 할 수 있는 자세와 능력이다. 지구적 사고는 세계를 전체적인 관점에서 보고, 인류를 하나의 같은 운명체로 간주하며, 하나의 인류가 미래 세대를 위해 생각하고 행동할 것을 요구한다. 이러한 지구적 사고는 국경을 넘어서는 사고, 초국가적 사고, 상호의존적이고 구조적인 사고 그리고 전체와 미래를 조망할 수 있는 사고이다. 지금의 인류에게 필요한 것은 세계가 하나라는 사실을 깨닫는 것이다. 세계화는 과학기술의 발달과 정보통신 혁명이 가져다준 물리적 차원의 범주를 넘어서야 한다. 하나의 세계를 위해서는 그것과 어울리는 질서와 규범이 필요한데, 세계시민성 즉 세계시민으로서의 소양과 역량이 바로 세계화에 따른 새로운 규범이라고 할 수 있다.

모든 것이 지구적 차원에서 고려되고 논의되는 것이 오늘의 모습이다. 세계화가 과학기술 문명의 발전으로 촉진된 것은 사실이지만, 그 이면에는 전 인류를 하나로 묶는 보편적 가치가 전제되어야 할 것이다. 그것은 바로 인간 개개인이 천부적으로 소유하고 있는 인간으로서의 가치이다. 이처럼 21세기의 시민성은 같은 국민이라는 의식보다는 같은 인간이라는 의식에서 출발해야 한다. 여러 가지 차이에도 불구하고 우리가 모두 다 같은 인간이라는 사실을 인정하는 것, 따라서 모든 인간의 내재적 가치와 존엄성에 대한 동등한 인식이 세계시민주의의 토대가 되어야 한다. 그리고 이것이 바로 세계시민성과 세계시민에 관한 관심이 새삼 제기되고 또한 강조되고 있는 이유라고 할 수 있다(변종헌, 2006: 144-146).

4. 세계시민성 관념의 비판적 검토

정보화와 세계화의 심화는 인류의 삶에 있어서 시공간의 압축을 의미한다. 네트워크화된 세계 속에서 개별 국가의 경계를 넘나드는 활동이 확대되면서 지구공동체에 관한 관심이 커지고 그에 대한 논의가 활성화되고 있다. 이는 근대국가의 전통적 위상과 역할의 변화를 수반하게 되었다. 특정 지역에서 발생한 사안이 국경과 대륙을 넘어 전 지구적인 관심사로 부상하고 있으며, 개별 국가의 노력만으로는 해결할 수 없는 인류 공동의 과제들이 양산되고 있는 것이 오늘의 현실이다. 따라서 전통적 국가시민성의 범주를 뛰어넘는 전 지구적 차원의 시민성에 관한 관심이 제기되는 것은 당연하다.

그렇다면 개별 국가를 근간으로 하는 국가시민성과 구별되는 세계시민성은 실현 가능할까? 국가시민성이 개별 국가의 구성원인 시민들에게 부여된 지위와 권리 또는 그들에게 요구되는 시민으로서의 자질과 태도 등으로 정의된다면, 세계시민성의 근거는 세계시민주의의 규범적 정당화 그리고 하나의 세계정부나 세계국가의 출현 가능성에서 찾을 수 있을 것이다. 그러나 현실적으로 세계시민성의 관념은 공허한 추상적 수사에 머물 수 있으며, 하나의 주권을 지닌 세계국가나 세계정부의 구상 역시 실현 가능하지도 바람직하지도 않은 것으로 보인다(변종헌, 2001: 78).

1) 세계시민주의의 이념적 한계

오늘날 세계시민성의 이상은 이른바 세계시민주의(cosmopolitanism)에서 연원하는 바가 크다. 그 다양성에도 불구하고, 오늘날 세계시민주의는 지구촌에 만연한 갈등과 대립의 불안과 불확실성 속에서 일종의 도덕적 지주의 역할을 하고 있으며 도덕적 평등이라는 관념과 동일시되기까지 하고 있다. 무엇보다도 이와 같은 세계시민주의의 이상과 관련하여 주목할 수 있는 것이 바로 스토아학파의 사상이다.

스토아학파는 모든 사람을 동료로 간주해야 한다고 주장한다. 그리고 한 무리가 공동 목장에서 공동의 규율에 따라 살듯이 인류에게도 하나의 삶과 질서가 있어야 한다고 주장함으로써 오늘날 회자되고 있는 하나의 세계국가라는 관념을 표현하고 있다(Baldry, 1965: 159). 또한 사람들은 두 개의 공화국, 즉 도시국가(city state)와 규모가 큰 코스모폴리스(cosmopolis)의 시민으로 태어나지만, 이 둘 사이에 충성심의 갈등이 나타나게 될 때는 도시국가보다는 코스모폴리스에 대한 시민의 의무가 언제나 우세하다고 봄으로써 하나의 세계국가와 세계시민의 이상을 담지하고 있다(Hill, 2000: 67-69).

이와 같은 스토아학파의 사상은 이후 세계주의 정치이론과 세계시민성의 관념을 강조한 칸트(I. Kant) 등과 같은 계몽주의 사상가들에 의해 다시금 주목받았다. 칸트에게 있어서 세계시민성의 관념은 결코 허황되거나 과장된 것이 아니다. 오히려 세계시민성은 시민법과 국제법을 보완하며 인권과 인류의 영구적 평화를 위해 불가피하다고 보고 있다(박환덕 · 박열, 2018: 137-138). 이러한 칸트의 사상은 가족, 인종, 문화적 집단, 민족, 국가가 아닌 개인을 일차적인 관심의 대상으로 간주하는 세계시민주의의 중심적 교의에 반영되었다.

이후 세계시민주의의 흐름 속에서 개인은 계급, 성(性), 피부색, 종교, 교의 등을 이유로 차별받지 않는 존재로 간주되었다. 이를 기초로 타인에 관한 관심과 배려가 국경선에서 멈추어서는 안 되며, 개인은 국가만이 아니라 다양한 정치체의 구성원이 되어야 하고 따라서 정치적 충성과 헌신이 마을, 지역, 국가와 세계 등으로 폭넓게 확산되어야 한다는 것이 세계시민주의의 주장이다(Pogge, 1992: 58).

그러나 세계시민주의의 사상적 연원이었던 스토아학파의 사상이 포용력을 결여하고 있다는 지적은 세계시민의 관념과 세계시민성의 이상에 대한 비판의 토대가 되고 있다. 이처럼 스토아학파의 편협성을 비판하는 시각에서는 코스모폴리스에 대한 스토아의 애착은 진정한 시민과 친구들을 위한 것이고, 거기서 우애는 현명하고 선량한 사람들 사이에만 존재하는 것이라고 지적한다. 따라서 스토아학파의 사상은 본래 모든 지역의 문화적 다양성을 확대하기보다는 제국의 확장에 더 적합한 철학이었다는 것이다. 말하자면 스토아의 코스모폴리스는 정복을 통해 성취된 것이라고 주장한다(Hill, 2000: 72).

이러한 맥락에서 세계시민주의나 세계시민의 관념에 부정적인 시각에서는 오늘날 논의되고 있는 세계시민의 개념이 세계의 중심부에 있는, 요컨대 서구 자유민주주의 세계의 시민을 지칭하는 것이라고 주장한다. 그리고 이때의 세계란 중심부에서 벗어난 국외자들이 서구적 가치를 인정하고 기꺼이 이에 순응하고자 할 때 합류하고 동참할 수 있는 세계를 의미한다고 보고 있다. 결국 세계시민주의는 국경을 파괴하지도 초월하지도 않는다는 것이다. 대신에 세계시민주의에 내재된 이념적 토대는 특정 지역이나 국가, 즉 서구 세계의 이해관계를 반영한 것에 불과하다고 지적한다.

이러한 시각에 따르면, 세계시민주의와 세계시민성의 확장은 선의의 프로젝트가 아니다. 왜냐하면 그것은 유럽 제국의 역사와 연계된 다분히 유럽적인 관념이기 때문이다. 세계시민성의 이상은 비서구 세계를 문명의 세계로 인도하는 것이 그들의 역사적 사명이라는 서구의 오랜 그러나 왜곡된 역사와 관련이 있다는 점이다. 요컨대, 유럽의 해외 식민지 건설 과정에서 세계시민주의는 식민지 국가를 문명화한다는 사명감(civilizing mission)을 반영한 것이거나 제국주의적 팽창 의도를 은폐하는 이데올로기로 기능했다는 것이다(Pagden, 2000: 3-4).

또한 세계시민주의 관념보다 국가의 주권을 강조하는 사람들은 세계국가나 세계정부가 범할 수 있는 전체주의적 폭력의 가능성에 주목한다. 요컨대, 하나의 세계정부에 대한 구상은 그것이 어떠한 형태이든 전체주의적 기획에 악용될 여지가 있으므로 오히려 국가의 자율성을 강화해야 한다고 주장한다. 세계시민주의는 민족적 고유성과 국가의 자율성이 지닌 긍정적인 면들을 묵살함으로써 보편주의의 폭력을 행사할 수 있다는 것이다. 따라서 이들은 세계시민법의 확립, 인권의 보편적 확장 등에 대해 심각한 우려를 표명한다.

실제로 슈미트(C. Schmitt)는 세계시민주의 사상에 담겨 있는 인권의 보편성이나 지구적 정의라고 하는 것이 또 다른 강대국을 양산하고, 그들이 약소국인 제3세계를 간섭하고 공격하기 위한 전략적 관점으로 전락하게 될 것이라고 지적한다(김효전, 1992: 65-69). 그는 민족적 정체성에 기초하여 세계공동체를 논의할 수는 있지만, 하나의 세계공동체의 필연성을 전제로 그 속에 민족공동체를 예속시키는 것에 대해서는 절대 찬성할 수 없다고 주장한다.

2) 국가 없는 상태에 대한 우려

동일한 운명과 문화를 공유하는 세계시민이나 세계시민성 관념에 회의적인 관점에서는 또한 국가가 없는 상태의 부정적 측면에 주목한다. 국가 없는 상태는 매우 위험하다는 것이다. 예컨대, 〈유엔 인권선언〉이 인간으로서의 가치와 권리의 보편성을 주장하지만, 이를 보장하고 유지할 수 있는 일차적인 책무는 여전히 국가의 몫이기 때문이다(Hindes, 2002: 130). 물론 그와 같은 가치와 권리를 누구보다도 앞서 부정하거나 남용할 수 있는 것 또한 국가이며, 이는 법의 지배를 중시하는 자유민주주의 국가도 예외일 수 없다. 그런데도 주권국가의 시민이 아니라면 인간의 권리 또한 보장될 수 없을 것이라고 주장한다.

국가 없는 상태의 가장 큰 불행은 권리를 주장할 수 있는 권리 자체가 부정된다는 점이다. 권리가 없다는 의미는 사람들이 생명, 자유, 행복 추구, 법 앞의 평등, 사상의 자유 등을 박탈당하는 것이 아니라 그들이 더는 어떤 공동체에도 속하지 않는다는 것이다. 국가에 속하지 않는 사람들이 처하게 되는 곤경은 법 앞에 평등하지 않은 것이 아니라 그들을 위한 법이 존재하는 않는다는 것이다(Arendt, 1967: 295-296).

많은 국가들 사이에 존재하는 하나의 국가일 때 개별 국가로서의 의미가 있듯이, 시민들도 언제나 특정 국가의 동료 시민들 사이에서만 시민이 된다. 따라서 시민의 권리와 책임은 동료 시민들과 그가 속한 국가의 영토적 경계, 이 두 가지에 의해서 결정되고 제약되는 것이다(Arendt, 1968: 82). 이러한 맥락에서 볼 때, 하나의 주권을 지닌 세계정부는 세계시민성을 위한 필수조건이 아니라 모든 시민과 시민성의 종말을 초래하게 될 것이라고 주장한다.

세계시민주의의 가치와 실현 가능성에 대한 낙관적 전망과는 달리 국가시민성 관념의 의의와 우선성을 강조하는 시각에서 볼 때, 인간은 누구나 자신이 태어난 출생지를 통해 자기 삶의 조건을 형성해 간다. 그 과정에서 인간은 가족처럼 자신과 가장 가까운 대상이나 집단으로부터 이웃, 지역사회, 국가, 세계로 확대되는 동심원의 영향을 받게 된다. 이때 충성과 헌신의 일차적 대상은 동심원의 중심에서 시작된다(Walzer, 1996: 126). 따라서 우리의 헌신과 충성의 대상은 동심원의 가장 바깥에 있는 세계보다는 우리가 태어난 국가가 될 수밖에 없다.

주권국가는 여전히 사회구성원들의 강한 귀속감과 정체성에서 비롯되는 애국심의 일차적 대상이다. 이러한 맥락에서 동심원의 가장 바깥 부분인 세계공동체가 근본적 충성의 대상이 되어야 한다는 세계시민주의의 주장은 비현실적이라고 할 수 있다. 인간이 태어난 곳과 국적을 거부하고 스스로 국가 없는 상태를 추구하게 된다면 정체성이 결여될 수 있다. 인간 삶의 일차적 구성요소와 조건은 세계공동체가 아닌 국가라고 할 수 있다.

이러한 관점에서 본다면, 세계시민주의는 인간의 삶에 주어진 것들, 즉 부모, 조상, 가족, 인종, 종교, 유산, 역사, 문화, 전통, 공동체 그리고 민족 등을 모호하게 만들거나 부정한다. 따라서 세계시민주의는 실체 없는 주장이거나 위험한 환상에 불과할 뿐이라고 할 수 있다(Himmelfarb, 1996: 77). 이러한 시각은 애국심 없이는 우리가 아무것도 할 수 없음을 보여준다. 현재와 같은 국민국가 체제에서 세계시민주의 역시 애국심을 전제하지 않을 수 없다는 것이다.

주권국가에 대한 애국심을 강조하는 시각에서 볼 때, 국가는 세상에서 가장 탁월한 정치적 기구이며 시민의 자격을 결정하는 것 또한 민족국가이다. 국가가 여전히 구성원들에게 가장 중요한 권위의 원천이고 충성의 대상이라는 점을 고려한다면, 조만간 하나의 세계정부가 출현할 가능성은 매우 희박해 보인다(Kennedy, 1993: 336). 국가만이 공공정책을 수립하고 집행할 수 있는 명령과 지휘계통을 지니고 있으며, 생태학적 군사적 문제에 관한 국제적 합의를 할 수 있는 주된 행위자이기 때문이다. 세계공동체는 약자의 보호자도, 국가 없는 사람들을 받아 주는 공동체도 아니다. 오히려 세계공동체는 개별 국가의 이익을 위해 행위하는 국가들의 공동체이고 따라서 개인들을 보호하는 역할을 수행할 수 없다.

헤겔(G. W. F. Hegel)은 시민사회의 구성원과 시민을 구분한 바 있다. 경제적 주체인 시민사회의 구성원이 사적 존재(private person)로서 국경을 초월한 경제 활동을 할 수 있는 존재라고 한다면, 참여자(participant)인 시민은 국경에 의해 구분되는 시민의 권리와 의무의 체계에 구속된 존재라고 할 수 있다(변종헌, 2001: 73). 따라서 공통의 운명을 느끼는 가운데 한 국가의 시민이 될 수 있는 것은 경제적 주체가 아닌 정치적 시민이다. 그리고 정치적 참여자의 정체성인 시민권과 시민성은 민족국가에서만 추구될 수 있을 뿐이다.

아롱(R. Aron) 또한 국가시민(state citizen)과 경제시민(economy citizen)을 구별함으로써 이른바 다국적 시민성(multinational citizenship)의 가능성에 대해 부정적 입장을 보인다(Aron, 1974: 50). 그에 따르면, 국경을 초월해서 하나의 경제공동체에 속한 경제시민은 그가 속한 공동체에 대한 의무가 없는 반면에 국가시민은 공동체를 지킬 의무가 있다. 권리와 의무의 상관관계는 국가와 국가시민 사이에 존재하는 것이다. 따라서 유럽공동체의 시민이 될 수 있는 것은 경제시민이지 국가시민이 아니다.

세계화의 추세 속에서도 민족주의의 생명력은 지속되고 있는 것으로 보인다. 세계 경제체제의 등장이 개별 국가와 민족의 특수성을 강조하는 흐름과 모순되지 않는 가운데 민족주의의 영향력이 유지되고 있다. 이러한 맥락에서 세계연합의 출현 그리고 세계시민성의 관념이 민족주의나 공동체에 대한 충성심을 전적으로 대체할 것으로 보이지는 않는다(Janowitz, 1983: 3). 즉 민족이나 국가시민성이 해체되지는 않을 것이다. 실제로 지난 세기 우리가 세계사에서 확인한 것은 다민족 국가가 여러 개의 민족국가로 해체되는 과정이었으며, 구소련의 붕괴 이후 그 공백을 메운 것도 역시 민족주의였다. 지구상의 여러 국가가 관심을 두는 것은 여러 국가와 다양한 민족을 아우르는 하나의 이념이나 집단적 사명이 아니라 한 민족이나 국가의 시민성과 정체가 어떻게 규정되고 보존되며 또한 새롭게 창조될 수 있는가 하는 것이다.

5. 세계시민성을 위한 시민교육

1) 세계시민주의의 갈래

세계시민주의는 보편주의 관점에서 인권과 같은 기본적 권리에 대한 존중과 더불어 인류애의 관점에서 모든 인간에 대한 사랑을 강조한다. 따라서 인류 공동체의 일원으로서의 정체성을 중시한다. 다만 이와 같은 세계시민주의의 아이디어는 매우 폭넓은 스펙트럼에 걸쳐 있다. 요컨대, 개별 국가 차원에서 해결할 수 없는 인류 공동의 과제가 있기 때문에 하나의 세계국가나 세계정부가 필요하다고 주장하는 급진적 관점에서부터 개별 국가의 자율성과 지역의 특수성을 전제해야 한다고 주장하는 온건한 입장에 이르기까지 다양하다(김석수, 2011: 157). 이처럼 세계시민주의는 공통으로 민족이나 국가와 같은 특정한 정치공동체를 넘어 세계시민으로서의 삶을 요구하지만, 그 구체적인 내용에서는 차이가 있다.

먼저, 급진적 세계시민주의자들은 더 이상 근대의 국가체제, 이른바 국민국가 내지는 민족국가가 유지될 수 없다고 주장한다. 이들은 개인은 이미 특정 국가에 소속된 구성원이기보다는 세계시민이며 따라서 국민국가나 민족국가의 수준을 넘어 세계국가 내지는 세계정부를 수립해야 한다고 주장한다.

대표적으로 싱어(P. Singer)는 1648년 베스트팔렌조약 이후 유럽 질서의 토대가 된 국가주권의 절대성을 거부한다. 근대의 국가체제가 세계화에 기반한 신자유주의 경제를 통제하지 못하고 있다고 지적하면서 세계화 시대에 적합한 정부의 개발을 주장한다. 세계화가 진행되면서 경제를 움직이는 자본이 국경을 넘어 탈영토화되고 있으며, 인간의 삶과 사회 전반을 움직이는 거대한 시스템의 변화는 초국가적인 법에 근거한 새로운 정치체제의 등장을 요구하고 있다는 것이다.

그는 국가주권에는 본질적인 도덕적 중요성이 없으므로 지구윤리는 임의의 경계선에 불과한 국경에서 멈춰서는 안 된다고 주장한다. 그리고 개별 국가의 국경을 낮추고 더 커다란 전 지구적 통치를 향해 나아가야 한다고 주장한다. 하지만 싱어는 이러한 지구적 통치가 또 다른 독재로 변질되는 것을 경계하면서 전 지구적 공동체의 새로운 현실에 적합한 '국경을 초월한 정부'를 제안하고 있다(김희정, 2003:

254-255). 이러한 입장은 개인을 국가의 경계를 넘어 지구적 수준의 권리와 의무를 지닌 세계시민으로 바라보는 강한 도덕적 세계시민주의로 분류할 수 있다(김석수, 2011: 154).

러셀(B. Russell)은 주권국가들 사이의 전쟁을 막기 위해서는 전 세계의 단일정부를 세우지 않으면 안 된다고 주장한다. 그에 따르면, 기존의 국제연맹이나 국제연합처럼 상호 간의 합의를 통해 이루어진 연방정부는 유약할 수밖에 없다. 그는 전쟁으로부터 세계를 지켜내는 유일한 길은 무기를 독점하는 세계적 규모의 단일 권위체를 형성하는 것이라고 보고 있다(이극찬, 1981: 103, 131). 엘브로우(M. Albrow)도 근대 민족국가가 낳은 도구적 합리성, 관료제, 자연파괴의 문제 등을 제대로 극복하기 위해서는 이와 같은 근대성에 기초하고 있는 국가와 결별하고 이들 문제를 지구적 차원에서 다루는 정부, 이른바 세계국가를 세워야 한다고 주장하고 있다(정현주, 2005: 275-280).

다음은 자유주의적 세계시민주의 내지 온건한 세계시민주의의 입장이다. 이들은 기본적으로 세계시민주의가 개별 주권국가의 자율성과 지역의 특수성을 인정하는 데서 출발해야 한다고 주장한다.

하버마스(J. Habermas)는 세계공동체의 필요성에 비중을 두면서 국가의 자율성에 제한을 가하는 입장을 취하고 있다. 그는 근대의 국민국가나 민족국가가 세계시장의 출현과 생태계의 위협 등으로 인해 더는 지탱할 수 없는 상황이 되었다고 보고 있다. 다만 이러한 상황에서 근대적 주권국가를 당장 철폐하기보다는 현재의 민족적 연대를 세계시민적 연대로 전환해야 한다고 주장한다(황태연, 2000: 156-157). 이는 개별 국가의 주권을 자발적으로 제한하는 세계공동체의 구상이라고 할 수 있다.

벡(Ulrich Beck) 또한 국가와 시민사회를 새롭게 조화시킨 세계시민적 국가를 세계화 시대의 대안으로 제안하고 있다. 그는 경제적 관점에서 국가권력을 수단으로 생각하는 신자유주의 체제에 반대한다. 특히 미국과 같은 하나의 강대국이 세계의 인권, 정의, 평화의 문제를 일방적으로 지배하려는 것에 대해서 강한 거부감을 표시한다. 벡은 민족이나 개인의 특수성을 인정하면서도, 국가들의 초국가적 연대를 통해 민족국가의 역량을 강화하여 세계화 시대의 신자유주의적 경제 권력에 대항하는 세계시민적 현실 정치를 지향하고 있다(장준호, 2010: 341-363).

회페(Otfried Höffe)는 기존 국가의 해체가 인류의 풍요로운 자산을 훼손시킬 뿐만 아니라 인간의 정체성을 위협한다고 보고 있다. 그래서 그는 국민국가를 해체하는 방식으로의 세계국가 창설에 반대하면서 그 대안으로 국가들이 연합한 연방 형태의 '부드러운 세계공화국(soft world republic)'을 제안하고 있다. 그는 부드러운 세계공화국이 전 세계적인 문제를 해결하는 데 필요한 세계시민법은 기존 국가의 시민법을 폐기하지 않고 이를 존중하고 보완하는 방식이어야 한다고 주장한다. 요컨대, 그는 세계공화국이 국가의 주권과 관련하여 보조성의 원리에 충실해야 한다는 점을 강조하고 있다(Höffe, 2001: 97-104).

애피아(K. A. Appiah)도 뿌리 없는 세계시민주의가 보편적 준칙과 이성의 지배를 최우선으로 내세워 식민주의와 제국주의 논리로 작동할 수 있다고 비판하면서 지역적 헌신과 인류에 대한 충성이 결합된 '지역적 헌신을 요구하는 세계시민주의' 내지 '뿌리내린 세계시민주의'를 옹호한다. 그에 따르면, 세계시민주의 개념에는 혈족의 유대나 심지어 더 형식적인 시민적 유대조차 넘어서는 타인에 대한 확장된 의무와 함께 우리가 보편적 인간의 삶뿐만 아니라 특수한 삶의 가치까지도 진지하게 고려해야 하는 의무가 서로 얽혀 있다(실천철학연구회, 2008: 22-24).

그래서 애피아는 지역적 헌신의 근원인 특수한 가치와 인류에 대한 충성의 토대가 되는 보편적 가치 중 그 어떤 것도 포기해서는 안 된다고 주장한다. 그는 인류적 지평보다는 협소하지만, 도덕적 관심의 영역으로는 더 적절한 수많은 동심원의 가치를 인정하면서 지역적 연대성과 지구적 연대성을 서로 결합하고자 하고 있다(실천철학연구회, 2008: 51-56).

2) 세계시민과 시민교육

세계시민주의 논쟁을 촉발한 너스바움(M. Nussbaum)은 미국식의 애국심과 국가주의에 맞서 칸트와 스토아학파의 세계시민주의 관념에 기반한 시민교육을 주장하고 있다. 그녀는 국가시민성의 핵심적 요소인 국가공동체 구성원으로서 자부심과 정체성의 공유를 강조하면 정의와 평등의 도덕적 가치를 위협할 수 있다고 우려한다. 우리가 애국심이나 국가주의 감정을 옹호하고 그것에 호소하게 되면, 특정한 보편 가치를 어떠한 우상으로 대체할 수 있으며, 그로 인해 지난 세기 인류를 파멸에 이르게 한 전체주의의 폐해를 다시금 경험하게 될 것이라고 경고한다(Nussbaum, 1996: 4-5).

너스바움은 이러한 위험을 피하기 위해서는 이른바 충성의 대상이 인류공동체가 되어야 한다고 주장한다. 그녀는 모든 인간의 공통적 특성에 내포된 정의와 선을 지향하고 인류공동체의 모든 구성원의 가치를 동등하게 존중할 것을 요구한다. 즉, 도덕적 의무의 근본 원천은 국가가 아니라 인류공동체이기 때문에 우리의 가장 고귀한 충성은 인류애에 의해 수립된 도덕공동체에 대한 충성이어야 한다는 것이다.

너스바움은 이러한 관점에 근거하여 세계시민을 위한 교육의 필요성을 다음과 같이 제시하고 있다(Nussbaum, 1996: 11-15). 첫째, 세계시민교육은 국제적 협력의 필요성과 그것을 위해 필수적인 기초 지식을 제공해 준다. 세계시민교육을 통해 우리 자신과 타자에 관해 더 많은 것을 배울 수 있다. 타자의 렌즈를 통해 우리 자신을 바라보지 않는다면, 우리에게 익숙한 것을 마치 정상적인 것처럼 받아들이는 위험에 처할 수밖에 없다. 더욱이 기후 위기와 전 지구적 양극화 등 인류가 직면한 생존의 문제들은 세계적 차원의 대화와 공동 노력을 통해서만 해결할 수 있다. 이를 위해서는 다른 나라의 지리, 생태 그리고 구성원들에 관한 많은 지식이 필요하다. 따라서 세계시민교육은 이와 같은 요구에 기반한 교육과정을 마련해야 한다.

둘째, 세계시민교육은 세계의 다른 지역에 대한 도덕적 의무를 깨닫도록 해준다. 오늘날 개별 국가의 성장을 위해서는 자연생태계의 파괴가 불가피하다. 너스바움은 환경오염, 자연파괴 없이 모든 국가가 똑같이 높은 수준의 삶을 누리는 것은 불가능하다고 지적한다. 이는 모든 것을 보편화하자는 것도 아니며, 그렇다고 고유 영역에 대한 특별한 관심을 거부하자는 입장도 아니다. 중요한 것은 자국에 관한 관심과 사랑이 다른 나라에 대한 이기적이고 편협한 태도로 귀결되지 않도록 하는 것이다. 이에 너스바움은 우리가 모든 인간에 대한 권리를 존중하고 그들이 행복을 추구하길 원한다면, 무엇보다도 세계시민교육을 통해 우리가 그들과 더불어 세계를 위해 무엇을 할 것인가를 도덕적으로 심사숙고할 수 있도록 해야 한다고 강조한다.

셋째, 세계시민교육은 다른 존재와 대상이 지닌 차이에 대해 일관된 입장을 견지하게 한다. 인간은 민족, 계급, 성(性) 혹은 인종을 초월하여 누구나 존중받아야 하며, 국경을 넘어 서로 소통하고 교류해야 한다. 너스바움은 우리가 임의의 국경선에 의존하여 사고하게 되면, 서로 동등한 입장에서 대화하고 마주해야 한다는 원칙적이고 근본적인 방향을 상실하게 된다고 지적한다. 자민족 중심주의나 애국심은 호전적 대외 강경주의를 유발하며, 그 결과는 국방력이나 상대국에 대한 감시체제의 강화일 뿐이다. 이러한 상황의 전개는 아이들에게 가르친 도덕적 가치와 어긋나는 것이다.

이처럼 너스바움이 세계시민교육을 통해 강조하고 있는 것은 자아와 세계에 대한 지식, 도덕적 의무에 대한 깊은 사유, 국경을 초월한 일관된 논지 등이다. 너스바움의 세계시민교육은 국가적 경계를 넘어 언제나 인간다움을 우선하는 가운데 상호 존중의 정신에 따라 공존하며 협력하는 세계를 이룩하는 데 그 초점이 있다(조나영, 2018).

하지만 너스바움은 인류공동체에 대한 충성을 위해 지역적 정체성을 포기할 것을 요구하지 않는다. 그녀는 인간의 정체성이 동심원의 가장 안쪽에 위치하는 자아로부터 시작하여 가족, 이웃, 지역사회, 시민, 국민, 인류로 확대되어 발전한다고 보고 있다. 그러므로 인간은 본래적으로 그리고 현실적으로 한 나라의 시민이 되고서야 비로소 세계의 시민이 될 수 있다는 것이다:

첫 번째 동심원은 자아를 둘러싸고 있고, 두 번째 것은 직접적인 가족을 포함하며, 이어서 세 번째 것은 확대된 가족을, 그 다음에는 순서대로 이웃이나 지역 집단, 동료 시민, 동료 국민을 아우른다. 그리고 우리는 이러한 목록에 민족, 언어, 역사, 직업, 사회적 성 혹은 생물학적 성에 따른 정체성에 근거한 범주들을 손쉽게 추가할 수 있다. 이러한 모든 동심원 밖에 있는 가장 큰 동심원은 인류 전체의 동심원이다. 세계시민으로서 우리의 임무는 모든 사람을 동료 시민 이상의 존재로 만들면서, "동심원들을 중심으로 끌어당기는" 것이다. 우리의 특수한 애정과 정체성을, 그것이 민족적이든 사회적 성에 기초한 것이든 혹은 종교적이든 간에 포기할 필요가 없다. 우리는 그것들을 피상적인 것으로 생각할 필요는 없고, 우리의 정체성을 구성하는 부분 요소로 간주할 수 있다. 우리는 교육에서 그것들에 특별한 관심을 기울이게 될 것이고 또 마땅히 그래야만 한다. 그러나 우리는 또한 모든 사람을 우리의 대화와 관심의 공동체 일부로 만들어야 하고, 정치적 사고의 근거를 그처럼 맞물려 있는 공동성에 두어야 하며, 특히 우리의 인간성을 규정하는 동심원을 유념하고 존중해야 한다(Nussbaum, 1996: 9).

너스바움은 국가 형식의 공동체를 포함하여 지역적 정체성이 시민의 삶을 풍요롭게 만들 수 있고 우리의 정체성을 구성하는 부분 요소로 기능할 수 있으므로 그것을 포기하라고 요구하지 않는다. 그녀는 자신이 속한 지역이나 국가에서 출발해 인류애를 확대하는 것이 분별 있게 선을 행하는 방법이라고 주장한다. 이처럼 너스바움은 자유주의적이고 민주적인 국가들의 자율성을 인정하는 토대 위에서, 즉 지역적 연대성과 정체성을 인정하는 토대 위에서 세계시민주의의 이상인 인류애를 실현할 것을 요구한다.

우리는 모두 애국자이면서 세계시민이 되거나 아니면 세계시민이면서 애국자가 될 수 있다. 우리 자신의 고향이나 국가에 대한 애착심을 가진 상태에서 상이한 세계에 대한 즐거움을 지닌 채 그 다채로운 삶의 양식들을 받아들일 수 있다(Appiah, 1996: 22). 오늘날과 같이 세계가 교류하며 문화 변형이 이루어지는 과정에서 기존 문화나 생활방식의 소멸은 불가피하다. 따라서 문제는 기존 관습과 양식의 소멸이 어떻게 풍요롭고 다양한 삶의 방식으로 조화롭게 이어지도록 할 것인가 하는 것이다.

세계시민주의는 인류의 사회적, 문화적 생활방식의 다양성에 가치를 두고 있다. 애국심이든 세계시민주의든 그것은 시민의 특권이 아닌 책임의 문제로서 우리의 자부심과 관련을 맺고 있다(Appiah, 1996: 25). 따라서 중요한 것은 국경선이 아니라 우리가 어떠한 선택을 통해 우리의 삶을 책임지는가 하는 것이다. 진정한 의미에서 우리는 모두 애국자이면서 세계시민일 수 있는 것이다(Taylor, 1996: 121).

따라서 세계시민으로서 우리는 국경을 초월하여 충분히 연대할 수 있는 민주 국가의 애국자로 살아갈 권리를 주장할 수 있어야 한다(Appiah, 1996: 29). 마찬가지로 애국자로서 우리는 생득적으로 부여받은 소속의 의미를 해치지 않는 방식으로 세계시민의 삶을 선택할 권한을 존중받을 수 있어야 한다. 우리는 애국자와 세계시민 가운데 어느 한쪽을 선택할 필요는 없다. 세계시민이 되는 길은 국가시민성과 세계시민성 사이에서 어떤 것에 응할지를 결정하는 양자택일의 문제가 아니다. 따라서 세계시민이 된다고 해서 우리의 삶을 풍요롭게 하는 원천이 되는 각 지역의 귀속의식들을 포기할 필요는 없다(Sen, 1996: 112).

국가 간 상호의존의 심화 그리고 인류 공동의 문제 해결을 위해서는 지구적 연대의식과 책임감을 지닌 세계시민의 탄생이 요청된다.

다만 그 과정에서 중요한 문제는 개별 국가의 주권과 다양한 정체성의 원천을 위협하거나 침해하지 않으면서 인류의 보편적 가치를 지향하고자 하는 새로운 시민성의 내용을 모색하는 것이다(변종헌, 2001).

히터(D. Heater)는 세계시민의 개념을 다음과 같이 4가지로 구분한 바 있다(Heater, 1998: 170-176). 첫째는, 아주 막연한 수준에서 인류 공동체의 일원으로서의 세계시민이다. 둘째는, 세계정부를 건설하기 위해 구체적인 실천을 하는 세계시민이다. 셋째는, 개인이 속한 국가보다 높은 수준의 도덕법칙에 의해 개인이 구속되어야 한다는 생각에 기초한 세계시민 개념이다. 말하자면 국제법에 의해 규정되는 세계시민이다. 마지막으로, 세계정부의 수립과는 상관없이 지구적 의식과 지구적 책임감을 지닌 존재로서의 세계시민 개념이다. 이 가운데 우리에게 적절한 것은 점차 심화되고 있는 전 인류의 상호의존 관계를 인식하고 이를 바탕으로 지구적 관심과 요구 및 필요에 따라 지구적 차원에서 생각하고 행동하는 세계시민이다.

하나의 세계정부를 구성하고 이를 뒷받침하는 국제법에 의해 규정되고 구속되는 세계시민 개념은 현재로서는 실현 가능하지 않은 것으로 보인다. 오늘날 세계정부가 존재하는 것도 아니고 세계시민의 보편적 지위를 보장하거나 규정하는 국제법규와 규범이 희소한 상황에서 이에 기초한 세계시민 개념은 무의미하기 때문이다. 하지만 전쟁과 빈곤의 위협, 지구촌 생태계 위기, 질병의 대유행 등으로 인해 인류의 생존이 위협받는 현실 속에서 이상적인 세계시민의 모습에 대한 고민과 요청은 불가피하다. 결국 우리가 지향해야 할 바람직한 세계시민은 인류가 직면한 위기 상황들을 지구적 협동과 연대 그리고 구체적 실천을 통하여 해결하고자 하는 지구적 의식과 책임감을 가진 시민일 것이다.

하나의 세계정부를 상정하는 세계시민의 관념이 현실적으로 가능하지 않다고 할지라도, 이것이 소위 지구적 의식과 책임감을 지닌 시민 개념과 상치될 이유는 없다. 하지만 지구적 의식과 책임감을 지닌 시민이 되기 위해서는 우선 특정 개별 국가의 시민이 되어야 한다. 즉, 세계인으로의 시민성은 개별 국가의 역사와 문화에 대한 소속감과 애착 그리고 이를 이해하고 감사할 줄 아는 것으로부터 출발해야 한다. 그렇게 될 때 인류의 공존과 협력을 위해 최소한의 보편성을 추구하면서도 지역과 국가의 특수성과 문화적 다양성을 관용하고 존중하는 토대를 마련할 수 있을 것이다.

지구적 의식과 책임감을 지닌 시민이 된다는 것은 또한 지구상의 어느 한 곳에서 행해진 일들이 국경을 넘어 다른 사람과 다른 국가에 영향을 미칠 수 있다는 것을 깨닫는 것이다(Bowden, 2003: 359). 이것은 세계화와는 다른 차원의 문제다. 예컨대, 대기오염이나 환경파괴 행위, 어류의 남획, 불평등 교역, 비윤리적 투자 등이 장단기적으로 국가 간의 심각한 결과를 초래할 수 있다는 것을 인식하는 것이다. 산성비, 기상이변, 지구 온난화 등의 문제가 더는 한 국가만의 문제일 수는 없다. 특정 국가의 국민으로서 지구적 의식과 책임감을 지닌 시민은 지구적으로 생각하고 지역적으로 행동하는 존재이다. 이와 같은 시각을 지닐 때 자신과 다른 사람들 그리고 그들의 문화와 특수성을 무시하거나 경시하지 않으며 그 가치를 인정하고 존중할 수 있을 것이다.

그러나 개인과 개별 국가의 행위가 다른 사람들과 다른 국가 그리고 지구촌에 어떠한 영향을 미칠 것인가를 아는 것은 쉬운 일이 아니다. 즉 지역과 국가 그리고 세계 사이의 연관성에 내포된 다양성과 복잡성을 생각한다면, 자기 자신의 행위를 세계적 맥락에서 전체적으로 파악한다는 것이 그렇게 쉬운 일은 아니다. 이것은 개인이 경험할 수 있는 세계와의 거리 때문이다. 따라서 일상의 경험을 뛰어넘는 복합적이고 체계적인 사고가 필요하다.

우리의 일상적인 행위가 우리의 직접적인 경험 세계 밖에 사는 사람들에게 어떤 영향을 미치고 어떤 결과를 가져올 것인가를 예견하고 성찰하기 위해 노력하는 것은 그 자체만으로도 큰 의미가 있다(변종헌, 1999). 따라서 개인의 사고와 행동이 지구적 혹은 세계적 관점에서 얼마나 적합한 것이고 그럴 만한 타당성이 있는가를 반성적으로 검토할 수 있는 상황과 기회를 마련하는 일이 세계시민으로서의 시민성 함양을 위한 중요한 과제가 되어야 할 것이다.

6. 요약

오늘날 시민교육은 국가공동체 구성원으로서의 시민성뿐만 아니라 세계시민으로서의 자질과 태도의 중요성에 주목하고 있다. 따라서 시민교육은 국가시민성과 세계시민성의 조화 가능성에 대한 모색을 토대로, 이를 실천할 방안과 과제를 제시해야 한다. 국가시민성이 개별 국가의 구성원인 시민들에게 부여된 지위와 권리 또는 그들에게 요구되는 시민으로서의 자질과 태도 등을 의미한다면, 세계시민성은 국가시민성의 공간적 범주를 넘어서는 세계시민으로서의 소양과 역량이라고 할 수 있다.

　세계시민성 관념은 세계시민주의의 강력한 규범적 호소력에 기반을 두고 있다. 세계시민주의는 한 개인이 바쳐야 할 충성의 일차적 대상이 인류공동체라고 주장한다. 그리고 인류공동체를 구성하는 모든 구성원의 가치는 동등하게 존중되어야 한다고 본다. 이러한 의미에서 세계시민주의는 보편적 인권 가치를 옹호하기 위한 노력과 잘 결부된다. 세계시민주의는 멋있고 고상한 울림이 있다.

　세계시민주의는 모든 인간에게 내재된 이성을 통하여 인류의 단일성을 도출한다. 신과 인간을 포함하여 우주를 지배하는 원리가 로고스(logos), 즉 이성이라고 본다. 그리고 우리가 세계시민으로 살아야 하는 이유는 우리에게 선험적으로 내재되어 있는 보편적 이성 때문이라고 주장한다. 세계시민주의는 평화적 공존을 위한 당위적 요청이기도 하다. 세계시민주의는 전쟁과 폭력 등으로 인한 인류의 공멸을 방지하고, 평화를 통해 공존과 공생을 모색하는 이념적 토대가 될 수 있다. 또한 세계시민주의는 지구적 차원의 문제 해결을 위한 현실적 요구에 부응할 수 있다. 지구 생태계의 파괴, 양극화의 심화, 바이러스의 대유행 등 세계 도처에서 일어나는 많은 문제는 전 지구적 차원의 관심 그리고 연대와 협력을 통해 해결할 수 있는 것들이다. 따라서 인류 공동의 문제의식과 대응이 필요하며 그 과정에서 세계시민주의에 관한 관심과 요청은 필수적이다.

　모든 인류가 개별 국가의 경계나 민족의 차이를 초월하여 인류애를 발휘해야 한다는 사상은 기원전 4세기경 고대 그리스로 거슬러 올라간다. 스토아학파는 모든 사람을 동료로 간주해야 한다고 주장한다. 한 무리가 공동 목장에서 공동의 규율에 따라 살듯이, 인류에게도 하나의 삶과 질서가 있어야 한다고 주장함으로써 하나의 세계 국가라는 관념을 표현하고 있다. 이와 같은 스토아학파의 사상은 이후 세계주의 정치이론과 세계시민성의 관념을 강조한 칸트(I. Kant) 등과 같은 계몽주의 사상가들에 의해 다시금 주목받았다. 그는 세계시민성의 관념이 결코 허황되거나 과장된 것이 아니고, 시민법과 국제법을 보완하며 인권과 인류의 영구적 평화를 위해 불가피하다고 보고 있다.

이후 세계시민주의의 흐름 속에서 개인은 계급, 성(性), 피부색, 종교, 교의 등을 이유로 차별받지 않는 존재로 간주되었다. 이를 기초로 타인에 관한 관심과 배려가 국경선에서 멈추어서는 안 되며, 개인은 국가만이 아니라 다양한 정치체의 구성원이 되어야 하고 따라서 정치적 충성과 헌신이 마을, 지역, 국가와 세계 등으로 폭넓게 확산되어야 한다는 것이 세계시민주의의 주장이다.

다원화, 분권화, 네트워크화 등을 특징으로 하는 급속한 사회 변화는 특정 국가 내에서뿐만 아니라 외부 환경과 국가 간의 관계에도 영향을 미치면서 이른바 세계화를 조장하고 촉진하고 있다. 세계화가 진행되면서 국가의 위상 변화는 불가피하다. 그와 함께 영토적 국가와 국민과의 관계에 기초한 근대국가의 시민성 관념 또한 변화를 요구하고 있다. 국민국가적 시민성의 테두리를 뛰어넘어 인류가 해결해야 할 과제들이 많아지면서 지역적 경계와 정체성을 넘어서는 새로운 시민성의 정립이 필요하게 된 것이다. 오늘날 세계시민성과 세계시민에 관한 관심이 증가하고 있는 배경 가운데 하나는 이처럼 세계화로 지칭되는 거대하고 복합적인 사회변동 과정이다.

세계시민성과 세계시민에 관한 관심과 논의가 확대되고 있는 또 다른 이유는 여러 가지 지구촌 문제를 제대로 인식하고 해결하기 위해서는 전통적인 국민국가 중심의 사고와 행위를 뛰어넘어야 한다는 요청 때문이다. 21세기 우리가 직면한 당면 문제를 합리적이고 민주적으로 해결하기 위해서는 인류 전체의 생존과 보편적 가치의 관점에서 접근할 필요가 있다. 특정 지역과 국민국가의 특수성과 이해관계만을 지나치게 강조하게 될 경우, 지역 이기주의나 편협한 민족주의에 매몰되어 지구공동체 전체가 추구해야 할 가치를 위협함으로써 오히려 문제 해결을 방해할 수 있기 때문이다.

세계시민성 관념은 개별 국가의 특수한 이해관계를 초월하여 보편적인 가치를 추구하고 그것을 위해 행동하는 시민의 탄생을 요구하고 있다. 이와 같은 세계시민의 시민성은 같은 국민이라는 의식보다는 같은 인간이라는 의식에서 출발한다. 우리가 모두 다 같은 인간이라는 사실을 인정하는 것 따라서 모든 인간의 내재적 가치와 존엄성에 대한 동등한 인식이 세계시민성 논의의 토대라고 할 수 있다.

하지만 세계시민주의의 아이디어는 그 스펙트럼이 넓다. 요컨대, 하나의 세계국가나 세계정부가 필요하다고 주장하는 급진적 관점에서부터 개별 국가의 자율성과 지역의 특수성을 전제해야 한다고 주장하는 온건한 입장에 이르기까지 다양하다. 급진적 세계시민주의자들은 더 이상 근대의 국가체제, 이른바 국민국가 내지는 민족국가가 유지될 수 없다고 주장한다. 개인은 이미 특정 국가에 소속된 구성원이기보다는 세계시민이며 따라서 국민국가나 민족국가의 수준을 넘어 세계국가 내지는 세계정부를 수립해야 한다고 주장한다. 반면 온건한 세계시민주의의 입장은 기본적으로 세계시민주의가 개별 주권국가의 자율성과 지역의 특수성을 인정하는 데서 출발해야 한다고 주장한다.

　세계시민주의 논쟁을 촉발한 너스바움(M. Nussbaum)은 미국식의 애국심과 국가주의에 맞서 스토아학파와 칸트의 세계시민주의 관념에 기반한 시민교육을 강조한다. 그녀는 도덕적 의무의 원천은 국가가 아니라 인류공동체이기 때문에 우리의 가장 고귀한 충성은 인류애에 의해 수립된 도덕공동체에 대한 충성이어야 한다고 주장한다. 그리고 이러한 관점을 토대로 세계시민을 위한 교육의 필요성을 제시하고 있다. 이는 국가의 경계를 넘어 인간다움을 우선하는 가운데 상호 존중의 정신에 따라 공존하며 협력하는 세계를 이룩하는 데 그 초점이 있다.

　하지만 너스바움은 인류공동체에 대한 충성을 위해 지역적 정체성을 포기할 것을 요구하지 않는다. 그녀는 인간의 정체성이 동심원의 가장 안쪽에 위치하는 자아로부터 시작하여 가족, 이웃, 지역사회, 시민, 국민, 인류로 확대되어 발전한다는 보고 있다. 그러므로 인간은 본래적으로 그리고 현실적으로 한 나라의 시민이 되고서야 비로소 세계의 시민이 될 수 있다는 것이다. 이처럼 너스바움은 자유주의적이고 민주적인 국가들의 자율성을 인정하는 토대 위에서 세계시민주의의 이상인 인류애를 실현할 것을 요구한다.

　우리는 모두 애국자이면서 세계시민이 되거나 아니면 세계시민이면서 애국자가 될 수 있다. 세계시민주의는 인류의 사회적, 문화적 생활방식의 다양성에 가치를 두고 있다. 개별 국가에 대한 애국심이든 세계시민주의든 그것은 시민의 특권이 아닌 책임의 문제로서 우리의 자부심과 관련이 있다. 따라서 중요한 것은 국경선이 아니라 우리가 어떠한 선택을 통해 우리의 삶을 책임지는가 하는 것이다. 진정한 의미에서 우리는 모두 애국자이면서 세계시민일 수 있는 것이다. 세계시민이 되는 길은 국가시민성과 세계시민성 사이에서 어떤 것에 응할지를 결정하는 양자택일의 문제가 아니다. 따라서 세계시민이 된다고 해서 우리의 삶을 풍요롭게 하는 원천이 되는 각 지역의 귀속의식들을 포기할 필요는 없다.

국가 간 상호의존의 심화 속에서 인류 공동의 문제를 해결하기 위해서는 지구적 연대의식과 책임감을 지닌 세계시민의 탄생이 요청된다. 다만 그 과정에서 중요한 문제는 개별 국가의 주권과 다양한 정체성의 원천을 위협하거나 침해하지 않으면서 인류의 보편적 가치를 지향하고자 하는 새로운 시민성의 내용을 모색하는 것이다. 지구적 의식과 책임감을 지닌 세계시민이 되기 위해서는 먼저 특정 국가의 시민이 되어야 한다. 즉, 세계인으로의 시민성은 개별 국가의 역사와 문화에 대한 소속감과 애착 그리고 이를 이해하고 감사할 줄 아는 것으로부터 출발해야 한다. 그렇게 될 때 인류의 공존과 협력을 위해 최소한의 보편성을 추구하면서도 지역과 국가의 특수성과 문화적 다양성을 관용하고 존중하는 토대를 마련할 수 있을 것이다.

참고 문헌

강성률(2018), "세계시민주의와 칸트의 영구평화론", 『국제이해교육연구』, 13(2).
김석수(2011), "세계시민주의에 대한 현대적 쟁점과 칸트", 『칸트연구』, 27.
김석수(2004), "칸트 세계시민사상의 현대적 의의", 『칸트연구』, 14.
김종기 역(2007), V. 게하르트 저, 『다시 읽는 칸트의 영구평화론』, 서울: 백산서당.
김효전 역(1992), 칼 슈미트 저, 『정치적인 것의 개념』, 서울: 법문사.
김희정 역(2003), 피터 싱어 저, 『세계화의 윤리』, 서울: 아카넷.
김창성 역(1999), 마르쿠스 툴리우스 키케로 저, 『키케로의 최고선악론』, 경기: 서광사.
박환덕·박열 역(2018), 임마누엘 칸트 저, 『영구평화론』, 경기: 범우사.
변종헌(2014), 『시민교육의 성찰』, 제주: 제주대학교출판부.
변종헌(2006), "세계시민성 관념과 지구적 시민성의 가능성", 『윤리교육연구』, 10.
변종헌(2001), "세계시민교육의 방향과 과제", 『아시아교육연구』, 2(2).
변종헌 역(1999), E. 라즐로 저, 『비전 2020: 2020년 인류의 미래를 위한 새로운 제안』, 서울: 민음사.
성염(1999), "고대 그리스·로마세계의 세계시민사상: 세계화 운동의 그리스적 발원", 성염 외, 『세계화의 철학적 기초』, 서울: 철학과 현실사.

신진욱(2010), 『시민』, 서울: 책세상.

실천철학연구회(2008), 앤터니 애피아 저, 『세계시민주의: 이방인들의 세계를 위한 윤리학』, 서울: 바이북스.

오유석(2013), "세계시민주의의 기원과 의미: 헬레니즘 세계시민주의를 중심으로", 『윤리교육연구』, 41.

이극찬 역(1981), B. 러셀 저, 『희망의 철학』, 서울: 나남.

이용필 외(2002), 『지구촌 생태계 위기와 환경윤리교육』, 서울: 서울대학교 출판부.

이창우(2000), "'코스모폴리스' 이념-견유파의 유산", 철학연구회, 『철학연구』, 50.

이한구 편역(2009), 『칸트의 역사철학』, 경기: 서광사.

이환(1999), 『근대성, 아시아적 가치, 세계화』, 서울: 문학과 지성사.

임혁백(2000), 『세계화 시대의 민주주의』, 서울: 나남출판.

장동진·장휘(2003), "칸트와 롤즈의 세계시민주의 : 도덕적 기획과 정치적 기획", 『정치사상연구』, 9.

장준호(2010), "세계위험사회와 국가의 대응전략 탐색: 울리히 벡의 세계시민적 현실주의를 중심으로", 한국세계지역학회 편, 『세계지역연구논총』, 28.

정헌주 역(2005), 마틴 엘브로우 저, 『지구시대』, 서울: 일신사.

조나영(2018), "나스바움(M. Nussbaum)의 For Love of Country 논의 분석을 통한 세계시민교육의 쟁점과 의미 고찰", 『교육철학연구』, 40(4).

황태연 역(2000), 하버마스 저, 『이질성의 포용』, 서울: 나남.

Arnim, Hans Von (1903-1904), *Stoicorum veterorum fragmenta*, Leipzig.

Appiah, K. A. (1996), "Cosmopolitan Patriots", in J. Cohen & M. C. Nussbaum, *For Love of Country: Debating the Limits of Patriotism*,

Boston: Beacon Press.

Arendt, H. (1968), "Karl Jaspers: Citizen of the World?" in *Men in Dark Times*, New York: Harcourt, Brace and World.

Arendt, H. (1967), *The Origin of Totalitarianism*, London: George Allen & Unwin.

Aron, R. (1974), "Is Multinational Citizenship Possible?" *Social Research* 41.

Baldry, H. C. (1965), *The Unity of Mankind in Greek Thought*, Cambridge: Cambridge University Press.

Bowden, B. (2003), "The Perils of Global Citizenship", *Citizenship Studies* 7(3).

Dauenhauer, B. P. (1996), *Citizenship in a Fragile World*, Maryland: Rowman & Littlefield Publishers, Inc..

Falk, R. (1994), "The Making of Global Citizenship", in B. van Steenbergen (ed.), *The Condition of Citizenship*, London: Sage Publications Ltd.

Giddens, A. (1990), *The Consequences of Modernity*, Stanford: Stanford University Press.

Greenfeld, L. (1992), *Nationalism: Five Roads to Modernity*, Cambridge, MA.: Harvard University Press.

Heater, D. (1998), *World Citizenship and Government*, London: Macmillan Press Ltd..

Hill, L. (2000), "The Two Republicae of the Roman Stoics: Can a Cosmopolite be a Patriot?" *Citizenship Studies* 4(1).

Himmelfarb, G. (1996), "The Illusions of Cosmopolitanism", in J. Cohen & M. C. Nussbaum, *For Love of Country: Debating the Limits of Patriotism*, Boston: Beacon Press.

Hindes, B. (2002), "Neo-liberal Citizenship", *Citizenship Studies* 6(2).

Höffe, O. (2001), *Gerechtigkeit*, München: C. H. Beck.

Janowitz, M. (1983), *The Reconstruction of Patriotism: Education for Civic Consciousness*, Chicago: The University of Chicago Press.

Kennedy, P. (1993), *Preparing for the Twenty-first Century*, New York: Random House.

Niebuhr, R. (1960), *Moral Man and Immoral Society*, New York: Charles Scribner's Son's.

Nussbaum, M. C. (1997), "Kant and Stoic Cosmopolitanism", *Journal of Political Philosophy* 5(1).

Nussbaum, M. C. (1996), "Patriotism and Cosmopolitanism", in J. Cohen & M. C. Nussbaum, *For Love of Country: Debating the Limits of Patriotism*, Boston: Beacon Press.

Pagden, A. (2000), "Stoicism, Cosmopolitanism, and the Legacy of European Imperialism", *Constellations* 7(1).

Pogge, T. W. (1992), "Cosmopolitanism and Sovereignty", *Ethics 103*(1).

Rosenau, J. N. (1992), "Citizenship in a Changing Global Order", in J. N. Rosenau and Ernst-Otto Czempiel(eds.), *Governance without Government: Order and Change in World Politics*, Cambridge: Cambridge University Press.

Sen, A. (1996), "Humanity and Citizenship", in J. Cohen & M. C. Nussbaum, *For Love of Country: Debating the Limits of Patriotism*, Boston: Beacon Press.

Taylor, C. (1996), "Why Democracy Needs Patriotism", in J. Cohen & M. C. Nussbaum, *For Love of Country: Debating the Limits of Patriotism*, Boston: Beacon Press.

Walzer, M. (1996), "Spheres of Affection", in J. Cohen & M. C.

Nussbaum, *For Love of Country: Debating the Limits of Patriotism*, Boston: Beacon Press.

Walzer, M. (1994), "Multiculturalism and Individualism", *Dissent*, Spring.

5장

다문화주의 시민성과 시민교육

김형렬·서울대학교 교수

5장
다문화주의 시민성과 시민교육

김형렬 (서울대학교 교수)

　지난 반세기 동안 진행되어 온 세계화의 흐름은 국가 간의 경계를 넘나드는 사람의 규모를 폭발적으로 증가시켰다. 유엔 경제사회국의 인구분과는 2019년 기준으로 전 세계에 약 2억 7,200만 명의 사람들이 출신 국가가 아닌 다른 국가에서 거주하고 있는 것으로 집계하였는데, 이는 2010년의 2억 2,100만 명보다 23% 늘어난 수치로 같은 기간 전 세계 인구 증가율 11%보다 두 배 이상 빠른 속도이다(UN, 2019). 많은 학자들은 국제 이민자의 규모가 앞으로도 계속 증가할 것이며, 이들이 새로운 사회에 정착하여 출산한 자녀들까지 포함한다면 그 규모는 몇 배로 늘어날 것으로 전망하고 있다(Segal, Doreen, & Mayadas, 2010, 17).
　국제이주의 증가와 더불어 사회 내의 상이한 여러 민족과 인종들이 형성하는 다문화 현상에 대한 전 지구적 관심 또한 확대되었다.

특히 전체 인구에서 이민자가 차지하는 비중이 높은 캐나다와 미국, 호주 등과 같은 국가 내에서는 자국민과 이민자 사이의 갈등을 해소하고 안정적인 사회통합을 이룩하는 것이 중대한 사회적·정치적 문제로 부상하였다(Hing, 2004; Koser, 2007). 이러한 배경하에, 주요 이민 국가들을 중심으로 다문화의 현실에서 빚어지는 사회적 분열을 최소화하면서 각기 다른 문화집단 간의 조화로운 공존을 추구하고자 하는 일종의 대안적 정책으로서의 다문화주의가 주목을 끌기 시작하였다(권금상 외, 2012, 31).

물론 다문화주의를 세계화 시대 국제이주의 증가와 더불어 근래에 새롭게 등장한 개념으로 보기는 어렵다. 사회통합을 위해 국가 내 주류문화 집단과 소수문화 집단 간의 공존과 상호 존중이 요구된다는 주장은 근대 민족국가의 형성 및 전개 과정에서부터 꾸준히 제기되어 왔기 때문이다(Savidan, 2009; 이산호, 김휘택 역, 2012, 13–34). 또한 다문화주의를 이론적으로 정초하고 있는 사상적 토대는 이미 1990년대 중반을 지나면서 인정의 정치, 집단 차별적 시민성, 백인성(Whiteness) 등의 주제를 중심으로 그 기본 틀이 완성된 것으로 평가된다(예컨대, Talyor, 1992; Kymlicka, 1995a, 1995b; Giroux, 1997). 이에 오늘날 문화적 다양성을 통합하기 위한 대안적 정책 차원에서 제시되고 있는 다문화주의에 하등 새로울 것이 없으며 일시적 유행과 같은 산발적 논의에 그치고 있다는 우려 또한 제기된다(Spinner-Halev, 2006). 더욱이 1990년대 중반부터 유럽 국가들을 중심으로 이민자들과 소수민족의 문화를 용인하는 것이 오히려 이들의 사회 내 적응과 통합을 방해하는 주요 원인이 되고 있다는 인식이 확산하면서, 다문화주의를 배격하는 움직임 또한 점차 본격화되고 있다(Entzinger,

2006; Joppke, 2004). 이에 독일의 메르켈 총리, 프랑스의 사르코지 대통령, 영국의 캐머런 수상과 같은 주류 정치인들조차 유럽에서의 '다문화주의의 실패'를 공공연하게 선언하기에 이르렀다(Vertovec & Wessendorf, 2010; 부산대학교 사회과학연구원 역, 2014, 13).

서구 사회에서 다문화주의가 이처럼 오랜 세월에 걸쳐 다양한 양상으로 발전해 온 개념인 것에 반해, 한국에서는 비교적 최근이라 할 수 있는 2000년대부터 다문화주의에 대한 논의가 시작되었다. 1990년대 중반 이후 외국인 노동자, 결혼이주여성 및 이들의 자녀들, 탈북자와 조선족으로 대표되는 해외 동포의 유입이 급속하게 증가하는 가운데 이들의 인권 보호와 사회 적응이 시급한 국가적 과제로 대두되었기 때문이다(김이선 외, 2007, 16). 이러한 상황에 맞서 정부는 각 부처와 기관별로 다문화 관련 정책과 사업을 경쟁적으로 확장하였으며, 이 시기부터 학계와 시민사회에서 또한 '다문화' 혹은 '다문화주의'라는 수식어가 붙는 연구와 사업의 숫자가 폭발적으로 증가하기 시작하였다(윤인진, 2014, 13).

그러나 2010년대에 들어서면서부터 한국의 다문화주의는 일련의 위기 상황에 봉착하게 된다. 정부에 의해 일방적으로 주도되는 한국의 관(官) 주도형 다문화주의에 대한 자성의 목소리가 나오기 시작하였을 뿐만 아니라, 다른 소외 집단보다 결혼이주여성과 다문화 가족의 자녀들에 대한 정부의 지원이 지나치게 시혜적이라는 비판 또한 제기되었다(윤인진, 2014, 13). 이에 자국민에 대한 역차별 문제를 본격적으로 제시하면서 '반(反) 다문화 운동'을 펼치는 단체까지 등장하였으며, 도입 초기보다 사회 전반적으로 다문화주의에 관한 관심과 지지가 수그러들기 시작하였다(강진구, 2012; 김규철, 2012; 김영숙, 2015;

김현희, 2015).

다문화주의를 둘러싼 이와 같은 국내외의 상황은 다문화주의는 그것이 통용되고 적용되는 국가의 실정에 따라 다양한 방식으로 해석되고 실천되고 있다는 것, 그리고 최근에는 통합 패러다임에 기초한 대안적 정책 입론으로서의 다문화주의가 한계를 노정하고 있다는 것을 시사한다. 더욱이 한국에서는 본래 서구적 전통에서 기원한 다문화주의에 대한 공통적인 이해 방식이 아직 확고히 자리 잡지 못하였으며, 다문화주의가 우리 사회 내에서 수행하는 역할에 대해서도 상이한 해석이 공존하고 있는 상황이다(한건수, 2009, 203-204; 한건수, 한경구, 2011). 이와 같은 문제의식 하에, 이 장에서는 다문화주의의 역사적 변천과 이론적 토대에 대한 이해를 기반으로 다문화주의 시민성의 의의와 한계를 규명하고, 궁극적으로 다문화주의 시민성이 오늘날 시민교육에 제시하는 함의가 무엇인지를 밝히고자 한다.

1. 다문화주의의 역사적 변천

현대사회를 살아가는 사람이라면 누구나 한 번쯤은 다문화주의라는 용어를 들어보았을 것이다. 그럼에도 불구하고 다문화주의를 모두가 수긍할 만한 하나의 의미로 정의하기는 쉽지 않다. 다문화주의는 좁게는 문화종교적으로 이질적인 소수민족과 이민자의 통합에 적절한 해법을 모색하기 위한 정책적 시도를 지칭하기도 하지만, 넓게는 체제의 억압성을 폭로하고 사회 질서의 전복을 통한 소수집단의 주체성과 권익 회복을 목표로 하는 다분히 급진적인 철학 사조와 이념, 사회운동을 포괄한다. 다문화주의는 문화적 다양성의 근원을 무엇으로 보느냐에 따라서도 다양한 갈래로 구분될 수 있는데, 예컨대, 한 사회 내의 소수민족과 이민자 중 어느 주체가 강조되느냐에 따라 다문화주의의 지향점이 달라질 수 있다(Kymlicka, 1995b; 장동진 외 역, 2010, 20). 더욱이 다문화주의는 사회의 주류로부터 배제되었거나 주변화되었던 광범위한 범위의 비인종문화적 사회집단들(non-ethnic social groups), 예를 들어, 여성, 동성애자, 노동자, 장애인, 종교적 소수자 등의 역사적 소외를 극복하기 위한 일련의 노력을 지칭하기도 하는데, 이와 같은 용어 사용은 특히 미국적 맥락에서 발견된다(신문수, 2016, 3). 이러한 이유에서 다문화주의는 종종 "본질적으로 논쟁적인(essentially contested)" 개념(Gallie, 1956)으로 간주되는 것이다.

다문화주의의 논쟁적인 특성은 이처럼 다문화주의를 무엇으로 규정할 것인가의 문제로부터 시작되어 각각의 입장 내부의 차이로 심화되는 양상을 띤다(오경석, 2007, 28). 본 장에서는 '문화'를 '민족(nation)'이나 '한 집단적 인민(people)'과 같은 의미로 사용하는 킴리카(Kymlicka, 1995b; 장동진 외 역, 2010, 37)의 해석을 따라 민족적이고 인종문화적인 차이로부터 발생하는 다문화주의에 초점을 맞춘다. 이에 우선 사회 내 다양한 민족 및 인종문화적 집단의 조화로운 공존과 상호 인정을 목표로 하는 다문화주의 관련 논의의 양상이 어떻게 진화하고 변모되어 왔는지에 대해 살펴본다.

다문화주의의 기원은 근대적 의미에서의 민족국가의 형성 및 전개 과정으로까지 거슬러 올라간다. 근대 민족국가는 '국민 만들기(nation-building)' 과정에서 혈통을 기준으로 한 소수의 '정상적

(normal)' 집단에게만 시민의 지위를 부여하였고, 이러한 정상성 모델에서 이탈하는 사람은 누구라도 배제와 동화의 대상이 되었다. 예를 들어, 유색인 집단은 종종 서구 사회로의 진입이 거부되거나 설사 진입이 허용되었다고 하더라도 주류문화로의 철저한 동화가 요구되었고, 토착민들의 경우 보호 구역으로 고립되거나 자신들의 전통적인 삶의 양식을 포기해야만 했다(Kymlicka, 1995a; 장동진 역, 2006, 455). 이후 민족국가 내부의 다수 집단과 소수집단 간의 관계를 설정하면서 문화적 다양성 및 상대성, 문화적 우열 여부, 소수문화의 고유한 가치 등에 대한 논의가 시작되었는데, 다문화주의는 이와 같은 문화 다원주의(cultural pluralism)의 담론들에서 그 기원을 찾을 수 있다(박병섭, 2007, 207-212). 비록 다문화주의라는 명칭이 직접적으로 사용된 것은 아니지만, 이 시기의 '초기' 다문화주의는 한편으로는 사회 내 다양한 집단들과 이들이 향유하는 문화 간에 서로를 이해하고 존중하는 풍토를 형성하면서 궁극적으로는 문화적 차이를 하나의 공동의 국민문화로 통합하는 것을 일차적 과제로 삼는, 일종의 사회통합의 논리체계로서 주류집단에 의해 적극적으로 활용되었다(권금상 외, 2012, 37). 이러한 시각에서 본다면 근대 민족국가의 형성 과정에서 촉발된 다문화주의는 사회적 분열과 갈등을 치유하기 위한 현실적 전략으로서의 동화주의를 이념적으로 뒷받침하는 이데올로기일 뿐이었던 셈이다.

다문화주의는 1960년대 말에서 1970대 초 무렵부터 다양한 민족과 인종으로 이루어진 유럽과 북미, 호주 등을 중심으로 새롭게 부상하기 시작하였다. 이처럼 다문화주의가 부상하게 된 원인을 몇 가지로 압축해 볼 수 있는데, 하나는 공산주의 붕괴 이후 동유럽 국가들 내에서 부상한 인종 민족주의(ethnic nationalism)와 관계가 있다. 공산주의의 붕괴가 자유민주주의로의 진전으로 자연스럽게 이어질 것으로 여겼던 낙관적 가정이 인종 갈등과 민족주의의 문제로 인해 크게 빗나가면서, 다양한 인종문화 집단의 권리에 대한 사회적 관심이 촉발된 것이다(Kymlicka, 1995a, 장동진 외 역, 2006, 466). 다음으로는 근대화의 급속한 진전과 함께 이루어진 민주화와 그에 따른 인권 존중 사상의 확산으로 인해, 전 세계 다양한 국가들 내에서 소수집단의 문화적 권리 및 정체성에 대한 반성적 성찰과 비판적 인식이 싹트기 시작한 것과 관련이 있다(권금상 외, 2012, 39). 이전에 소외되었던 집단들은 자신들이 단순히 인종이나 문화적 측면에서 소위 정상적 시민과 차이가 난다고 해서 침묵해야 한다거나 주변적 존재로 규정되는 것을 더는 받아들이지 않으며 좀 더 포용적인 시민의 개념을 요구하고 나섰다. 이들의 요구는 어떤 정체성과 이익이 인정되어야 하는지와 관계가 있다는 점에서 종종 '정체성 정치(identity politics)' 혹은 '인정의 정치(politics of recognition)'라고 명명된다(Kymlicka, 1995a; 장동진 외 역, 2006, 456). 다수 집단 내 구성원들의 자기 성찰과 비판 역시 빠르게 확산되기 시작하였는데, 이는 근대 민족국가의 국민 만들기 과정에서 추진되었던 소수집단에 대한 강압적인 동화정책이 오히려 집단 간의 갈등을 심화시킴으로써 공동체 자체의 균열을 초래할 수 있다는 현실적 인식에 기인한 것이었다(권금상 외, 2012, 40).

 세계화라는 시대적 흐름 속에서 이주의 문제가 모든 국가가 공통으로 고민해야 하는 보편적 의제가 됨에 따라, 개인과 개인이 소속되어 있는 문화 사이의 관계를 재정립해야 할 필요성이 대두되었다(Savidan, 2009; 이산호, 김휘택 역, 2012, 14-15). 초국가적 이주가 일상화된 세계 속에서 동일한 국적, 단일한 국민적 정체성, 배타적인 성원권, 영토 내부에 대한 포괄적인 통치권 등으로 압축되는 근대 민족국가의 '동질성 가정(homogeneity hypothesis)'이 훼손되었고 이에 상응하여 구성되었던 민족적 통일성과 충성의 원천으로서의 '공동의 문화(common culture)'라는 개념 또한 수정을 요구하였기 때문이다(Soysal, 1994). 즉, 전 세계적으로 보편화된 이주의 문제는 국가 공동체 내의 개인들을 공동의 국민문화로 통합하려는 발상 자체를 거부하게 만든 것이다. 이러한 배경하에 유럽이나 북미, 호주 등의 다인종·다문화 국가들뿐만 아니라 한국, 일본 등과 같이 국가 구성원의 자격에 대해 전통적으로 혈통주의적 접근을 취해왔던 국가들 내에서도 다문화주의를 적극적으로 수용하는 분위기가 마련되었다.

그러나 전 세계를 중심으로 번져 나가던 다문화주의 열풍은 1990년대 중반부터 유럽 국가들을 중심으로 퇴조하기 시작하여 2000년대 이후에는 전 세계적으로 '다문화 피로감' 또는 '다문화 혐오증'이 더 중심적인 이슈로 부각되기에 이른다. 네덜란드, 독일, 프랑스, 영국 등지의 각종 언론과 매체를 통해 최근의 이민자들은 주류사회에 동화되기를 거부하며 사회구성원으로서의 소속감과 책임감을 갖지 않는다는 불만이 표출되었으며, 이민자들에 의해 지배집단의 문화와 생활양식이 위협받고 있다는 우려 또한 확산되었다(Entzinger, 2003; Koopmans et al., 2005). 특히 무슬림 근본주의자의 테러가 사회문제로 대두되면서 유럽 각국은 다문화주의에 내재된 폐쇄적 문화 본질주의에 대한 위험을 체감하기 시작하는데, 이어서 미국에서 터진 2001년 9/11 사태에 더하여 서구 사회에서의 다문화주의는 거센 역풍을 맞게 되었다(신문수, 2016, 24-26). 이 시기부터 각국의 정책 기조가 이민자들을 자국민과 구별 짓고 다른 한편으로는 자국의 주류 문화에 동화시키려는 '신인종주의적' 색채를 띠게 되고, 이에 유럽 내의 주류 정치인들은 다문화주의의 실패 또는 종언을 공식적으로 거론하기 시작하였다(Vertovec & Wessendorf, 2010; 부산대학교 사회과학연구원 역, 2014). 최근 미국에서 또한 트럼프의 대통령 당선 이후 백인 집단의 기득권 상실에 대한 불안감을 의도적으로 조장하고 이민을 통제해야 한다는 목소리가 점차 고창되고 있어, 1980년대부터 미국 사회에 우세했던 다문화주의가 역풍을 맞고 있다. 한국에서 역시 정부의 온정적이고 시혜적인 다문화 정책에 대한 비판이 거세지면서, 반(反) 다문화주의 정서가 두드러지고 있다(윤인진, 2014).

2. 다문화주의 시민성의 이론적 토대

국가를 구성하는 국민의 범주에 누구를 포함하고 배제할 것인가의 문제는 전근대에서 근대로의 전환 시기 대부분의 정치공동체가 직면하였던 중요한 문제 중의 하나였다. 이에 근대 정치공동체들은 혈연, 언어, 문화, 역사 등을 바탕으로 공통의 민족성을 공유하는 사람들을 국민으로 규정하는 한편 이와 같은 범주에 속하지 못하는 사람들을 비국민 혹은 이방인으로 타자화함으로써 자신의 경계를 설정하고자 하였다(김범수, 2009, 177-178). 특히 구성원의 경계를 설정하면서 국민으로 규정된 사람들에게만 배타적으로 시민성(citizenship)과 이에 따르는 일련의 권리와 혜택을 부여하는 과정이 핵심을 이루었는데, 이와 같은 '권리로서의 시민성' 모델의 목표는 국민 사이에 공통적인 정체성을 증진함으로써 사회 내 통합을 이룩하는 것이었다(Kymlicka, 1995a; 장동진 외 역, 2006, 456).

이후 마샬(T. H. Marshall)의 선구적인 주장에 따라 국민에게 부여되는 권리의 목록에 정치공동체에서의 성원권(membership)에 더하여 교육, 의료 및 사회보장 프로그램에 대한 접근성 등을 의미하는 사회적 권리(social rights)가 포함되었다. 마샬에게 있어 시민들에게 동등한 사회적 권리를 보장해주는 것은 이들의 기본적 필요를 충족해 주기 위한 인도적 이유에서 한 걸음 나아가, 사회경제적으로 소외되어 왔던 집단들을 공동의 국민문화로 통합함으로써 민족적 통일성과 충성을 증진시키는 데 있었다(Marshall, 1965). 예를 들어, 영국의 노동계급이 경제적 자원과 교육 기회의 부족으로 셰익스피어, 디킨스, 명예혁명, 크리켓 등으로 대표되는 영국의 국민문화를 향유할 수 있는 기회를 갖지 못한다면 자신들만의 하위문화를 형성하고 심지어는 공산주의 등과 같은 발상을 지지함으로써 사회의 분열을 조장할 수도 있는 것이다(Kymlicka, 1995a; 장동진 외 역, 2006, 457). 이러한 관점에서 본다면, 복지국가의 시민성 확장은 구성원들을 하나의 공동 국민문화로 통합시키기 위한 근대국가의 국민 만들기의 수단 중 하나였던 셈이다.

그러나 테일러(Charles Talyor)가 '심원한 다양성(deep diversity)'(Talyor, 1991, 75)으로 묘사한 오늘날의 다문화 사회에서 공동의 권리로서의 시민성 개념은 날카로운 비판에 직면해 왔다. 여성, 동성애자, 토착민, 인종 및 종교적 소수자들을 포함하는 문화적 소수자들은 공동의 시민성을 소유하고 있음에도 불구하고 국가 내에서 여전히 차별받고 배제되고 있다고 느끼기 때문이다. 예를 들어, 많은 동성애자는 자신들이 여전히 국민문화로부터 부당하게 소외되고 있다고 느끼는데, 이는 이들이 참정권을 갖지 못하고 있거나 소득이나 교육 수준의 측면에서 이성애자에게 뒤처지기 때문이 아니다. '이성애자 백인, 장애 없는 남성'을 전제로 만들어진 전통적 시민성 모델과 이것에 의해 형성된 공동의 국민문화가 동성애자 집단들을 비천하고 타락한 존재로 여기기 때문이다. 이와 유사한 맥락에서 종교적 소수자들은 학교나 관공서와 같은 공공장소에서 터번이나 차도르와 같은 종교적 상징물들을 착용할 수 없게 만드는 국가의 복장 규정으로부터 냉대를 느끼는데, 이는 자신들의 법적 지위나 사회경제적 수준과는 무관한 것이다.

이에 대한 해결책으로 문화적 소수자들은 궁극적으로 영(Iris Young)이 명명한 '차별적 시민성(differentiated citizenship)'(Young, 1989, 258) 혹은 킴리카(Will Kymlicka)가 제시한 '집단 차별적 시민성(group differentiated citizenship)'(Kymlicka, 1995a, 1995b)을 요구한다. 정치공동체 내에서 개인의 평등과 자유를 실현하기 위해서는 공동의 권리로서의 시민성에 더하여 집단 간의 차이를 적절하게 수용하는 집단으로 특수화된 형태의 시민성이 필요하다는 것이다. 즉, 소수문화 집단 구성원들의 차별적인 필요(differential needs)를 수용하기 위해서 진정한 평등과 자유는 동일한 처우가 아니라 차별화된 처우를 요구한다. 특히 킴리카는 다양한 종류의 소수문화 집단 중 민족과 인종문화 집단의 요구에 초점을 맞추어, 이들에게 적용될 수 있는 집단 차별적 시민성의 종류로 다음의 세 가지를 제시한다. 첫째, 한 국가 내에 여러 민족이 공존하고 있는 다민족 국가(multination states)의 소수민족에게는 일종 형태의 정치적 자율성 또는 영토적 관할권을 포함하는 '자치권(self-government rights)'이 주어져야 한다. 예를 들어, 캐나다의 연방 권력 분할 체제하에서 퀘벡주가 이민정책이나 교육, 언어 및 문화에 대한 재판권을 가지고 있는 것이나 북미 토착민들의 영토 근거지가 정착자들과 자원개발업자들에 의해 침식당하는 것을 금지하는 통제권을 갖는 것 등이 자치권의 실제 적용 사례로 간주될 수 있다(Kymlicka, 1995b; 장동진 외 역, 2010, 56-63). 둘째, 주로 이민을 통해 이루어지게 되는 다양한 인종문화적 집단이 존재하는 다인종문화국가(polyethnic states)의 소수집단에게는 자신의 문화적 독특성과 자긍심을 표현할 수 있게 하는 '다인종문화적 권리(polyethnic rights)'가 부여되어야 한다. 예컨대, 영국에서 유대인과 이슬람교도들이 일요일 휴무나 동물 도살법으로부터 면제를 받거나 미국에서의 정통파 유대인들이 군 복무기간 동안 야물카(yarmulka)를 착용할 수 있는 권리를 부여받는 것이 다인종문화적 권리의 사례이다(Kymlicka, 1995b; 장동진 외 역, 2010, 65). 셋째, 소수민족과 인종문화적 소수집단의 목소리를 국가의 정치 및 정책 수립 과정에 적절하게 반영하기 위한 '특별집단대표권(special group representation rights)'이 부여되어야 한다. 예를 들어, 연방 대법원과 같이 소수민족에게 주어진 자치의 권한들을 해석하거나 수정할 수 있는 체제 내에 소수민족의 대표들을 포함함으로써 특별집단대표권이 실행될 수 있다. 물론 집단 차별적 시민성을 구성하는 이 세 종류의 권리들은 서로 중첩될 수 있으며, 일부 집단들은 한 종류의 권리만을 다른 집단은 그 이상의 것들을 요구할 수도 있다. 소수민족과 달리 이민자들은 자발적인 의사에 따라 자신들의 고유문화를 떠나기로 선택하였으며 이는 원래 문화에 대한 귀속성과 함께하는 민족적 권리를 포기한 것을 의미한다. 따라서 이민자들에게 자신의 원래 문화에 머물 수 있는 선택의 여지가 주어져 있었던 한에서, 이들이 주류사회 내에 통합될 것이라 기대하는 것은 당연한 일이며 자신들만의 고유문화를 재창조하거나 자치 정부의 권리를 주장할 근거는 없다(Kymlicka, 1995b; 장동진 외 역, 2010, 197). 반면, 강압적 시도로 현재의 국가에 편입된 소수민족의 경우 주류사회에의 통합 여부에 관한 결정은 구성원들 자신에게 맡겨져야만 하며 (Kymlicka, 1995b; 장동진 외 역, 2010, 205), 이들은 다양한 형태의 자치권과 더불어 중앙정부에서의 특별 집단대표권과 다인종문화적 권리를 동시에 추구할 수도 있을 것이다.

그러나 여기에서 특히 주목해야 할 점은 소수민족이나 인종문화적 소수집단이 고유문화에 대한 보호를 명목으로 집단 차별적 권리를 요구할 때, 그러한 요구의 내용이 다음의 두 가지 주장으로 나누어진다는 사실이다. 첫 번째 주장은 킴리카가 '내부적 제재(internal restrictions)'로 지칭하는 것으로, 전통적 관행이나 관습을 준수하지 않으려는 공동체 내부 구성원들의 자유를 제한하는 것과 관계된다 (Kymlicka, 1995b; 장동진 외 역, 2010, 73). 몇몇 고립주의적 인종 종교 집단들의 경우 아동과 청소년들이 대중교육을 받을 기회를 박탈함으로써 향후 이들이 집단을 떠날 수 있는 능력에 심각한 규제를 부과하는데, 이것이 내부적 제재의 대표적인 사례이다. 두 번째 주장은 킴리카가 '외부적 보호(external protections)'라고 부르는 것으로, 더 큰 전체사회의 영향력으로부터 공동체를 보호하는 것과 관계된다 (Kymlicka, 1995b; 장동진 외 역, 2010, 76). 예컨대, 미국의 인디언들은 더 광범위한 전체 사회의 경제 및 정치적 결정들에 대한 자신들의 취약성을 줄이기 위해 미국의 권리장전이나 헌법으로부터의 면제를 요구하는 한편 부족이나 집단 헌법에서 규정된 자신들만의 인권 보호 절차를 유지하고자 한다. 달리 말하자면, 내부적 제재와 외부적 보호는 모두 집단 차별적 권리로 명명되지만, 전자는 집단 내의 관계(intra-group relations)를 후자는 집단 간의 관계(inter-group relations)를 규정한다는 점에서 차이가 있다.

    이와 같은 집단 차별적 시민성의 두 가지 주장에 대한 구분에 따라, 킴리카는 내부적 제재와 외부적 보호가 반드시 함께 요구될 필요는 없으며 오히려 집단 차별적 시민성은 해당 집단의 구성원들의 기본적 자유와 권리를 제한하는 내부적 제재를 거부하고 집단 간 평등 관계를 증진할 수 있는 한에서만 인정되어야 한다고 주장한다. 집단 차별적 시민성은 "한 집단이 다른 집단들을 지배하는 것을 허용해서는 안 되며, 또한 이 권리들은 어떤 집단이 자신의 구성원들을 억압하는 것을 허용해서는 안 된다"(Kymlicka, 1995b; 장동진 외 역, 2010, 402)는 것이다. 이는 한 문화의 특징이 그 구성원들의 선택 결과로서 변화하는 것은 정당한 반면 해당 문화가 외부 사람들에 의한 결정의 결과로 존속 자체를 위협받게 되는 상황은 정당하지 않다는 의미로, 사람들은 자신의 문화 내에서 무엇이 가장 좋은지를 판단하고 수정해 나갈 수 있어야 하지만 이러한 과정이 타인에 의해 강제되어서는 안 된다는 자유주의적 원칙이 반영된 것으로 해석된다(Kymlicka, 1995b; 장동진 외 역, 2010, 214-215). 이에 덧붙여 킴리카는 소수문화 집단 가운데 구성원에 대한 내부적 제재의 부과를 지지하는 경우는 실제로 많지 않으며, 설령 그러한 집단이 있다고 하더라도 이들 집단에서 나타나는 억압적 관행들을 최근의 다문화주의 정책의 귀결로 보는 것은 잘못된 시각이라고 비판한다. 몇몇 고립주의적 종교집단 혹은 토착민들에게서 발견되는 내부적 제재들은 근대국가의 다문화주의 정책이 시행되기 아주 오래전 전근대 사회에서부터 존재하고 있었던 경우가 많기 때문이다(Kymlicka, 1995b; 장동진 외 역, 2010, 87).

이처럼 킴리카가 주창하는 다문화주의는 궁극적으로 개인의 평등한 자유를 증진시키는 데 초점이 맞추어져 있으며 소수자집단의 권리는 오직 그것이 개인의 자유와 양립 가능할 때만 인정된다는 점에서 '자유주의적 다문화주의(liberal multiculturalism)'로 분류된다. 이에 킴리카는 집단 차별적 시민성을 공동체의 가치 수호를 위한 '집단적 권리(group rights)'로 이해하거나 다문화주의를 개인을 공동체 내에서의 사회적 역할과 관계성에 '각인된(embedded)' 존재로 보는 공동체주의와 동일시하는 해석에 분명한 반대의 입장을 취한다(Kymlicka, 1995a; 장동진 외 역, 467). 아래의 논의를 통해 더 자세히 살펴볼 바와 같이 일부 고립주의적 인종 종교 집단이나 토착민 공동체들과 같이 분명히 '공동체주의적'이라고 부를 수 있는 집단이 존재하기는 하지만, 오늘날 지구촌 사회에 존재하는 대부분의 소수민족과 인종문화집단들은 근대 자유주의 사회의 완전하고 동등한 참여자가 되기를 원하는 자유주의자들이다. 설사 몇몇 소수민족이 분리 독립을 희망할 때도 이들은 자신들만의 근대적 자유 민주사회를 건설할 것이기를 원하는 것이지, 근대 세계와 스스로 거리를 두려는 비자유주의적 공동체를 건설하려는 것은 아니다(Kymlicka, 1995a; 장동진 외 역, 470). 즉, 집단 차별적 시민성과 소수자 권리를 요구하는 다문화주의의 옹호자들은 자유민주주의 사회와 제도 내에서의 언어와 민족성, 인종적 정체성의 적절한 역할에 대해 의문을 제기하는 자유주의 내부의 자유주의 비평가들일 뿐, 자유주의의 근본 원칙들을 공격하는 공동체주의자가 아니라는 것이다.

그렇다면 소수문화 집단 구성원들에게 차별적 권리를 주어야 하는 '자유주의적' 근거는 무엇인가? 소수문화 집단 구성원의 평등한 자유 증진을 위해서는 왜 공동의 권리로서의 시민성에 더하여 별도의 차별적 시민성이 요구되는가? 이와 같은 물음에 대해 자유주의적 다문화주의는 모든 사람에게는 '자신만의 삶의 계획을 선택할 자유'가 주어져 있는데, 여기에서 의미 있는 개인의 선택이 가능한 맥락을 제공하는 것이 곧 '사회고유문화(societal culture)'라는 답변을 제시한다(Kymlicka, 1995b; 장동진 외 역, 2006, 170). 자유주의적 견해에 따르면 개인들은 스스로의 삶에 대한 특정한 관점이나 목적으로부터 한 걸음 물러서 이를 점검하고 평가할 수 있는 존재인데, 구체적으로 이는 첫째, 각 개인은 무엇이 삶에 가치를 부여하는가에 대한 믿음에 따라 스스로의 삶을 이끌어 나갈 수 있으며 둘째, 이러한 믿음들에 자유롭게 의문을 제기할 수 있음을 의미한다(Rawls, 1980; Dworkin, 1983). 그런데 각 개인이 자신의 삶을 어떻게 운영할지 결정하는 것은 항상 자신이 속한 문화에 의해 주어진 선택지들 내에서 이루어진다. 달리 표현한다면, 스스로의 가치관을 형성하고 수정할 수 있는 역량은 나 자신의 생각과 행동을 표현할 수 있게 해주는 공유 언어와 사회적 관행, 그리고 문화적 정체성에 의존하고 있다는 것이다. 드워킨(Ronald Dworkin)이 언급한 바와 같이, 우리의 문화는 선택지를 제공해 줄 뿐만 아니라 '우리가 가치 있는 경험을 식별하는 데 쓰는 안경(spectacles)을 제공해 준다'(Dworkin, 1985, 228).

그러나 개인의 자유와 사회고유문화 사이의 필연적 연계성을 부인하는 사람들은 종종 각 개인이 문화에 대해 갖는 소속감이 그들의 개인의 취향에 따른 '선택'일 뿐 본질적인 '필요'는 아니라는 주장을 펼친다. 나아가 자신이 선택한 값비싼 취향에 따른 비용은 당사자가 부담해야 하지 다른 사람들이 이를 보조해 줄 것을 기대할 수는 없으며(Kymlicka, 1995a; 장동진 외 역, 471), 특히 국가는 사람들이 자유롭게 추구하는 다양한 문화적 취향에 관해 관심을 두지 않는 '선의의 무관심(benign neglect)' 원칙을 고수하는 편이 더 바람직하다고 이야기한다. 이는 자유주의적 국가가 공식 종교(official knowledge)의 존재를 허용하지 않는 것과 마찬가지로, 문화적 정체성은 각자가 사적인 영역에서 자유롭게 추구해야 할 사항이지 국가가 관심을 두어야 할 사항은 아니라는 것을 뜻한다(Kymlicka, 1995b; 장동진 외 역, 217).

이와 같은 반론에 직면하여, 자유주의적 다문화주의에서는 한 개인이 소속된 사회고유문화는 개인의 선택에 따른 취향이라기보다 선택하지 않은 환경의 일부분으로 보아야 한다고 주장한다. 실제 사람들에게는 자신의 사회고유문화를 자발적으로 선택할 기회가 주어지지 않으며, 이중 언어 사용자들과 같이 문화 간 이동이 자유로운 소수 사람의 경우를 제외하고는 자신의 문화를 떠나는 것은 그것이 형식상 가능한 선택지로 주어져 있다고 하더라도 매우 큰 희생을 수반하기 때문이다(Kymlicka, 1995b; 장동진 외 역, 2006, 178). 더욱이 오직 사회 내의 문화적 소수자들에게만 이러한 희생을 감내하도록 기대하거나 요구하는 것은 정의의 관점에도 부합하지 않는다. 정의의 관점은 '심각하고 만연되어 있으며 출생으로부터 생겨난(profound and pervasive and present from birth)' '도덕적으로 임의적인(morally arbitrary)'

불이익들을 제거하거나 보상할 것을 요구하는데(Rawls, 1971; 황경식 역, 2014, 153), 소수문화 집단의 구성원들이 태어나면서부터 직면하는 사회 내의 각종 불이익은 바로 이처럼 심각하고 만연되어 있으며 도덕적으로도 임의적인 성격을 나타낸다. 이에 덧붙여 자유주의적 다문화주의는 자유주의 국가들이 채택하는 선의의 무관심 정책을 다음과 같은 근거에서 비판한다. 자유주의 국가들은 실제로는 단일한 사회고유문화를 장려함으로써 그러한 사회고유문화에 소속되지 않은 소수집단에 체계적인 불이익을 초래하면서도, 명목상의 선의의 무관심 원칙을 고수함으로써 이러한 불이익을 교정하고자 하는 노력을 기울이지 않는다는 것이다(Kymlicka, 1995b; 장동진 외 역, 2010, 228). 예를 들어, 자유주의 국가는 학교의 교육과정을 공식 언어로 작성하거나 성원권을 획득하기 위한 조건에 공식 언어의 구사 능력을 포함하는 등의 정책을 통해 특수한 인종문화적 정체성을 지지하고 있으면서도 이를 인정하지 않음으로써 다른 언어를 사용하는 소수집단에 대한 부정의를 은폐시키고 이들의 사회적 지위를 영속적으로 주변화시킨다. 종합적으로 살펴보건대, 결국 자유주의적 다문화주의에서 제기하는 집단 차별적 시민성이란 소수문화 집단의 구성원들에게 차별화된 권리를 제공함으로써 이들이 다수자들과 마찬가지로 자신들의 사회고유문화 내에서 자유롭게 살아갈 수 있게 하기 위한 보상적 처우를 의미하며, 소수문화 집단의 구성원들의 평등한 자유 증진과 사회 정의의 실현을 궁극적 목표로 삼고 있다는 점에서 자유주의적 가치와 양립 가능한 것이다(Kymlicka, 1995b; 장동진 외 역, 2010, 223).

3. 다문화주의 시민성의 의의와 한계

우리는 킴리카를 비롯한 자유주의적 다문화주의자들이 제시하는 집단 차별적 시민성에 대한 이해를 통해 근대 민족국가의 국민 만들기 과정과 소수자 권리 사이의 상호 관계를 이해할 수 있다. 다문화주의와 소수자 권리에 대한 논쟁에서 종종 사람들은 구체적으로 어떠한 근거에서 소수문화 집단의 구성원들이 자신들만의 특별한 처우를 요구할 수 있는지에 대해 반문한다. 그러나 앞선 논의를 통해 살펴본 바와 같이, 소수문화 집단의 구성원들이 일련의 차별적 권리를 요구하는 것은 근대 민족국가의 국민 만들기 과정에서 필연적으로 발생하는 실재적 혹은 잠재적 부정의에 대한 정당한 반응이다 (Kymlicka, 1995a; 장동진 외 역, 2006, 501). 근대 민족국가가 소수문화 집단의 구성원들에게 공동의 국민문화로의 통합에 대한 압력을 행사할 때, 이에 대한 반작용으로 소수문화 집단의 구성원들이 국가에 자신들의 고유한 사회적 문화에 대한 보호와 존중을 요구하는 것은 어찌 보면 당연한 처사이다. 우리는 다문화주의의 옹호자들이 바로 이러한 맥락에서 근대 민족국가 국민통합의 수단으로 활용됐던 공동의 권리로서의 시민성이 집단 차별적 시민성에 의해서 제한되고 보완되어야 한다고 주장하고 있음을 염두에 두어야 한다. 소수문화 집단의 구성원들에게 집단 차별적 시민성이 주어지지 않는다면 다수자들의 국민 만들기의 노력은 항상 이들에 대한 억압과 부정의를 초래할 가능성을 내포한다.

나아가 집단 차별적 시민성의 개념은 다문화의 시대를 살아가는 오늘날의 우리에게 인간의 주체적 삶이 문화와 불가분의 관계가 있음을 일깨워 준다. 한 개인이 소속되어 있는 사회의 문화에는 스스로의 삶의 목표와 가치관을 표현하기 위해 사용하는 언어가 담겨 있으며 자신의 정체성을 구성하고 있는 역사, 관습, 관행들이 포함되어 있다. 따라서 한 개인이 자신의 삶 속에서 의미 있는 선택을 하며 자유롭게 살아갈 수 있으려면 필연적으로 자신이 속한 사회고유문화에 대한 접근이 보장되어야 하며, 이러한 접근을 허용하지 않는 것은 개인의 주체적 삶을 억압하는 것이다. 더욱이 사회고유문화는 인간이 세계에 대해 안전한 소속감을 느낄 수 있게 하는 일종의 '닻'과 같은 역할을 담당하기 때문에, 결과적으로 사람들의 자존감은 그들이 속한 사회고유문화에 대해 가진 자부심과 밀접한 관련을 갖게 된다(Kymlicka, 1995b; 장동진 외 역, 2010, 184). 바로 이러한 이유로 소수집단의 문화에 대한 몰이해나 불인정은 그 집단의 구성원들을 열등한 존재로 간주하는 것이며, 반대로 이들의 문화를 인정하는 것이 집단 구성원들의 자존감을 확보하는 가장 중요한 통로가 되는 것이다. 요약하건대, 문화는 인간의 삶의 무대이자 선택 가능성으로서, 자신이 소속된 문화가 인정받지 못하면 삶의 목표와 기회가 축소되고 결과적으로 의미 있고 성공적인 삶을 성취할 가능성도 줄어들 수밖에 없다.

그러나 이와 같은 시사점에도 불구하고, 킴리카의 자유주의적 다문화주의와 집단 차별적 시민성 개념은 다음과 같은 이유에서 여러 비판을 받아 왔다. 첫째, 자유주의적 다문화주의는 비자유주의적 문화들을 어떻게 다룰 것인가와 관련하여 일관된 설명을 제공해 주지 못한다는 것이다. 앞선 논의를 통해 살펴본 바와 같이 킴리카는 소수문화 집단이 오직 자유주의적 원칙에 따라 운영될 때만 문화적으로 독특한 사회를 유지하려는 그들의 권리를 옹호할 수 있다고 본다. 간단히 말해, 집단 차별적 시민성에 대한 요구가 소수문화 집단 내의 자유(freedom within)와 함께 소수문화 집단과 다수자 집단 사이의 평등(equality between)을 허용하는 한에서만 정당화될 수 있다는 것이다(Kymlicka, 1995b; 장동진 외 역, 2010, 313). 이는 다문화주의가 어떤 문화도 좋은 것이라는 문화 상대주의적 입장을 취한다는 비판, 예컨대, 다문화주의가 여성 차별, 강제 결혼, 명예 살인, 여성 할례 등과 같은 비자유주의적인 소수문화를 옹호함으로써 '비난받아 마땅한 관례를 지지한다'라는 비판(Vertovec & Wessendorf, 2010; 부산대학교 사회과학연구원 역, 2014, 18)에 대한 응답으로 제기된 것이다. 이러한 제한으로 인해 자유주의적 다문화주의는 비자유주의적으로 조직된 소수문화 집단의 모든 요구를 수용할 수는 없게 된다. 그렇다면 문제가 되는 것은 다른 집단을 지배하는 것에는 관심을 가지지 않고, 다만 자신들의 전통적인 삶의 방식에 따라 공동체를 독립적으로 운영하기를 원하는 집단을 어떻게 다루어야 하는지이다. 집단의 외부에 있는 누구에게도 어떤 위협도 제기하지 않는 평화로운 소수민족이나 종교 공동체에 자유주의의 기본 원칙에 따라 그들의 공동체를 재조직할 것을 강요하는 것은 근본적으로 비관용적(intolerant)인 것으로 여겨질 수 있기 때문이다(Kymlicka, 1995b; 장동진 외 역, 2010, 315). 이처럼 내부적으로 개인의 자율성에 가치를 부여하지 않고 전통적 관행에 이의를 제기할 수 있는 구성원들의 능력을 심각하게 제한하는 소수문화에 대한 관용의 문제는 '관용적이지 않은 대상도 관용해야 하는가?'라는 자유주의의 오랜 난제를 상기시킨다.

 이와 같은 난제에 대한 자유주의의 입장은 다시 다음의 두 가지로 나누어진다. 하나는 비자유주의적 집단들이 더 광범위한 전체 사회로부터 어떠한 지원도 요구하지 않고 자신들의 가치를 다른 집단에 강요하지도 않는 한도 내에서 이들을 수용해야 한다는 것이다. 이는 자유주의적 관용의 원칙은 제한된 때에만 비관용적인 대상에 대한 상호 불간섭의 윤리를 허용할 수 있음을 의미한다(Kymlicka, 1995b; 장동진 외 역, 2010, 317). 다른 하나는 집단 구성원의 자유를 제한하는 어떠한 형태의 내부적 제재도 인정하지 않음으로써 교육, 설득, 재정적 인센티브 등을 통해 비자유주의적으로 조직된 집단 내에 자유주의적 가치가 증진되도록 노력하는 것이다. 이는 자유주의적 관용의 원칙이 비관용적인 대상에게는 적용될 수 없음을 의미한다(Kymlicka, 1995b; 장동진 외 역, 2010, 341). 어떤 경우에서든지 이 두 가지 입장 모두 심각한 결함을 안고 있는데, 우선 전자에서 주장하는 비자유주의적 집단에 대한 관용은 결국 개인의 자유를 억압하는 내부적 제재를 허용하는 것이기에 그 자체로 자유민주주의 사회에 심각한 도전을 제기한다는 점에서 문제를 드러낸다. 더욱이 킴리카는 자유민주주의 사회 내에 이처럼 비자유주의적으로 조직된 집단이 소수에 불과하다고 보지만(Kymlicka, 1995a; 장동진 외 역, 470), 이는 제3세계 비자유주의 국가에서 자유주의 국가로 이주해오는 이민자 집단의 수가 폭발적으로 증가하고 있는 작금의 현실을 무시한 주장에 불과하다(설한, 2010, 69). 다음으로 후자에서 제시하는 비자유주의적 집단에 대한 자유주의적 원칙의 강제는 결국 일종의 침략 행위이거나 '온정적 식민주의(paternalistic colonialism)'에 다름없다는 문제가 있다. 비록 무력의 행사에 의한 강제적 부과가 아닐지라도, 비자유주의적 집단을 자유주의적 원칙에 의해 재조직하려는 시도는 어떤 경우라도 외부에 의한 간섭과 개입으로 여겨질 수 있기 때문이다. 국제적 맥락에서 자유주의 국가들이 타국에 자유주의 원칙들을 가르치기 위해 식민지화하는 것이 오늘날 더는 받아들여지기 어려운 것과 같은 이유에서, 비자발적인 합병의 결과로 편입된 국가 내의 소수민족에 자유주의적 원칙을 부과하는 것은 정당화되기 어렵다.

둘째, 자유주의적 다문화주의에 대한 비판가들은 집단 차별적 시민성이라는 개념이 형용모순일 뿐만 아니라 사회의 통합적 기능을 수행할 수 없을 것이라 우려한다. 이들 주장에 따르면, 기존의 공동의 권리로서의 시민성이 서로 다른 문화적 배경을 가진 구성원들에게 공유된 공동체 의식을 가질 수 있게 도와줌으로써 자유주의 국가를 하나로 묶어주는 역할을 담당해 왔던 반면, 집단 차별적 시민성은 이와 같은 공동체 의식을 훼손하고 민족적·인종문화적 분리를 조장할 뿐이다. 예컨대, 글레이저(Nathan Glazer)는 집단 간의 차이에 초점을 맞추게 하는 시민성이 허락된다면 '모든 미국인이 더 광범위한 형제애를 가질 것이라는 희망은 포기되어야만 할 것'이라는 우려를 제기한다(Glazer, 1983, 227). 그러나 이와 같은 반대의 목소리에 대해 킴리카는 소수자 권리에 대한 대부분의 자유주의적 반대가 자유나 정의가 아닌 안정성(stability)의 언어로 표현되고 있는 현실을 날카롭게 비판한다(Kymlicka, 1995b; 장동진 외 역, 2010, 358). 만약 자유주의자들이 자신들의 사상적 토대가 자유와 정의라는 보편적 원칙에 정초하고 있음을 인정한다면, 이들은 집단 차별적 시민성의 개념이 왜 자유와 정의에 부합하지 않는지를 보여주어야지 이것이 사회 내의 안정성을 해친다는 주장을 펼쳐서는 안 된다는 것이다. 또한 킴리카는 자유주의가 진실로 자유와 정의라는 보편적 원칙을 실현하고자 한다면, 시민성을 특정한 영토적 경계 내에 거주하는 국민에게만 배타적으로 부여해서는 안 되며 완전한 개방국경 체계를 선택해야 할 것이라고 주장한다. 그러나 완전한 개방국경 체계를 지지하는 자유주의 사상가는 거의 없으며, 이는 자유주의가 전제하는 공동의 시민성이 사실상 특정 집단에게만 귀속되는 차별적 권리를 지칭하고 있음을 뜻한다(Kymlicka, 1995b; 장동진 외 역, 2010, 256-257). 이와 같은 일련의 논의를 통해 킴리카가 궁극적으로 주장하고자 하는 바는 다음과 같은 것이다. 첫째, 자유주의자들이 전제하는 공동의 권리로서의 시민성은 종종 사회 내 안정성 유지라는 명목으로 정당화되어 왔으며 오히려 집단 차별적 시민성이 자유와 정의라는 보편적 원칙에 더 부합하는 개념이다. 둘째, 기존의 공동의 권리로서의 시민성이 국가의 영토 경계 내에 거주하는 소수의 사람에게만 주어진 특권을 의미해온 것과 마찬가지로 집단 차별적 시민성은 소수문화 집단 구성원들의 차별적 필요를 수용하기 위해 이들에게 제공되는 차별화된 특권을 의미한다(Kymlicka, 1995b; 장동진 외 역, 2010, 258).

이에 한 걸음 나아가 킴리카는 집단 차별적 시민성을 요구하는 목소리들이 분리를 조장하기보다 궁극적으로는 주류사회 내의 통합을 지향하고 있음을 강조한다(Kymlicka, 1995b; 장동진 외 역, 2010, 364). 아미시파 등과 같은 소수의 고립주의적 인종 종교 집단을 제외한 대부분의 소수문화 집단이 요구하는 인종문화적 권리나 특별집단대표권은 주류사회 내의 통합을 저해하기보다 촉진하는 것으로 이해되어야 한다는 것이다. 예컨대, 시크교도(Sikh)들이나 유대교 정통파(Orthdox Jew)들이 공식적 복장 규정에 대한 면제를 요구했던 것은 이들이 국가적 상징을 경시하였기 때문이 아니라 경찰이나 군인과 같은 국가 조직의 완전한 일원이 되기를 원했기 때문이었다. 유사한 맥락에서 퀘벡인들이 캐나다 연방 의회나 사법부에서의 의석을 확보하기를 원하는 것은 사회 내 참여와 정치적 정당성을 증진하기 위한 것이지 시민들 사이의 통합과 유대를 저해시키기 위함이 아니다. 이와 같은 시각에서 본다면 집단 차별적 시민성에 대한 요구의 기저에는 다분히 통합주의적인 목표가 전제된 것으로, 이를 '고립지역화(ghettoization)'나 '분열화(balkanization)'를 조장하는 것으로 묘사하는 것은 다분히 편견에 기초한 산물이다(Kymlicka, 1995b; 장동진 외 역, 2010, 366).

그럼에도 불구하고 킴리카가 제시하는 집단 차별적 시민성에는 여전히 국가의 화합이나 안정성을 위협할 수 있는 요소가 내포되어 있다. 특히 집단 차별적 시민성이 파생시키는 세 가지 종류의 권리 중 다인종문화적 권리와 대표의 권리는 사회적 통합을 증진시키는 데 도움이 될 수 있지만, 자치권의 경우 시민성의 통합적 기능에 심각한 도전을 제기한다. 집단 자치권에 대한 요구는 근본적으로 더 광범위한 국가 공동체의 권위를 인정하지 않는 것에서 출발하며, 이처럼 국가 공동체의 권위를 인정하지 않는 이들에게 자치권을 부여하는 것은 어떤 공동체에 대해 귀속감을 가져야 하는지에 대한 잠재적 갈등을 불러일으킬 수밖에 없기 때문이다(Kymlicka, 1995b; 장동진 외 역, 2010, 375). 킴리카도 스스로 인정하고 있는 바와 같이, 만약 우리가 집단 차별적 시민성의 개념을 받아들인다면 소수민족이 동화되기를 원하지 않을 때 그들이 분리되어 독립된 국가를 세우도록 허락해야 할 것이며 또 다른 형태의 분리를 고려해야 할 마음의 태세를 가져야 할지도 모른다(Kymlicka, 1995b; 장동진 외 역, 2010, 383). 더욱이 킴리카의 자유주의적 다문화주의는 근대 민족국가의 국민 만들기 과정에서 형성된 공통의 국민 정체성이나 국민문화의 개념을 비판하면서도, 실제로 이를 대체하거나 보완할 수 있는 구심점이 무엇이 될 수 있는지는 명확한 답변을 제시해 주지 못한다. 그러나 사회적 통합은 항상 구성원들 사이에 공유된 가치와 정체성에 기초하여 이루어지며 오늘날의 다문화 사회에서도 일정 수준의 사회적 통합은 필수적이라는 점을 고려한다면, 자유주의적 다문화주의가 직면하고 있는 근본적 도전은 이러한 통합의 원천을 찾아내는 일이라 할 수 있다.

셋째, 자유주의적 다문화주의가 문화에 대한 본질주의적(essentialist) 관점에 기초하고 있다는 비판이다. 소수문화 집단의 문화적 고유성과 귀속성을 강조하는 것은 자칫 문화를 생득적 특성으로 보고 문화적 정체성이 타문화와의 대자적 위치나 시선에 의해 상대적으로 호명되며 권력의 역학관계에 의해 우열이 결정된다는 사실을 간과하게 한다. 또한 타문화를 실제 이상으로 이국적이고 독특한 것으로 상정하게 되고 그 결과 문화는 상호대립적이라는 생각에 함몰되게 한다(신문수, 2010, 15, 17). 더욱이 다문화주의가 이처럼 본질주의적 경향을 나타낼 때 추가로 발생하는 문제점은 소수자들이 직면하고 있는 더 중요한 사회적 이슈들이 도외시된다는 것이다(Perry, 2002, 196). 예를 들어, 미국 내 흑인이나 히스패닉, 아시아계 이민자들의 사회고유문화 보호를 위해 이들에게 차별화된 권리를 줘야 한다는 주장에는 유색인종과 백인 문화 간에 생득적인 차이가 있으며 궁극적으로 이러한 차이가 극복될 수 없다는 시각이 전제되어 있다. 나아가 인종적 소수자나 이민자들의 문화에 대한 인정의 문제에만 초점을 맞춤으로써 일방적인 권력의 역학관계가 생산해 내는 인종차별이나 성별, 사회경제적 지위, 성적지향에 따른 복합적인 차별(intersectionality) 등의 다양한 종류의 억압과 불평등을 은폐해 버리는 결과를 초래한다(Nylund, 2006, 30).

4. 다문화주의 시민성의 모델들

킴리카의 자유주의적 다문화주의에서 소수민족과 인종문화 집단 사이의 개념적 구분은 중요한 위치를 차지한다. 소수민족의 경우 식민화나 제국주의 세력에 의한 비자발적인 합병의 결과로 생겨나지만, 인종문화 집단은 스스로가 자발적으로 출신 국가를 떠나 다른 사회의 일원이 되기를 선택한 결과로 생겨난다. 즉, 소수민족과 인종문화 집단의 개념적 차이는 '선택'과 선택하지 않은 '환경' 간의 구분에서 파생되는 것으로, 이에 두 가지 집단이 요구할 수 있는 차별적 권리의 범위와 내용에도 차이가 발생한다. 이러한 소수민족과 인종문화 집단 사이의 구분은 지나치게 이분법적일 뿐만 아니라 중요한 여타 범주의 소수자들을 무시하고 있다는 비판에 직면해 왔다(Parekh, 2000, 103; Young, 1997, 48-53; Shachar, 2001, 26). 특히 미국이나 유럽 내의 흑인과 같이 소수민족이나 이민자 어느 것으로도 적합하게 분류할 수 없는 인종문화 집단을 도외시하고 있다는 것이 문제시되었다. 이에 킴리카는 사회 내의 소수문화 집단을 다시 소수민족, 이민자, 고립주의적 종교집단, 인종적 카스트 집단으로 세분하며 각각의 집단들이 요구하는 집단 차별적 시민성의 내용 및 지향점이 서로 상이하다는 사실을 강조한다(Kymlicka, 1995a; 장동진 역, 2006, 482-503). 본 절에서는 이와 같은 킴리카의 구분을 토대로 소수민족, 이민자, 고립주의적 종교집단, 인종적 카스트 집단 각각이 다수자에 의한 국민 만들기에 어떠한 영향을 받았으며 이에 대응하여 어떠한 종류의 집단 차별적 시민성을 요구하는지에 대해 살펴본다. 나아가 이들의 집단 차별적 시민성에 대한 요구가 자유주의의 원칙에 따라 어떻게 정당화될 수 있는지에 대해 검토한다.

1) 소수민족

킴리카의 정의에 따르면, 소수민족은 과거에는 자신들만의 고유한 역사와 문화를 지닌 사회에서 자치적으로 살아갔으나 현재의 국가 공동체 내에 강제적으로 혹은 조약에 의해 편입된 집단을 의미한다(Kymlicka, 1995a; 장동진 역, 2006, 483). 소수민족은 다시 '국가에 종속된 민족(substate nations)'과 '토착민(indigenous people)'으로 구분될 수 있는데, 전자는 현재의 국가 공동체 내에서는 소수민족의 위치에 놓여 있지만, 과거에는 자신이 다수인 국가 공동체를 형성하고 있었거나 혹은 그러한 국가를 만들기를 추구하는 집단을 의미하며 후자는 자신들의 거주지가 외국인들에게 점령됨으로써 국가 공동체 내에 병합된 집단을 지칭한다(Kymlicka, 1995a; 장동진 역, 2006, 484). 달리 말해, 국가에 종속된 민족은 근대 민족국가 체제의 헤게모니 경쟁에서 패배한 집단인 데 반해, 토착민은 이러한 경쟁으로부터 자발적 혹은 비자발적으로 고립됐다는 점에서 차이가 있다.

국가에 종속된 민족 중에는 자신들만의 언어와 문화에 기반을 둔

학교, 법원, 언론, 정치 제도 등과 같은 자치기구들의 회복을 적극적으로 요구하는 집단이 있다. 즉, 국가에 종속된 민족들은 종종 '자치권' 형태의 집단 차별적 시민성을 요구한다. 예를 들어, 캐나다의 퀘벡인들이나 벨기에의 프랑드르인들, 중국의 위구르나 티베트족 등은 자신들의 지역 안에서 언어와 학교 교과과정, 정부 고용인들의 사용 언어, 이민과 귀화의 조건 등과 같은 국민 만들기의 권한들을 획득하고 수행하기 위해 노력한다(Kymlicka, 1995a; 장동진 역, 2006, 485). 이와는 대조적으로, 미국의 인디언과 푸에르토리코인, 토착 하와이인들, 사모스족(Sami), 이누이트족(Inuit), 마오리족(Maori), 미국의 인디언들과 같은 토착민들은 자신들의 전통적인 삶과 믿음의 방식을 영역 내에서 보호하고 유지하기를 희망하지만 근대적 경제와 사회 제도에 의해 운영되는 자치권을 획득하는 것에는 큰 관심이 없다(Anaya, 1996).

역사적으로 지배집단들은 소수민족과 토착민들의 요구에 대해 이들의 힘을 약화하고 별개의 정체성을 소유하는 것을 금지하는 전략을 채택해왔다. 캐나다의 영국인들은 퀘벡인들의 불어 사용 권한과 제도들을 박탈하고 정치적 경계를 재설정함으로써 어떤 지방에서도 퀘벡인들이 다수를 이루지 못하도록 만들었으며 토착민들이 민족주의적 전선을 동원하는 것을 불법화했다(Kymlicka, 1995a; 장동진 역, 2006, 486). 중국 역시 '중화민족다원일체론(中華民族多元一體論)'에 입각하여 소수민족의 다원성을 인정하는 한편 하나의 중국을 유지하는 정책을 펼치고 있는데, 이러한 기조로 중국의 소수민족은 표면상으로는 민족문화에 대한 정부의 배려를 받는 것으로 보이지만 사실상 민족 고유의 문화를 훼손하고 학교 교육에서 중국어 사용을 강행하는 등 한족 주류사회에 편입되어야 한다는 압력에 놓여 있다(김정호, 2008). 이와 같은 지배집단의 억압 전략들은 소수민족이 고유한 민족성을 형성하게 되면 지배집단의 명령에 복종하지 않거나 분리 독립을 요구함으로써 국가의 통합이나 안정성에 어떤 식으로든 위협이 될 수 있다는 근거 하에 정당화되어 왔다.

그러나 21세기에 들어서면서 소수민족에 대한 억압은 경험적이고 규범적인 이유 모두에서 더는 정당화될 수 없음이 명백해졌다(Kymlicka, 1995a; 장동진 역, 2006, 486). 우선, 서구의 역사적 사례를 통해 소수민족의 고유한 민족 정체성을 탄압하는 것이 오히려 불복종과 분리주의 운동을 촉발시키는 경향이 있음이 확인되었다(Gurr, 1993, 2000; Whitaker, 1992, 152-153). 소수민족의 국가 내 통합과 충성은 이들의 민족성을 공격하기보다 오히려 수용했을 때 더 효과적으로 기대할 수 있었다는 것이다. 이와 동시에, 인종청소, 성원권의 박탈, 인권탄압 등으로 나타나는 소수민족에 대한 억압은 소수문화 집단 내의 자유와 함께 소수문화 집단과 다수자 집단 사이의 평등 증진을 목표로 하는 자유주의의 원칙에도 부합하지 않는다. 이에 다문화주의에 대한 자유주의적 해석은 해당 집단의 구성원들의 기본적 자유와 권리를 제한하는 내부적 제재를 거부하고 집단 간 평등 관계를 증진할 수 있는 한도 내에서 소수집단의 차별적 권리를 인정한다(Kymlicka, 1995a; 장동진 역, 2006, 487). 예컨대, 캐나다의 퀘벡인들은 나머지 캐나다를 대상으로 자신들만의 자치 정부의 수립할 권리를 주장할 수 있지만, 이와 같은 차별적 권리는 이들이 퀘벡 내에 거주하는 토착민들의 기본적 자유와 권리를 똑같은 방식으로 존중할 때만 허용될 수 있다는 것이다.

2) 이민자

이민자는 개인 혹은 가족이 출신 국가를 떠나 다른 사회로 이주함으로써 형성된 집단을 의미한다. 이러한 이주의 결정은 보통 경제적 동기에서 행해지는데, 때로는 보다 자유롭고 민주적인 국가에서 거주하고자 하는 정치적인 동기나 결혼이나 자녀의 교육과 같은 사회문화적인 동기에서 이루어지도록 한다(Doerschler, 2006, 1101). 시간이 지남에 따라 이민자의 자녀들이 형성하는 2세대와 그 뒤를 잇는 세대가 태어나면서 이민자 집단은 이주국가 내에 다양한 층위를 갖는 새로운 인종문화적 집단을 형성하게 된다(Rumbaut & Portes, 2001, 7).

과거에는 이민자의 사회통합이 식민지 신민들의 본국으로의 유입이 활발한 소수의 유럽 국가나 호주나 미국 등과 같은 전통적인 이민국가들만의 고유한 사회문제로 여겨졌다. 그러나 최근에는 오랫동안 이민 송출국으로 기능하였던 한국, 그리스 등을 포함하는 전 세계 대부분의 국가 내에서도 주요한 의제로 부상하고 있다. 이와 같은 국제이주의 보편화와 더불어 이민자의 유형도 다양해졌는데, 우선 이민자를 이주국가의 시민이 될 수 있는 합법적 지위를 가지고 있는 사람과 그렇지 못한 사람으로 구분하는 것이 일반적이다(Kymlicka, 1995a; 장동진 역, 2006, 493). 전자에게는 상대적으로 짧은 기간이 지난 이후에 국가가 요구하는 최소한의 조건들을 통과하면 시민이 될 수 있는 권리가 부여되지만, 후자의 경우 미래의 시민이나 장기 거주자로조차 간주되지 않으며 추방이나 자발적 귀환의 형식을 통해 출신 국가로 돌아갈 것을 요구받는다.

근대국가들의 역사적 형성 과정을 살펴보면, 대부분의 이민자 집단들에는 처음부터 국민 만들기 경쟁에 참여할 수 있는 선택지가 주어지지 않았으며 지배집단에 의해 형성된 주류문화로의 철저한 동화가 요구되었다. 예컨대, 본래 이민자들의 국가(nation of immigrants)로 시작한 미국에서조차도 '앵글로 순응(Anglo-conformity)' 모델이 채택되었고 앵글로계에 속하지 않는 이민자들에게는 그들의 '비미국적'인 문화적 규범들과 정체성들을 포기할 것이 기대되었다(Kymlicka, 1995b; 장동진 외 역, 2010, 28). 이에 이민자들은 자신과 가족들의 삶의 전망이 지배집단의 언어와 문화에 기반한 주류제도에 통합되는 것에 달려있다는 가정을 적극적으로 수용해 왔으며, 오히려 이러한 제도에의 통합을 방해하는 법적이고 심리적인 장벽들에 맞서 싸워왔다. 다만 합법적인 이민자들이 요구하였던 것은 사회 내 통합의 조건을 재협상하는 것이었는데, 구체적으로 이들은 자신들의 문화적 유산이 주류사회에서의 성공에 장애가 아닌 자부심의 원천이 될 수 있게 하는 재정적 지원이나 법적 보호의 제공을 요구하였다(Kymlicka, 1995b; 장동진 역, 2010, 66). 예컨대, 합법적인 이민자들은 학교에서 자녀들에게 출신 국가의 언어로 학습할 기회를 제공하거나 그들의 종교적 안식일, 복장 규정, 금기 음식 등에 편의를 제공하는 등의 '다인종·문화적 권리'를 요구한다. 이와는 달리, 비합법적인 이민자들의 가장 기본적인 주장은 그들의 지위를 영구 거주자로 인정해 주고 일정한 조건을 만족하면 성원권을 얻을 기회를 허용해 달라는 것이다(Kymlicka, 1995a; 장동진 역, 2006, 494). 이들은 비록 입국할 때 법률을 어겼거나 자신의 원래 국가로 돌아가겠다는 약속을 어겼다고 하더라도, 일정 기간 국가 내의 영토에 거주하였다면 법적 지위와 여타의 사회적 기회들에 있어서 이민자들과 같은 경로로 주류사회에 통합될 수 있기를 희망한다.

국가의 문화적 정체성, 경제 및 안보의 문제와 관련하여 대중들이 갖는 이민자들에 대한 차별적인 인식은 많은 경우 대중매체의 잘못된 묘사에 의거하는 경우가 많다(Cisneros, 2008). 실제 유럽 연합에서는 국내 전체 인구에서 이민자들이 차지하는 비중이 1% 증가하였을 때 국내 총생산이 1.25%에서 1.5%까지 상승하는 것으로 확인하였으며, 미국을 비롯한 선진국의 장기적인 제조업 경쟁력이 유지될 수 있는 주요 원인으로 저렴한 비합법 이주노동력의 공급이 지목된 바 있다(오경석, 2007, 23). 더욱이 합법적인 이민자들이 요구하는 통합의 조건에 대한 재협상, 그리고 비합법적인 이민자들이 기대하는 성원권 제공의 요구를 받아들이는 것은 실질적으로 유용할 뿐만 아니라 규범적으로도 바람직하다(Kymlicka, 1995a; 장동진 역, 2006, 496). 자유민주주의는 기본적으로 정치권위에 복종하는 사람들이 그러한 권위를 결정하는 데 참여할 권리를 인정하는 체계인데(Carens, 1989; Walzer, 1983), 정치 권위에 대한 자발적 복종을 결정한 이민자들에게 시민이 될 권리를 부여하지 않거나 혹은 그러한 권리를 부여하더라도 불공정한 통합의 조건을 제시하는 것은 자유주의의 기본 원칙에 어긋나기 때문이다.

3) 고립주의적 인종 종교 집단

고립주의적 인종 종교 집단은 자신들의 자발적인 의사에 의해 주류사회로부터 고립됨으로써 근대 사회문화로의 통합을 거부하는 소수의 집단을 지칭한다(Kymlicka, 1995a; 장동진 역, 2006, 491). 고립주의적 인종 종교 집단에는 미국 펜실베이니아주와 캐나다 온타리오주를 중심으로 거주하는 아마시파 교인들, 미국의 뉴욕주의 하시디즘파 유대교인들, 캐나다의 후터라이트파, 전 세계에 약 800여만 명으로 추산되는 여호와의 증인 등이 있다. 이들은 자신들의 종교적 신념에 따라 종종 사회 내에서의 자발적인 주변화 전략을 취한다. 예컨대, 가장 극단적인 주변화를 선택하는 것으로 알려진 아마시파 교인들은 1700년대 초 종교적 자유를 위해 미국 펜실베이니아주로 이주해 온 이후 오늘날까지도 자동차나 각종 전기 및 전자 제품, 전화, 컴퓨터 등의 현대 문명을 일체 사용하지 않고 스스로를 근대 세계와 격리된 채 생활한다(Jones, 1990, 900). 고립주의적 인종 종교 집단은 전통적인 삶의 방식 유지를 위해 정부의 법률이나 의무로부터도 면제되기를 원하는데, 양심적 병역거부를 실천하여 군대에 가지 않거나 자녀들을 공교육 기관에 등록시키지 않는 것 등이 대표적인 예이다. 동시에 이들은 공적 연금이나 의료보험 등과 같은 정부로부터의 일체의 서비스와 혜택 또한 거부하는 경우가 많다(O'Neil, 1997).

   자유민주주의 국가들 내에서 고립주의적 인종 종교 집단은 그동안 집단 내부의 구성원들에게 큰 피해를 끼치지 않고 그들의 종교적 신념을 외부 사람들에게 강요하려고 시도하지 않는 한, 그리고 구성원들이 자발적 의사에 의해 공동체를 떠나는 것이 법적으로 허용되는 한에서 대체로 관용의 대상이 되어 왔다(Kymlicka, 1995a; 장동진 역, 2006, 493). 이와 같은 자유민주주의 국가들의 고립주의적 인종 종교 집단에 대한 수용적 태도는 역사적으로 더 실용적인 이유에 기인하였다. 예를 들어, 미국과 캐나다가 서부 국경에 정착시킬 유용한 농경 기술을 가진 이민자을 절박하게 찾고 있었을 때 마침 이들 고립주의적 종교집단들이 북미에 도착했다는 것이다(Kymlicka, 1995a; 장동진 역, 2006: 492). 이는 앞서 살펴본 소수민족과 이민자들이 다수자에 의한 국민 만들기 정책들의 주요 표적으로서 통합의 압력을 거세게 받아왔던 것과는 매우 대조적인 상황이라 할 수 있다.

그러나 문제가 되는 것은 역시 비자유주의적인 방식으로 조직되어 있는 집단에게도 집단 차별적 권리를 주어야 하는가의 여부이다(Kymlicka, 1995a; 장동진 역, 2006, 493). 사회에 대한 책임과 의무를 지속적으로 회피하고 내부 구성원들의 자유를 억압하는 인종 종교 집단에게도 이제까지 주어졌던 것과 동일한 수준의 관용이 허용되어야 할 것인가? 특히 보다 광범위한 전체사회로부터 어떠한 지원도 요구하지 않고 자신들의 가치를 다른 집단에 강요하지도 않는다면 이들은 수용되어야 하는가? 자유민주주의 국가의 구성원에게는 스스로의 권리는 물론 타인의 권리까지 존중하고 공동체 생활 중에 발생하는 사회적 책임을 받아들일 의무가 주어진다. 이에 예컨대, 일정한 연령에 도달한 남성이라면 모두 병역을 수행할 의무가 주어지는 대한민국에서 여호와의 증인이 평화주의 교리와 신념에 따라 병역을 거부하면 이들의 행위를 법적으로 처벌할 수 있는지가 쟁점이 될 수 있다(문재태, 2017). 또한 어린아이들이 종교집단의 관행이나 교리들을 비판할 수 있는 여지를 원천적으로 차단하거나 여성의 희생과 억압을 문화적 규범으로 당연시하는 고립주의적 종교분파에 일체의 사법적 심사의 권한을 위임하는 자치권을 줘야 하는지도 논란의 대상이 될 수 있다.

4) 인종적 카스트 집단

인종적 카스트 집단은 유럽이나 미국의 흑인들과 같이 해당 국가에 강제적으로 끌려온 노예의 후손들이나 일제 강점기 일본으로 강제 연행된 조선 노동자와 그들의 가족 등을 포함하는 개념이다. 오그부(Ogbu, 1974)는 거주 국가로의 입국 방식에 따른 동기와 정향성의 차이에 따라 이민자 집단을 '자발적(voluntary)' 이민자과 '강제(involuntary)' 이민자으로 구분하였는데, 이와 같은 구분에 따르면 인종적 카스트 집단은 전형적인 강제 이민자에 해당한다. 노예제도 하에서 흑인들은 시민이나 인간이 아닌 노예주의 재산으로 취급되었으며, 노예제도가 철폐된 이후에도 분리, 투표권의 부재 등과 같은 다른 차별적 법률로부터 고통을 받았다. 예컨대, 1960년대까지도 미국 내의 흑인들은 백인과 분리된 학교에 다니고 열차나 버스의 분리된 좌석에 앉아야 했으며 거주지 선택과 고용에서의 공공연한 차별에 있어 법적인 보호를 받지 못하였다. 일본에 거주하던 강제 연행 노동자와 가족들도 해방 이후 이들은 즉시 고국으로 돌아갈 것을 기대하였지만, 조선의 혼란스러운 정치 상황과 어려운 경제 상황으로 인해 귀환이 쉽지 않았다. 일본은 패전 초기부터 재일한국·조선인을 일본 사회로부터 완전히 배제한다는 정책적 방침을 유지하였기에 이들은 대일강화조약의 발표와 함께 일본 국적이 박탈되었고, 이후 외국인으로서 납세 등에 있어서 일본인들과 동등한 의무를 다하면서도 참정권이 허용되지 않았다(이승훈, 2006, 80).

비록 오늘날 이와 같은 차별적 법률들은 많은 부분 사라졌지만, 인종적 카스트 집단들의 삶은 과거의 불행한 역사의 구속으로부터 여전히 자유롭지 못하다. 미국과 유럽의 흑인들은 고용과 거주지의 선택, 교육의 기회, 사법적 처벌 등에 있어 광범위한 차별을 받고 있으며 사회경제적으로 하위계층에 속해 있는 경우가 많다. 재일 한국인도 이동 시 '외국인 등록증'을 항상 소지하게 하는 등 이들을 치안 정책의 대상으로 감시하는 일본 정부의 입장은 해방 이후 지금까지 여전히 유지되고 있으며, 특히 일본 국적을 취득하지 않은 이들은 재일 한국인이라는 이유만으로 하숙집을 구하지 못하거나 민간 기업에 취업하는 데 어려움을 겪고 있다(김태기, 1999, 390-426). 이는 인종적 카스트 집단들이 법적이고 제도적인(de jure) 배제뿐만 아니라 보이지 않는 사회 내의 실제적(de facto) 차별과 편견에 지속적으로 노출되어 있음을 의미하는 것이다.

다수자에 의한 국민 만들기의 압력에 대한 인종적 카스트 집단의 요구는 종종 그 목표와 내용적인 측면에서 일관되지 않은 모습을 보인다. 소수민족과 고립주의적 인종 종교 집단이 주류사회로부터의 분리를 이민자들이 주류사회에 대한 통합을 요구하는 것과 달리, 인종적 카스트 집단, 특히 흑인의 경우 집단 내부에서도 분리와 통합의 목소리가 공존하기 때문이다. 예를 들어, 미국과 유럽 내 흑인들은 한편으로는 소수자 우대 정책을 통한 통합에 대한 특수한 보조, 정치 대표에 대한 보장 등을 통해 주류사회 내의 통합이 증진되기를 희망하지만, 다른 한편으로는 백인들의 제도 내에서 성공을 추구하려는 시도 자체를 비판하며 흑인 자치기구와 독립국가의 설립 등을 통한 분리를 요구하기도 한다(Kymclicka, 1995a; 장동진 역, 2006, 498-499). 그러나 흑인을 제외한 나머지 인종적 카스트 집단들은 대부분 국가 내에서 수적 열세에 놓여 있을 뿐만 아니라 지역적으로도 분산되어 있고 자신들만의 사회고유문화라고 부를 만한 것도 가지고 있지 못하기에, 즉, 너무나 '흩어져 있고 섞여 있거나 동화되어 있고 통합되어 있기' 때문에, 더 광범위한 사회로부터의 분리를 요구할 만한 조건을 갖추고 있지 못하다. 달리 표현하자면, 인종적 카스트 집단의 구성원들은 주류사회에 완전히 참여하지도 자신들만의 독특한 사회고유문화를 지속시키지도 못한 채 문화적 선택의 맥락으로부터 배제된 삶을 살아가고 있다. 앞서 논의한 바와 같이 인간의 주체적 삶이 문화와 불가분의 관계에 놓여 있음을 상기해 본다면, 이는 인종적 카스트 집단의 구성원들에게 인간으로서 자유롭고 의미 있는 삶을 추구할 수 있는 선택지가 원천적으로 주어져 있지 않다는 것을 의미한다. 이러한 근거에서 인종적 카스트 집단에 다인종 문화적 권리나 특별 집단 대표권을 부여하는 것은, 그것이 이들의 주류사회에 대한 통합을 촉진하고 사회고유문화에의 접근을 보존하는 데 도움을 줄 수 있는 한에서, 모든 인간의 평등한 자유의 증진이라는 자유주의의 목표에 기여하는 것이다.

5. 다문화주의 시민성과 시민교육

지금까지의 논의를 통해 살펴본 바와 같이 다문화주의가 궁극적으로 지향하는 것은 사회를 구성하고 있는 다양한 집단들의 고유문화 간의 조화로운 공존과 상호 인정이다. 특히 킴리카는 이와 같은 다문화주의의 목표실현을 위해 집단 차별적 시민성이 도입되어야 한다고 주장하는데, 이는 소수문화 집단 구성원들의 차별적인 필요를 수용하기 위해서 이들에게 차별화된 권리를 주어야 한다는 것을 의미한다. 전통적으로 시민성이 모든 사람을 법 앞에서 동동한 권리를 가진 개인들로 간주하는 문제를 의미하였음을 고려해 볼 때 집단 차별적 시민성의 개념은 시민성 이론 내에서 매우 급진적인 발전이라 할 수 있다. 집단 차별적 시민성의 개념은 다문화 시대 시민교육의 목표와 내용을 설정함에 있어 다음과 같은 실천적 함의를 제공한다.

첫째, 집단 차별적 시민성의 개념은 시민교육이 사회 정의의 실현을 위한 능동적 시민을 양성하는 데 기여할 수 있다. 집단 차별적 시민성에 대한 비판은 종종 그것이 공동체 의식을 훼손하고 분리를 조장함으로써 사회에 대한 통합적 기능을 수행할 수 없다는 우려의 목소리로 나타난다. 이에 대해 킴리카는 사회적 연대를 부식시키는 것은 집단 차별적 시민성이 아니라 오히려 집단 차별적 시민성의 '부재'라고 응수한다. 소수문화 집단의 구성원들이 자신들의 차이를 수용하지 않는 주류사회로부터 부당하게 배제되고 있다고 느낀다면, 이들은 주류사회의 제도를 신뢰하지 못함으로써 참여를 거부하게 되고 결국 정치적 안정성을 해치는 위협 요소가 된다는 것이다. 이러한 시각에서 본다면, 소수문화 집단의 구성원들에게 차별화된 권리를 제공하는 것은 이들이 주류사회의 제도들을 포용하지 못하게 하는 장벽들을 제거함으로써 실질적으로 시민적 결속을 강화하고 통합을 증진하기 위한 통로가 될 수 있다(Kymlicka, 1995a; 장동진 역, 2006, 506). 더불어 킴리카는 집단 차별적 시민성에 대한 반대가 정의가 아닌 사회적 통합에 초점을 맞추고 있음을 비판하며, 기존의 공동의 권리로서의 시민성보다 집단 차별적 시민성이 오히려 더 정의의 관점에 부합하는 개념이라고 주장한다. 집단 차별적 시민성은 소수 문화 집단의 구성원들에게 주어지는 불공정한 특권들이라기보다 이들이 부당하게 받아왔던 불이익에 대한 보상이기 때문에 정의와 양립할 수 있을 뿐 아니라 심지어 정의의 관점에서 요청된다는 것이다(Kymlicka, 1995a; 장동진 역, 2006, 504). 이처럼 집단 차별적 시민성의 도입 목표가 궁극적으로 사회 정의의 실현에 있음을 고려해 볼 때, 집단 차별적 시민성에 대한 교육은 공적인 일에 적극적으로 참여하고자 하며 사회 정의에 관심이 많은 '능동적이고 변화 지향적인 시민(active and transformative citizen)'을 길러내는 데 도움을 줄 수 있다(Banks, 2008). 예를 들어, 교육과정과 교과서 내에 '차이의 수용이 진정한 평등의 요체'이며 집단 차별적 시민성은 문화집단의 구성원들 사이에 존재하는 이러한 차이들을 수용하기 위해 요구된다는 내용을 포함함으로써, 학습자들이 정의로운 사회는 모든 인간의 평등한 자유가 보장되는 사회임을 인식하게 할 수 있다. 또한 영토적 자율성이나 중앙제도에서의 대표 보장, 언어 권리 등과 같은 집단 차별적 권리들이 반(反)문화운동, 민권운동, 다문화주의 운동 등을 통해 쟁취된 역사적 산물임을 강조함으로써, 학습자들에게 사회를 더 정의로운 방향으로 변화시키기 위한 노력에 헌신하고자 하는 동기를 유발할 수 있다.

둘째, 집단 차별적 시민성이 전제하는 인간의 주체적 삶과 문화의 상관성은 시민교육의 내용이 소수집단의 고유한 문화적 자산과 정체성을 포용할 것을 요구한다. 자유주의적 관점에서 다문화주의에 대한 정당화는 자신이 소속된 고유문화의 번성이 개인의 자유를 위한 필수적 전제조건이라는 가정에 근거하고 있다. 자유는 나에게 의미 있는 선택의 대상들이 있다는 것을 전제로 한다. 그리고 의미 있는 선택은 내가 소속되어 있는 특정한 문화적 맥락을 배경으로 할 때만 가능하다. 달리 표현하자면, 자유는 내가 태어나고 자라면서 습득한 언어와 관행들이 담겨 있는 사회고유문화 내에서만 의미 있게 행사될 수 있다. 그러나 공동의 국민문화로의 동화를 강요하는 사회적 분위기 속에서 소수문화 집단의 구성원들은 자신의 사회고유문화를 박탈당한다. 이러한 이유로 소수문화 집단의 구성원들의 주체적 삶은 그들의 사회고유문화를 유지할 수 있게 하는 다양한 차별적 권리들이 제공될 때 비로소 보장될 수 있는 것이다. 이처럼 개인의 자유와 사회고유문화 사이의 필연적 연계를 고려하는 맥락에서, 시민교육의 전통적인 학습 내용이 다수 집단의 문화를 중심으로 편중되어 소수집단의 문화에 대한 합당한 배려와 평가를 외면하고 있지 않은지 점검될 필요가 있다. 여기에는 여러 문화집단의 존재와 문화적 다양성의 가치에 대해 배우는 것이 학습자들의 문화적 자원을 확장하고 삶의 질을 향상시킨다는 교육적 차원의 고려를 넘어서서, 소수집단의 사회고유문화에 대한 정당한 인정이 사회적 편견에 의해 훼손됐던 이들의 주체적 삶을 회복하는 통로가 될 수 있다는 정치적 차원의 고려가 포함되어 있다. 다시 말해 소수집단의 자유와 평등을 향한 첫걸음은 이들의 사회고유문화에 대한 이해와 인정으로부터 시작되어야 하며, 이와 같은 원칙은 시민교육의 학습내용을 조직할 때도 분명히 반영되어야 한다는 것이다. 그러나 동시에 유의해야 할 사항은 소수집단의 문화를 묘사하면서 문화의 고유성과 문화 간 차이를 지나치게 강조하는 문화 본질주의의 오류를 범해서는 안 된다는 점이다. 소수집단의 문화를 포함하여 그 어떤 문화도 나름의 고유한 전통과 의미 체계를 지니고 있기는 하나, 실제 문화는 생득적이라기보다 힘의 역학관계에 의해 사회적으로 구성되는 것이며 문화 간의 경계도 고착된 것이 아니라 유동적이다.

셋째, 집단 차별적 시민성 개념에 대한 이해를 통해 학습자들의 비판적 문해력(critical literacy)이 함양될 수 있다. 유네스코(UNESCO)의 정의에 따르면 비판적 문해력이란 '다양한 현상에 깔린 암묵적 가정(underlying assumptions)을 비판적으로 살펴보는 능력'을 의미한다. 현실에서 우리가 접하는 많은 현상은 당연한 듯 전제된 사실과 의견, 명확하게 드러나지 않는 권력관계를 반영한 결과이다. 이에 비판적 문해력을 갖춘 학습자는 암묵적 가정들과 권력의 역학관계를 제대로 파악하여 현상을 진단할 수 있을 것으로 기대된다(UNESCO, 2015; 유네스코 아시아태평양 국제이해교육원 역, 2015, 28). 이제까지 살펴본 바와 같이 킴리카는 소수집단에 집단 차별적 시민성을 부여하는 것의 정당성을 다음과 같은 근거에서 옹호하는데, 이는 모두 기존의 시민성 이론이 전제하고 있는 암묵적 가정들과 권력의 역학관계를 비판적으로 분석한 토대 위에서 이루어진 것이다. 첫째, 정의상 모든 사람을 법 앞에서 동등한 권리를 가진 개인들로 다루는 것으로 여겨져 왔던 기존의 시민성 개념은 실제로는 지배집단의 문화에 속하지 않는 사람들을 배제하고 소외시키는 차별의 기제로 작용해 왔다. 이에 소수집단이 부당하게 받아왔던 불이익을 교정하기 위해 집단 차별적 시민성이 제공되어야 한다. 둘째, 집단 차별적 시민성 개념에 대한 비판가들은 소수집단의 구성원들에게만 배타적인 보상적 처우가 주어져야 할 이유가 없다고 반문한다. 그러나 이는 근대 민족국가의 국민 만들기 과정에서 소수집단에 주어졌던 지배집단 문화로의 동화에 대한 압력을 간과한 주장이다. 근대 민족국가가 소수집단에 동화의 압력을 행사할 때, 이에 대한 반작용으로 소수집단이 자신들의 사회고유문화에 대한 보호를 요구하는 것은 당연하고 정당한 처사이다. 셋째, 자유민주주의 국가가 채택하고 있는 선의의 무관심 정책은 실제로는 다수 집단의 문화를 지지하고 장려함으로써 그 결과 소수문화집단에 광범위하고 체계적인 불이익을 초래하게 된다. 이에 국가는 명목상의 선의의 무관심 정책을 포기하고 소수집단의 구성원들에게 차별적 권리를 부여함으로써 이들의 사회고유문화에 대한 정당한 인정이 이루어지는 사회 분위기를 조성할 책무가 있다. 이처럼 집단 차별적 시민성이 어떠한 근거에서 공동의 권리로서의 시민성을 제한하고 보충할 수 있으며 소수자 권리의 보호를 위해 국가가 담당해야 하는 역할이 무엇인지 등에 대해 논의함으로써, 학습자들은 시민성 이론에 내재된 암묵적 가정들과 권력의 역학관계를 탐구하고 분석하는 비판적 문해력을 배양할 수 있다.

6. 요약

인류의 역사에서 시민성의 확대 과정은 인간의 평등한 자유 확대의 관점에서 이해되어 왔다. 초기의 시민성이 고대 그리스 시대 재산을 가진 소수의 성인 남성에게만 부여되었던 정치적 권리들을 의미하였던 반면, 이후에는 점차 노동계급의 사회적 권리와 여성 및 소수집단의 권리까지 망라하는 개념으로 확장되었다. 이러한 시각에서 본다면 소수문화 집단에 차별적 권리를 부여할 것을 주장하는 다문화주의의 집단 차별적 시민성은 가히 시민성의 역사적 확대 과정의 '완결판'이라 할 만한 것이다. '차이의 수용이 진정한 평등의 요체'라는 인식으로, 집단 차별적 시민성은 공동의 국민문화로부터 부당하게 소외되어 왔던 문화적 소수자들에게 차별적 권리를 부여함으로써 이들의 불이익을 교정할 수 있다. 이를 통해 궁극적으로 문화적 소수자들의 고유문화에 대한 접근을 보장하고 이들의 주체적 삶을 위한 토대 또한 마련할 수 있다. 개념상에 내재된 몇몇 한계에도 불구하고, 집단 차별적 시민성은 다문화 시대의 시민교육에 다양한 실천적 함의들을 제공한다. 남아있는 문제는 소수집단의 문화적 고유성과 귀속성을 인정하면서도 어떻게 문화 간 차이를 지나치게 강조하는 문화 본질주의의 오류를 범하지 않을 수 있는지, 그리고 공유된 가치에 기초한 사회적 통합의 원천을 어디에서 찾아낼 수 있느냐는 것이다.

참고 문헌

강진구(2012), "한국 사회의 반다문화 담론 고찰: 인터넷 공간을 중심으로", 『인문과학연구』, 32, 5-34.
권금상 외(2012), 『9가지 접근: 다문화사회의 이해』, 서울: 태영출판사.
김규철(2012), 『다문화를 중단하라』, 서울: 도서출판 한강.
김범수(2009), "'국민'의 경계 설정: 전후 일본의 사례를 중심으로", 『한국정치학회보』, 43(1), 177-202.
김영숙(2015), "한국의 반다문화 담론 내용 분석", 『사회복지연구』, 45(3), 125-151.
김이선, 황정미, 이진영(2007), 『다민족·다문화사회로의 이행을 위한 정책 패러다임 구축 (I): 한국 사회의 수용 현실과 정책과제』, 서울: 한국여성정책연구원.
김정호(2008), "중국의 소수민족교육과 다문화교육: 중국 초등사회과의 다문화교육 내용 탐색", 『사회과 교육』, 47(1), 103-131.
김태기(1999), "일본 정부의 재일한국인 정책: 미군에 의한 일본점령기를 중심으로", 『근·현대 한일 관계와 재일동포』, 390-426, 서울: 서울대학교 출판부.
문재태(2017), "양심적 병역거부에 관한 법적 검토: 대체복무제도의 도입 방안을 중심으로", 『법이론실무연구』, 5(1), 177-203.
박병섭(2007), "세계사와 한국 사회에서 근대성, 자유주의 그리고 소수자들", 『범한철학』, 45(2), 207-236.

설한(2010), "킴리카(Kymlicka)의 자유주의적 다문화주의에 대한 비판적 고찰: 좋은 삶, 자율성, 그리고 문화", 『한국정치학회보』, 44(1), 59-84.
신문수(2016), "미국 다문화주의 운동의 양상: 성과와 전망", 『미국학』, 39(1), 1-35.
오경석(2007), "어떤 다문화주의인가? 다문화사회 논의에 관한 비판적 조망", 『한국에서의 다문화주의: 현실과 쟁점』, 22-56, 파주: 도서출판 한울.
윤인진(2014), "한국적 다문화주의 모델을 찾아", 『한국 다문화주의의 성찰과 전망』(pp. 11-30), 서울: 아연출판부.
이승훈(2006), "일본에서 재일한국인으로 살아가기", 『현상과 인식』, 30(12), 77-101.
한건수(2009), "한국 사회의 다민족화와 '다문화 열풍'의 위기", 『지식의 지평』, 7, 192-208.
한건수·한경구(2011), "다문화주의를 넘어서 문화 다양성과 국제이해교육으로", 『국제이해교육연구』, 6(1), 1-33.
Anaya, S. J. (1996). *Indigenous peoples in international law*. New York: Oxford University Press.
Banks, J. A. (2008). "A diversity, group identity, and citizenship education in a global age", *Educational Researcher, 37*(3), 129-139.
Carens, J. (1989). "Membership and Morality; Admission to citizenship in liberal democratic states", In W. R. Brubaker (Ed.), *Immigration and the politics of citizenship in Europe and North America* (pp. 31-50). Lanham: University Press of America.
Cisneros, J. D. (2008). "Contaminated communities: The metaphor of "immigrant as pollutant" in media representations of immigration", *Rhetoric and Public Affairs, 11*(4), 569-601.

Doerschler, P. (2006). "Push-pull factors and immigrant political integration in Germany", *Social Science Quarterly, 87*(5), 1100-1116.

Dworkin, R. (1983). "In defense of equality", *Social Philosophy and Policy, 1*(1), 24-40.

_____. (1985). *A matter of philosophy*. London: Harvard University Press.

Entzinger, H. (2003). "The rise and fall of multiculturalism in the Netherlands," In C. Joppke & E. Morawska (Eds.), *Toward Assimilation and Citizenship: Immigrants in liberal nation-state*s (pp. 59-86). London: Palgrave.

_____. (2006). "Changing the rules while the game is on: From multiculturalism to assimilation in the Netherlands", In Y. M. Bodemann & G. Yurdakul (Eds.), *Migration, Citizenship, Ethnos* (pp. 121-144). New York: Palgrave Macmillan US.

Gallie, W. B. (1956). "Art as an Essentially Contested Concept", *The Philosophical Quarterly* (1950-), *6*(23), 97-114.

Glazer, N. (1983). *Ethnic dilemmas: 1964-1982*. Cambridge: Harvard University Press.

Giroux, H. (1997). "Radical politics and the pedagogy of Whiteness", In M. Hill (Ed.), *Whiteness: A critical reader*. New York: New York UP, 294-315.

Gurr, T. (1993). *Minorities at risk: A global view of ethnopolitical conflict*. Washington: Institute of Peace Press.

_____. (2000). "Ethnic warfare on the wane," *Foreign Affairs, 79*(3), 52-64.

Jones, M. W. (1990). "A study of trauma in an Amish community", *The Journal of Trauma, 30*(7), 899-902.

Joppke, C. (2004). "The retreat of multiculturalism in the liberal state: Theory and policy", *The British Journal of Sociology, 55*(2), 237–257.

Hing, B. O. (2004). *Defining America through immigration policy*. Philadelphia: Temple University Press.

Koopmans, R., Statham, P., Guigni, M., Passy, F. (2005). *Contested citizenship: Immigration and cultural diversity in Europe*. Minneapolis: University of Minnesota Press.

Kymlicka, W. (1995a). *Contemporary political philosophy*, 장동진 외 역 (2006), 『현대 정치철학의 이해』, 서울: 동명사.

_____. (1995b). *Multicultural citizenship*, 장동진 외 역 (2010), 『다문화주의 시민권』, 서울: 동명사.

Koser, K. (2007). *International migration. A very short introduction*. New York: Oxford University Press.

Nylund, D. (2006). "Critical multiculturalism, Whiteness, and social work", *Journal of Progressive Human Services, 17*(2), 27–42.

Ogbu, J. (1974). *The next generation: An enthnography of education in an urban neighborhood*. New York: Academic Press.

O'Neil, D. J. (1997). "Explaining the Amish", *International Journal of Social Economics, 24*(10), 1132–1139.

Parekh, B. (2000). *Rethinking multiculturalism: Cultural diversity and political theory*. New York: Palgrave.

Perry, P. (2002). *Shades of white: White kids and racial identities in high school*. Durham: Duke University Press.

Rawls, J. (1971). *A theory of justice*, 황경식 역 (2014), 『정의론』, 서울: 이학사.

_____. (1980). "Kantian constructivism in moral theory",

    Journal of Philosophy, 77(9), 515–572.

Rumbaut, R. G., & Portes, A. (2001). *Ethnicities: Children of immigrants in America*. Berkeley: University of California Press.

Savidan, P. (2009). *Le multiculturalisme*, 이산호, 김휘택 역 (2012), 『다문화주의: 국가정체성과 문화정체성의 갈등과 인정의 방식』, 서울: 도서출판 경진.

Segal, U. A., Doreen, E., & Mayadas, N. S. (2010). *Immigration worldwide: Policies, practices and trends*. Oxford: Oxford University Press.

Shachar, A. (2001). *Multicultural jurisdictions: Cultural differences and women's rights*. Cambridge: Cambridge University Press.

Soysal, Y. N. (1994). *Limits of citizenship: Migrants and postnational membership in Europe*. Chicago: The University of Chicago Press.

Spinner-Halev, J. (2008). "Multiculturalism and its critics", In J. S. Dryzek, B. Honig, & A. Phillips (Eds.), *The Oxford handbook of political theory*.

Taylor, C. (1991). "Shared and divergent values" In R. Watts & D. Brown (Eds.), *Options for a new Canada*. Toronto: University of Toronto Press, 53–76.

_____. (1992). "The politics of recognition", In A. Gutmann (Ed.), *Multiculturalism: Examining the politics of recognition*, Princeton: Princeton University Press, 25–73.

UN. (2019). *World population prospects. The 2019 revision*. New York: United Nations.

UNESCO. (2015). *Global citizenship education: Topics and learning objectives*. 유네스코 아시아태평양 국제이해교육원 역 (2015), 『세

계시민교육: 학습 주제 및 학습 목표』, 서울: 아시아태평양 국제이해교육원.

Vertovec, S., & Wessendorf, S. (Eds.) (2010). *The Multicultural backlash: European discourses, policies, and practices*. 부산대학교 사회과학연구원 역 (2014), 『흔들리는 다문화주의』, 서울: 박영사.

Walzer, M. (1983). *Spheres of justice: A defence of pluralism and equality*. Oxford: Blackwell.

Whitaler, R. (1992). *A sovereign idea: Essays on Canada as a democratic community*. Montreal: McGill-Queen's University Press.

Young, I. M. (1989). "Polity and group difference: A critique of the ideal of universal citizenship", *Ethics, 99*(2), 250-274.

_____. (1997). "A multicultural continuum: A critique of Will Kymlicka's Ethic-Nation Dichotomy", *Constellations, 4*(1), 48-53.

6장

성적 시민성과 시민교육

박보람 · 강원대학교 교수

6장
성적 시민성과 시민교육

박보람(강원대학교 교수)

모든 사회에는 누구와 언제 어디까지 성행위를 허용하는가에서 문화적 차이가 나타난다. 성은 인간의 욕망, 행동, 정체성, 재생산이 어떻게 구성되는지를 이해하기 위해 필수적으로 연구되어야 할 영역이다. 성은 인간의 보편적 본능이기도 하지만 성과 관련된 믿음 체계와 가치는 역사적 변화에 따라 또는 사회문화적 환경에 따라 다르다. 어떻게 사람들이 '성적 존재'가 되고, 성과 관련하여 자신의 정체성을 구성해 가는지는 인류의 오랜 관심사였다. 젠더 다양성이나 동성애는 이분화된 성별 정체성이나 이성애와 마찬가지로 인류가 유지해 온 성의 한 형태이며 그 역사가 장구하다. 이분법적 성역할뿐만 아니라, 다양한 성역할과 정체성이 존재하고, 동성애 관행과 그것의 사회적 의미 또한 다양하다. 그리고 각 사회는 이분법적 성행위나 젠더에 속하지 않는 존재를 사회에 통합시키고자 하는 다양한 문화를 발전시켜 왔다.

성적 시민성(sexual citizenship) 개념이 등장한 것은 비교적 최근에 이르러서이다. 성(性)이 시민성에 관한 논쟁의 핵심 주제로 떠오르면서 성적 시민성 개념이 발전하기 시작했다. 1990년대 초반, 특정한 종류의 성 정치학이 등장했는데, 그것은 평등과 사회 정의를 위한 투쟁을 시민성의 언어로 설명했다. 이러한 발전은 사회이론과 정치이론에서 시민성 개념에 관한 관심을 일으키고, 시민성 담론과 함께 성에 관한 담론을 벌이는 새로운 연구를 촉발시켰다.

그러나 성적 시민성이라는 개념은 하나의 모순된 개념으로 보일 수 있다. 통상적으로 시민성은 신체나 성을 초월하는 것으로 여겨져서 신체나 성과 연결되지 않았다. 시민성이 본질적으로 공적 영역이었다면, 성은 철저히 사적 영역이었다. 따라서 성적 시민성이라는 개념은 전통적인 시민성 개념을 뒷받침해 온 공적-사적 구분을 무시하고 방해한다.

성적 시민성 개념의 등장은 이러한 점에서 상이하면서도 중첩되는 두 가지 의미를 나타낸다. 하나는 시민성에 사적 영역이 포함된다는 것이다. 그것은 지금까지 공적 담론에서 소외되었던 민감한 것들 즉, 신체가 할 수 있고, 필요로 하고, 즐거워하는 것이거나 성적 정체성과 관련된 개인의 관심사이다. 다른 하나는 시민권을 배분하는 결정적 요소에 성이 포함된다는 것이다. 이것은 공민적, 정치적, 사회적 권리라는 전통적인 시민성을 강조하는 동시에, 성 표현이나 소비에 대한 성적 권리를 강조하는 것이다(Richardson, 2000: 107). 특히, 제도화된 이성애규범성[1]을 따르지 않는 '성 소수자'[2]의 시민권을 강조하는 것이다.

성적 시민성에 대한 논쟁을 논의하기 전에, 성과 관련된 용어의 사용을 명확히 할 필요가 있다. 본 장에서는 성(sexuality)을 다음과 같은 세 가지 의미로 이해한다. 첫째, 인간이 가진 성적 욕망과 정서를 말한다. 성적 욕망 및 성과 관련된 심리, 판타지, 매력, 끌림 등을 포함하는 의미다. 둘째, 성적 정체성을 의미하는데, 이는 성과 관련된 자기규정이나 삶의 방식을 포함한다. 셋째, 성적 지위를 의미하는데, 이는 특정한 성적 정체성, 관행, 욕망에 사회적으로 부여되는 지위, 즉 성과 관련된 위계와 차별화된 지위를 의미한다. 예컨대 이성애는 이성에게 성적 욕망과 정서를 갖는다는 뜻이며, 이를 실천하는 사람은 자신을 이성애자로 인지하면서 자신의 성적 지위를 '정상적'이라고 인정받는다.

성적 지향은 특정 성별의 상대에게 성적 또는 정서적으로 이끌리

---

1 이성애규범성(heteronormativity)은 이성애 개념과 별도로, 이성애가 비이성애적 성적 정체성처럼 다양한 성적 정체성의 종류가 아니라, 다른 성정체성의 특성을 규정하고 지배하는 정체성임을 제시하기 위해 사용된다. 요컨대, 주인과 노예/남성과 여성의 관계에서 각각 앞의 항에 놓인 주인/남성은 지위나 신분, 정체성을 가리키는 형식적인 지시어가 아니라 "뒤의 항에 놓인 노예/여성의 정체성을 규정하는 종적 명칭"이면서 동시에 류적 규정이다. 따라서 단순히 하나의 종인 것처럼 가정하면서 자신의 속성을 관철할 때, 그것은 규범적인 정체성을 획득하게 된다.

2 소수자는 단순히 숫자가 아닌 다수자의 지배에 대립하는 개념으로서, 수적으로는 다수자보다 더 많을 수도 있다. 가령, 어떤 사회에서는 여성이나 비정규직 노동자들이 남성이나 정규직 노동자들보다 더 많더라도 소수자에 해당한다. 따라서 본 장에서는 '성 소수자'라는 용어의 사용을 되도록 줄이고 '퀴어'라는 용어를 사용하고자 한다.

는 관심을 나타내는 용어이다. 성적 지향에는 이성애(자신과 다른 성별에 끌림), 동성애(자신과 같은 성별에 끌림), 양성애(동성/이성 모두에게 끌림), 범성애(상대의 성별과 무관하게 끌림), 무성애(성적 끌림을 느끼지 않음) 등이 있다.

성적 정체성은 자신의 성적 지향을 통해 자신의 성적 본질을 남성, 여성 또는 그 밖의 성별로 인지하는 것인데, 출생 시 지정된 성별과 같을 수도 있고 다를 수도 있다. 이성애규범성(heteronormativity)을 따르는 사회에서 어떤 개인은 다양한 성 경험을 통해 그동안 믿어온 자신의 성적 지향에 대해 반문하기도 하고 새로운 성적 정체성을 인지하기도 한다.

성적 특징은 생물학적 관점에서 개인의 성적 특징을 나타내는 용어이다. 여기에는 성기 및 기타 생식기관, 염색체, 호르몬, 사춘기의 2차 성징 등이 포함된다.

퀴어는 성적 지향, 성적 정체성, 성적 특징 등이 사회에서 주류로 여겨지는 사람들과 구별되는 집단을 가리킨다. 퀴어는 레즈비언(lesbian)과 게이(gay), 바이섹슈얼(Bisexual), 트랜스젠더(transgender), 인터섹스(intersex), 무성애자(asexual) 등 성 소수자를 지칭하는 포괄적인 단어로 사용된다.

1. 시민권과 성적 시민성

전통적 시민성에서 시민권[3]은 공민적, 정치적, 사회적 권리를 포함

---

3   마셜은 시민성을 '사회가 시민에게 부여한 권리와 의무에 기반을 둔 사회적

한다. 마셜(T. H. Marshall)은 시민권을 공동체의 정식 구성원에게 부여되는 지위라고 정의했다. 마셜의 이러한 시민권 개념은 보편적 복지 개념의 이론적 토대가 되었다. 모든 시민이 권리를 갖는다는 시민권 개념은 자본주의 사회의 불평등을 해결하기 위해 국가가 적극적으로 임무를 수행해야 한다는 사회적 합의를 이끄는 철학적 기초가 되었다. 마셜은 시민권을 공민권(civil right), 정치권(political right), 사회권(social right)이라는 세 가지 범주로 구분했다(마셜, 2013: 224). 18세기에는 인신의 자유, 표현의 자유, 사상과 신앙의 자유, 소유권에 대한 자유, 계약을 맺을 자유, 사법에의 자유 등 공민적 시민권이 형성되었고, 19세기에는 정치적 권력을 가진 기관의 구성원을 선출할 수 있는 정치적 시민권이, 20세기에는 경제적 복지와 사회보장을 통해 삶의 경제적 조건을 개선하여 최저 생활을 보장받는 사회적 시민권이 형성되었다고 주장했다.[4]

멤버십'으로 정의하면서 '멤버십'과 '권리'를 구분했다. 멤버십으로서 시민성은 권리로서 시민권에 선행한다. 권리를 누리기 위해서는 우선 멤버십을 획득해야 한다. 시민성과 시민권은 구분되며, 시민성이 시민권 개념으로 축소될 수 없다.

[4] 한편 오늘날 국제규약에서는 시민적 권리를 크게 시민적·정치적 권리와 경제적 사회적 권리 두 가지 차원으로 구분한다(장미경, 2004: 159). 시민적·정치적 권리 권리는「시민적·정치적 권리에 관한 국제규약」,「모든 형태의 인종차별 철폐에 관한 국제연합조약」에서 제시된 권리목록에서 찾아볼 수 있는데, 여기에는 생명권, 고문이나 잔학한 또는 품위를 손상케 하는 대우나 형벌을 받지 않을 권리, 노예나 예속상태에 놓이지 않을 권리, 누구라도 계약상의 의무를 이행할 수 없다는 것만을 이유로 구금되지 않을 권리, 형법상의 소급적 적용의 금지, 어디에서나 법 앞에서 인간으로서 인정받을 권리, 사상, 양심 및 종교의 자유에 대한 권리가 포함된다. 경제·사회·문화적 권리는 국제 인권규약에서 찾아볼 수 있는데, 여기에는 가족 및 프라이버시의 보호, 지적 활동의 자유,

그러나 젠더 평등을 강조하는 페미니스트들은 마셜의 시민권 이론이 남성 중심적이고, 여성의 사회적 권리를 소홀하게 취급했다고 비판하면서 젠더 시민성을 주장했다. 마셜은 시민이 18세기에는 공민권을 19세기에는 정치권을 20세기에는 사회권을 획득했다고 주장했지만, 그것은 남성에게만 해당되었기 때문이다. 영국의 경우 여성은 1957년 결혼 및 이혼법이 법제화되면서 재산권을 획득하게 되었고, 30세 이상의 여성에게 투표권이 부여된 것도 1918년이었다. 공적 영역에 여성 진출을 가능하게 한 성차별 금지법도 1919년에 제정되었다. 이런 맥락에서 볼 때 마셜의 시민권은 영국의 백인 남성에게 해당하는 권리에 불과했다. 여성, 흑인, 장애인 등의 권리를 제대로 반영하지 못했다.

　뉴캐슬 대학의 사회학 교수인 다이앤 리차드슨(D. Richardson, 1998: 99) 또한 마셜의 시민성이 성적 권리와 관련하여 불완전한 시민성이라고 비판하면서 성적 시민성을 주장했다. 그에 따르면, '공민권'과 관련하여 최근까지도 일부 국가에서 성 소수자들은 시민성의 중요한 요소인 군복무의 권리, 결혼의 권리에서 배제된다. 성에 근거한 차별과 괴롭힘에서 법적 보호를 받지 못한다는 점에서도 그들의 공민권은 불완전하다. '정치권'에서도 성 소수자들은 공식적인 정치 시

정치적 활동 및 노동단체 활동의 보호, 경제적 활동의 보호 등이 포함된다. 최근에는 문화적 권리도 정교화되고 있는데, 신체적·문화적 생존에 대한 권리, 문화적 공동체와 연대하고 동화할 권리, 문화적 정체성에 대한 권리 및 그에 대한 존중, 물리적·무형적 유산에 대한 권리, 종교적 신념과 관습에 대한 권리, 의사·표현·정보의 자유에 대한 권리, 교육과 훈련의 선택에 대한 권리, 문화정책 검토에 참여할 권리, 문화의 삶에 대한 참여권과 창작의 권리, 내생적 발전을 선택할 권리, 자신의 물리적 문화적 환경에 대한 권리가 고려되고 있다.

스템 안에서 커밍아웃하기가 여전히 어렵다. 대중에게 합법적인 존재로 인정받지 못한다면, 실질적인 완전한 시민성을 갖추었다고 말할 수 없다. 공적인 정치 활동에서 성 소수자 문제를 대변하는 것 또한 여전히 제한되는 경향이 있다. '사회권'에서도 일상적 경험에서 동성애적 태도와 행동을 표출하는 것은 시민권을 거부당하거나 위협당하는 상황을 촉발시킨다. 성 소수자를 대상으로 한 설문조사에 따르면 남성의 35%와 여성의 24%가 과거 5년 동안 최소 한 번 이상의 동성애 폭력을 경험했으며, 상당한 희생과 괴롭힘, 차별을 받았다(한국성 소수자연구외, 2019: 133). 그리고 여전히 일부 국가에서는 성 소수자를 대상으로 한 혐오 범죄를 막는 구체적인 법규도 없다.

성 소수자는 특정한 존재의 권리를 갖고 있지만, 그러한 권리는 대중에게 인정받거나 정계에 입문하지 않는다는 조건에서 대부분 사적 영역에 머무른다. 이런 의미에서 성 소수자의 시민성은 관용과 동화의 정치에 기초한 시민성이다. 그들은 합법적인 사회적 유권자가 아니다.

2. 젠더 맥락에서의 시민성

성적 시민성과 젠더 시민성 사이에는 상호연관성이 있다. 여성과 '성 소수자'들은 현재 살고 있고, 살기 원하고, 살 의무가 있는 나라에서 배타적인 시민성을 경험하고 있으며, 특유의 차별화된 문화에서 벗어나기 위해 투쟁한다. 젠더, 성, 인종, 장애 등으로 구분되는 시민의 삶에서는 시민성이 생명력을 갖지 못한다. 따라서 젠더 시민성과 성적 시민성은 사회구조적 분열을 해소하고 다양성을 포용하는 더 폭넓고 차별화된 다원주의 관점에서 이론화될 필요가 있다. 여성과 '성 소수자'가 시민에서 배제되고 부분적으로 포함되는 역사와 그 뿌리를 탐색하여 젠더와 성을 중심으로 시민성 개념을 분석하는 것은 더 포괄적인 형태의 시민성을 모색하는 데 도움이 된다.

1) 배제된 시민

여성이 시민에서 배제되었던 역사는 고대 그리스로 거슬러 올라간다. 고대 그리스에서 여성은 노예와 함께 시민이 아니었다. 오로지 자유인 신분의 남성만이 시민으로서 폴리스에 참여할 자격이 있었다. 근대 서구 사회에서 여성이 마셜의 세 가지 시민권을 갖게 된 시기도 일반적으로 남성보다 늦었다. 남성의 공민권이 전반적으로 잘 확립되었던 19세기 후반에도 여전히 결혼한 여성은 공민권을 지닌 독립된 개인으로 존재하지 못하고 남편에게 종속되었다(한국여성연구소, 2014: 20). 투표권을 부여받은 후에야 비로소 완전한 공민권을 가질 수 있었는데, 여성은 일반적으로 남성보다 늦은 시기에 투표권을 행사할 수 있었다. 식민지로부터 독립한 후에 여성은 남성과 함께 투표에 참여하게 되었는데, 그렇다고 해서 그것이 남성과 동등한 정치적 시민권으로 이어진 것은 아니었다. 오늘날에도 여전히 여성의 공적인 시민성은 남성의 조건에서 취득된다. 예를 들어, 여성의 투표권이 의회에서 대표권을 행사하는 수준은 미미하며, 여성의 사회보장 혜택도 남성의 고용 패턴을 따르는 경우에 주어진다.

여성의 시민성 투쟁에 비하면, 성 소수자의 시민성 요구는 더 최근에 나타났다. 이것은 그들이 사회의 무관심 속에 있었으며, 처음부터 시민성에서 배제되었으며, 최근에야 사회운동의 하나로서 등장하게 되었음을 반영한다. 성 소수자의 시민성은 여성 이성애자의 시민성보다 훨씬 더 변방으로 밀려 있다. 그들은 침묵을 강요받고, 무관심의 대상이며, 대중의 괴롭힘을 당한다. 세계의 일부 지역에서는 동성애를 여전히 범죄로 간주하고 있으며, 동성애자에게는 기본적인 공민권조차 주어지지 않는다. 국제 앰네스티(Amnesty International)의 보고서에는 동성애에 대한 법적 집행과 고문, 투옥 및 기타 다양한 박해 사례까지 제시되어 있다.[5]

여성과 성 소수자가 시민성에서 배제되는 방식은 다르지만, 배제의 뿌리는 모두 신체나 성과 관련된다. 전통적으로 시민은 이성과 합리성을 갖춘 추상적이고 탈육체화된 개인이었다(Hartsock, 1991: 177). 신체와 욕망, 욕구는 인간이 강해지고 자유로워지기 위해 극복해야 할 혐오스럽고 심지어 비인간적인 것으로 간주되었다. 따라서 개인은 신체의 감정과 욕구를 극복하고 스스로 자유로워져야 했다.

페미니즘 학자들의 발견에 따르면, 이성적이고 탈육체화된 남성만이 신체를 초월할 수 있는 시민적 존재로 여겨졌다. 성적이고 임신하는 존재로서의 여성은 그렇지 않다고 여겨졌다(Cavarero, 1992: 36). 게다가 여성은 신체가 약하기 때문에 남성 시민의 보호가 있어야 하는 존재로 간주되었다. 예를 들어, 이슬람 세계에서 강력한 힘을 지닌 울라(ulamas 이슬람 학자)들은 남자는 이성에 의해 지배되고 여성은 열

---

5 https://www.amnesty.org/en/what-we-do/sexual-and-reproductive-rights

정에 의해 지배되는 경향이 있다는 이슬람의 대중적인 신념을 사용한다(Ong, 1999: 358). 그러한 신념에 따르면, 남성은 더 합리적으로 구성되었고, 여성에 대한 어떤 권리를 신으로부터 부여받았기 때문에 움마(umma 이슬람 공동체)의 표준이 되는 시민을 대표하고, 여성은 남성을 통해 지위를 얻는 이류 시민이 된다.

2) 젠더 이분법과 이성애규범성

개인을 이성을 가진 탈육체화된 남성과 성욕과 감정을 가진 육체화된 여성으로 구분하는 젠더 이분법은 이성애적 구성개념이다. 이성애적 구성개념에서 여성 동성애자와 남성 동성애자는 모두 본질적으로 성적인 존재로 분류된다. 그런데 이성애자를 성적인 존재로 인식하는 경우는 거의 드물다(Richardson, 1996: 13). 특히, 동성애 상대로서 게이라는 카테고리는 레즈비언보다 더 성적인 개념으로 여겨진다. 이러한 성적 이분법에는 퀴어를 위한 사회적 공간이 없다. 이것은 시민성의 공적 영역에 비이성애 시민성의 정체성이나 지위를 위한 공간이 없다는 것을 의미한다.

현대 사회에서는 신체, 감정, 성으로 식별되는 많은 집단이 시민성에서 배제된다(I. Young, 1990: 122). 이들 집단은 시민의 양상인, 객관적이고 이성적이고 탈육체화된 실천을 달성할 수 없다고 여겨진다. 여성, 흑인, 히스패닉, 게이와 레즈비언, 노인, 장애인 집단이라는 표지는 그들에 대한 배제와 회피, 온정주의, 권위주의를 정당화한다. 이들 집단에 대한 끊임없는 인종 차별과 성 차별, 동성애 혐오, 노인 차별, 장애인 차별은 그러한 집단의 사람들이 자신의 능력을 개발하는 데 불리한 상황을 조성한다.

반면, 이성애 남성은 신체와 감정이라는 사적 영역에서 분리되어 공적 영역에서 확고한 위치를 점한다. 이러한 영역 구분은 이성애 남성이 시민으로서 공적 영역에 접근하는 데 특권을 부여할 뿐만 아니라, 이성애 여성과 레즈비언, 게이가 시민으로서 공적 영역에 진입하는 데 조건을 가한다. 일부 페미니스트와 비판적 시민성 이론가들은 이러한 공적-사적 범주를 완전히 해체하고자 했는데, 이러한 공적-사적 이분법 논쟁은 전통적인 젠더 시민성과 성적 시민성 개념에 도전하는 중요한 움직임이 되었다.

이성애 여성을 사적 영역과 연관 짓고, 사적 영역에서 일어나는 일과 그 영향을 공적 영역에서 인정하지 않거나 인정을 거부하는 것은 이성애 여성의 시민권과 시민 활동을 저해한다(이평화 외 역, 2018: 189). 레즈비언과 게이의 사적 영역은 공적 영역에서 그들의 동성애 정체성과 행동이 배제되는 것을 전제로 하는 관용의 영역이며, 규범적인 이성애 제도에 의해 감시당하는 영역이다(Richardson, 1998: 88). 그러나 시민성 개념의 중심에 있는 공적 영역은 레즈비언과 게이처럼 성적 취향이 동성애라 하더라도, 성적 인간으로서 접근하고 참여할 수 있는 권리이다. 따라서 공적-사적 구분을 재조정하는 작업은 페미니즘 운동과 퀴어 운동에서 모두 중요한 일이다. 가정 폭력이나 부부간의 강간 등 사적 영역으로 간주되었던 문제가 공공 정책의 관심사가 되어야 대중적인 인식 개선은 그러한 작업의 성공을 보여준다.

3) 젠더 시민성의 발달

페미니즘 연구에서는 시민성을 구성하는 다양한 젠더의 본질을 분석하고, 전통적인 시민성 개념에서 드러나는 여성의 권리와 그것에서 유래한 현대의 시민성 어휘를 논의한다. 최근까지 현대의 시민성 담론에서는 권리에 관한 어휘들이 지배적이었다. 여성은 정치적, 사회적 영역에서 남성과 동등한 시민성을 얻기 위해 투쟁하면서 권리의 어휘를 사용해 왔다. 20세기 후반, 여성은 또한 생식과 신체적 자율성을 주장하면서 권리의 어휘를 사용하고 있다.

그러나, 페미니즘 내에서 권리 담론의 유용성 및 적절성과 관련하여 상당한 논쟁이 제기되었다. 권리 담론에 대한 비평가들은 대부분의 권리 접근과 권리 주장이 이루어지는 법의 근간이 남성적 가치에 함몰된 개인주의라는 점을 지적했다(Voet, 1998). 한편, 그런데도 법이 여성이 시민성을 확보하는 데 중요한 역할을 담당해 온 것은 사실이라는 덜 대립적인 견해도 있었다(Vogel, 1988: 155). 이들은 법이 해방의 대리인이면서 동시에 억압의 대리인이라는 '법의 이중적 본질'을 인정한다. 그러나 이러한 권리 담론이 페미니즘 투쟁에 실질적인 개혁을 일으키고 지배적인 이데올로기 구조에 도전하는 중요한 계기가 되었다고 주장한다.

일부 젠더 시민성 이론가들은 시민성을 고정되고 부여되는 권리라고 보는 협소한 관점에서 더 나아가, 권리가 목적이 아니라 목적에 이르는 수단이어야 한다고 주장한다. 권리를 실현하기 위한 수단으로 시민성을 볼 것이 아니라, 시민성을 실현하기 위한 수단 중 하나로 권리를 보아야 한다는 것이다. 페미니즘은 여성의 권리를 위한 운동 이상으로, 참여를 위한 운동이 되어야 한다. 여성이 시민권을 취득한 후에, 정치적으로 그러한 권리를 행사할 수 있어야 평등하고 완전한 시민성을 갖추게 되는 것이다. 노스웨스턴대학교의 정치학과 교수인 매리 디에츠(M. Dietz)는 권리로서의 시민성을 정치적으로 척박한 구성개념이라고 보고, 참여로서의 시민성에 관해 설명했다(Dietz, 1987: 13). 그녀는 적극적인 정치 참여를 시민성의 표현으로 보고, 여성이 활동적이고 평등하게 정치에 참여할 수 있을 때, 진정으로 해방된 정치를 할 수 있다고 주장했다.

영(I. M. Young)은 디에츠의 주장에 공감하면서, 시민 공화주의에 대한 비판적 참여를 촉구한다(Young, 1995: 535). 그녀는 시민 공화주의가 협소하고 형식적인 정치 개념이며 여성의 정치 참여를 가로막는 많은 국내의 제약을 다루지 못한다고 지적한다. 그녀에 따르면, 여전히 많은 여성이 가정에서 아동과 노인을 돌보는 무급 노동을 수행하고 있는데, 그것은 여성의 정치 참여를 가로막는 제약 중 하나이다. 유급 노동의 의무를 강조하는 지배적인 시민성 모델에서, 무급 노동은 사회적 권리에 접근하는 데 부정적인 영향을 미친다. 그것은 시민성의 의무와 책임 영역을 벗어난다. 따라서 의무 기반의 시민성을 주장하는 것은 신중해야 한다고 주장한다.

디무에트 부벡(D. Bubeck)은 돌봄을 남녀를 막론한 시민의 의무라고 보는 수정된 시민성 개념을 주장한다(D. Bubeck, 1995: 29). 이러한 주장은 원자적 주체인 개인에 뿌리를 둔 지배적인 의무 담론에 도전한다. 돌봄 윤리는 '관계 안에서의 자아'라는 개념에 기초해서 책임과 의무를 설명한다. 돌봄 윤리에서 도덕의 주제는 항상 관계의 네트워크 안에 존재한다. 관계 안에서 남성과 여성은 서로 다른 형태의 책임 즉, 자신에 대한 책임, 타인에 대한 책임, 자신과 타인 간의 관계에서의 책임 사이에서 균형을 찾아야 한다. 책임에 기초해서 시민성을 재개념화하는 관점은 유급 노동에 특혜를 주는 지배적인 구조에 도전하기 위해 사용된다. 시민성의 책임에는 다른 사람들을 돌보는 '의존성 노동(dependency work)'뿐만 아니라, 주로 여성에 의해 수행되는, 커뮤니티를 조직하고 서비스를 제공하는 노동이 포함된다.

시민성의 의무와 책임 개념은 일부 페미니스트에 의해 국제적 맥락의 글로벌 매개변수로 발전했다. 시민성에 관한 페미니즘 논쟁은 인권[6] 담론에 관한 논쟁과 유사하다. 그렇다고 해서 인간애에 대한 보편적 주장이 페미니즘 내에서 논란의 여지가 없는 것은 아니다. 보호의 맥락에서 사용하는 통일된 표준은 다름에 대한 박해에 방어할 수 있는 기초가 된다. 기본적인 보호를 국제적으로 일관성 있게 제공하는 것은 협소한 민족주의, 반이민주의, 인종차별적인 정치의 기반을 약화시킬 수 있다. 그러나 동시에 보호의 맥락에서 사용하는 인권 개념은 국가가 인권 보호를 위한 수단으로 차별적 계층화와 배제를 사용하는 것을 상대적으로 쉽게 한다(Bhabha, 1996: 3).

3. 성적 개념으로서의 시민성

영국의 켄 플러머(K. Plummer)는 신체와 감정, 정체성, 관계, 성별,

---

[6] 인권과 시민권은 일반적으로 동일한 개념으로 사용되고 있고, 우리 사회에서도 두 개념 사이의 구분이 없이 혼용되고 있으나, 엄밀하게 보면 동일한 개념이 아니다. 인권개념이 인간으로서 갖는 고유한 기본권을 의미하는 것으로, 좀 더 자연인과 관련된 개념으로 태어나는 순간 갖게 되는 생득적인 권리를 말한다면, 시민권 개념은 단일 국민국가 내에서 시민적 의무를 이행하는 자가 갖는 권리개념으로서, 인위적인 조직이나 체계와 더 관련되어 있다(Vasak, 1982: 3).

에로티시즘을 표현하고 선택할 권리에 관한 새로운 관심사를 지칭하기 위해 친밀한 시민성(intimate citizenship)이라는 용어를 사용한다(Plummer, 1995: 101). 그에 따르면 친밀한 시민성은 젠더 시민성이나 성적 시민성보다 개인의 사적 영역을 더 포괄적으로 설명한다. 또한 친밀한 시민성 개념은 시민성의 권리뿐만 아니라 시민성의 책임을 잘 설명함으로써 전통적인 시민성 개념을 공적 영역을 넘어 가장 사적 영역인 친밀한 지점으로 확장한다.

친밀한 시민성에 관한 주장은 성적 권리라는 개념을 통해 이론화되고 있다. 리차드슨은 그동안 사적 영역으로 여겨졌던 성적 실천, 성적 정체성, 성적 관계에서의 성적 권리를 각각 3가지 범주로 제시하면서, 전통적인 시민성 개념을 사적 영역까지 확장한다.

1) 성적 권리

먼저, 성적 실천을 기반으로 하는 성적 권리에는 성행위에 참여할 권리, 성적 쾌락을 즐길 권리, 성과 생식에 대한 자율적 권리가 있다. 성행위에 대한 권리는 오직 사적인 형태의 합의에 따른 동성애 성접촉만을 허용하거나 모든 동성애 성관계를 범죄로 규정하는 입법 아래에 살고 있는 성 소수자에게 특별한 문제이다. 또한 성적 쾌락에 대한 권리는 종종 무성애자처럼 보이는 장애인들에게 중요한 문제이다. 성 자율성에 대한 권리는 신체를 감시당하고 생식 권리가 부인되는 장애인 여성에게 특히 중요하다. 성적 관심이 없다고 해서 성폭력 위협에서 예외 되는 것은 아니기 때문이다. 실제로 장애인 여성은 성적 학대와 폭력에 훨씬 더 취약할 수 있다. 장애인 여성의 생식권도 종종 문제가 되는데, 특히, 학습 장애 여성의 경우 직접적인 동의 없이 불임이 될 수 있다는 점에서 특히 그렇다. 여성의 무제한 출산도 어떤 경우에는 문제가 된다. 신체의 완전성(한 사람의 신체는 그 자신에게 속하며 자신에 어떤 일이 생길지는 자신만이 결정할 수 있다는 생각)과 생식에 대한 선택권은 여성이 공적 영역에 완전하고 자유롭게 접근하는 데 필요한 전제조건이 되기 때문에 성적, 생식적 자율성은 여성의 시민성에 매우 중요하다. 그러나 여전히 결혼 상대에게 강간당하지 않을 권리, 생식 선택과 건강 보장에 필요한 피임이나 낙태 시설에 대한 접근, 에이즈를 예방하기 위한 안전한 섹스와 HIV 양성인 사람들에 대한 건강 교육과 같은 사회적 권리에 대한 인식은 미비한 편이다.

성적 정체성을 기반으로 하는 성적 권리에는 자기정의, 자기표현, 자기실현의 권리가 포함된다. 이러한 권리에 대한 요구는 20세기 후반, 동성애 운동과 함께 등장했다. 그들은 특정 성행위에 대한 사적 관용을 주장하는 것이 아니라 레즈비언과 게이, 트랜스젠더를 비롯한 퀴어 집단에 대한 대중으로부터의 인정을 주장했다. 여기에는 주류 미디어에 등장할 권리, 존엄하게 표현될 권리, 동성애 정체성과 삶의 모습을 전파할 권리가 포함된다. 자기정의 권리는 퀴어의 상이한 다양한 성적 권리에 영향을 미치기 때문에 매우 중요하다. 유럽평의회의 일부 회원국에서는 여전히 트랜스젠더의 출생증명서 변경을 금지한다(한국성 소수자연구회, 2019: 152). 누군가의 실제 성별이 출생 시 신체적으로 명백하지 않을 수 있다는 사실을 법적으로 인정하지 않는다는 것은, 퀴어의 법적 지위가 항상 출생증명서에 기재된 성별로 결정된다는 것을 의미한다. 이것은 트랜스젠더의 결혼 권리를 부정하는 것을 포함하여 그들의 삶에 매우 큰 영향을 미친다.

성적 관계에 기반을 둔 권리에는 성관계에 동의할 권리, 성 상대자를 선택할 권리, 성관계를 공개적으로 인정받을 권리가 있다. 관계 기반 권리는 성적 시민성이 단순히 개인의 권리에 관한 것이 아니라 책임을 수반하는 관계에서 행사되는 권리라는 것을 상기시킨다. 리차드슨은 책임을 수반하는 권리의 중요성을 강조하면서, 권리에 관한 주장이 다양한 형태의 유해한 성행위부터의 보호를 보장하지 않는다는 점을 강조한다. 특히, 소아성애자의 출현은 성적 시민성의 한계를 나타낸다. 소아성애가 아동의 권리를 침해하는 위험한 수준인 점을 고려하면, 이러한 경우에 성적 시민성을 거부하는 것에 이의를 제기하는 사람은 거의 없을 것이다. 공적 관계로 인정받을 권리 중에서 특히 논란이 되는 것은 결혼에 대한 권리이다. 결혼권은 궁극적으로 동성애 시민이 공유하는 삶의 방식에 대한 도덕적 정당성과 윤리적 타당성을 수용하는 것이라는 점에서 더 상징적인 중요성을 갖는다. 우리나라는 동성애 결혼이 합법화되지 않았다. 그로 인해 동성애를 가족 관계로 받아들이게 할 수 있는 교육이 학교에서 금지된다. 이것은 동성애 가족에 대한 어떤 형태의 동등한 존중, 합법적 인정도 거부하는 이성애 중심 가족 단위의 지배적인 특권을 보여준다.

2) 성적 시민성 정치

오늘날 페미니즘 운동은 젠더 시민성이 인간적, 민주적, 시민적, 사회적 권리를 얻기 위한 투쟁에 귀중한 무기가 된다는 점에서 그것을 주요 정치적 동원 도구로 사용한다. 퀴어 운동 또한 동성애에 대한 편견과 혐오에 도전하기 위해 시민성, 시민권, 인권의 언어를 사용하고 더 폭넓은 공동체에서 성적 시민성을 승인받고자 차별을 겪는 다른 공동체와의 연계를 구축한다. 젠더 시민성과 성적 시민성은 시민성에 대한 정치적 견해는 다소 다르지만, 시민성을 성적 권리의 근거로 사용한다는 점에서 일치하며, 그러한 성적 권리의 근거는 평등 관점에서 차이 관점, 다원주의 관점으로 발전해 왔다. 성적 시민성 정치의 발전 과정은 다음과 같다.

젠더 시민성에서 성적 권리는 젠더-중립적, 젠더-차별적, 젠더-다원적 관점으로 구분된다(Lister, 2000: 22). 성적 시민성은 크게 동성애 정치(Weeks, 1998: 35)와 퀴어 정치(Storr, 1999: 81) 맥락으로 구분될 수 있는데, 동성애 정치 맥락에서 성적 권리는 '시민성의 순간(the moment of citizenship)'이라고 일컬어지는 평등 관점에서 '위반의 순간(moment of transgression)'이라고 일컬어지는 차이 관점으로 발전했다. 그리고 퀴어 정치 맥락에서 '성적 정체성 경계의 해체'라고 일컬어지는 다원주의 관점으로 발전하면서 성적 시민성 정치는 더 이론적으로 체계화되고 있다.

젠더 시민성 맥락에서, 젠더-중립적 관점은 동등한 권리와 의무를 중시한다. 이것은 정치와 노동이라는 공적 영역에서 여성이 남성과 동등한 조건으로 경쟁할 수 있어야 하고, 사회 보험 제도를 통해 노동 시장에서의 지위와 관련된 사회적 권리에 접근할 수 있어야 한다는 것이다. 또한 진정한 젠더-중립성을 달성할 때까지 수 세기 동안의 억압이 초래한 불균형을 해소하기 위해 젠더-차별화 전략이 필요하다고 주장한다(Phillips, 1991: 7). 그러나 일부 페미니스트들은 전통적인 시민성의 젠더-중립적 공간에 여성을 끼워 넣으려는 모든 시도를 헛수고로 간주한다(Vogel, 1994: 86).

젠더-차별화 관점은 사회적 및 정치적 시민으로서 여성의 권리를 주장하면서 '차이'를 강조한다. 그러나, 다소 모성주의적인 이러한 시민성 개념은 차이가 곧 불평등하고 열등하다는 것을 의미하는 '성적으로 분리된 시민성 규범'을 구축할 수 있다는 점에서 비판을 불러일으켰다(Jones 1988: 18). 이에 대응하여, 젠더-차별화 관점에 동조하는 많은 페미니스트는 여성에게만 국한되지 않은 더 광범위한 돌봄 개념과 돌봄 윤리를 중심으로 비모성주의적 차이를 주장한다. 그들은 돌봄과 관련된 사적 관심과 가치, 기술, 이해가 모두 시민성의 공적 실천을 강화한다는 점에서 돌봄을 정치적 시민성의 자원이라고 보았다(Sevenhuijsen, 2000: 5).

한편, 성적 시민성의 동성애 정치 맥락에서 동성애 정치의 '시민성의 순간'은 평등으로 향하는 포용을 강조한다. 예를 들어, 법의 평등한 보호, 고용 기회, 사회적 지위, 복지 제공, 결혼, 육아에서의 동등한 권리를 요구한다(Weeks, 1998: 37). 이것은 이성애자가 공적 시민으로서 누리는 모든 권리와 책임이 정서적으로 다른 성적 지향을 가진 사람들에게로 확장되어, 동성애에 대한 모든 공식적 차별이 종식되는 것이다.

동성애 정치 맥락에서 '위반의 순간'은 성생활에 대한 전통적, 표준적 질서에 도전해서, 다른 질서를 따르는 공동체를 구축하는 것이다(Week, 1996: 82). 이것은 공적 영역으로의 통합과 포용이 아니라, 공적 영역에서 동성애 정체성을 주장하는 것이다. 오늘날 성적 시민성의 퀴어 정치에서는 '위반의 순간'이었던 경직된 정체성이 다중적이고, 중첩되고 진보하는 과정에 있는 정체성으로 재인식되고 있다

(Dean, 1996 : 57). 퀴어 정치 이론가들은 이성애와 동성애라는 이분법을 넘어서서 성의 경계를 해체하고 성적 카테고리와 공간을 다시 개념화한다.

해체된 성적 다원주의 시민성과 젠더 다원주의 시민성은 이러한 지점에서 서로 만난다. 이러한 지점에서 주체의 정체성은 단일한 위치나 계층, 인종, 젠더로 다원화 되는 것이 아니라 다양한 담론과 주체의 위치를 통해 구성된다. 이러한 접근은 젠더나 성이 단순한 이분법으로 이해될 수 없으며 또한 더 포괄적이고 광범위한 형태의 시민성 개념을 마련하기 위해 평등, 차이, 다원주의 관점의 비판적 합성이 필요하다는 것을 시사한다.

3) 성적 시민성 연구

젠더 시민성은 여성은 물론, 남성에 관한 문제이며 퀴어 시민성 또한 동성애자, 양성애자, 성전환자는 물론 성적 존재로서 이성애자에 관한 문제이다. 다시 말해, 성적 시민성은 넓은 의미에서 젠더화되고 섹스화된 구성개념이다. 오늘날 성적 시민성은 다면적인 개념으로 받아들여지고 있으며 다양한 계열에서 연구되고 있다.

성적 시민성에 관한 일부 연구는 성적 권리나 표현, 정체성에 초점을 맞춘다(Richardson, 2001: 153). 권리의 관점에서 성적 시민성을 논하는 많은 연구가 서구의 신자유민주주의에서 일어난 시민권의 지위 변화를 배경으로 한다. 최근 많은 국가에서 퀴어의 다양한 권리 요구에 대응하여 새로운 형태의 시민권을 인정하기 시작하면서, 성적 시민성에 관한 많은 연구가 비이성애나 비젠더 규범을 따르는 사람들의 권리에 초점을 맞추고 있다. 동성애 시민성뿐만 아니라, 양성애 시민성, 트랜스 시민성, 간성적 시민성에 관한 연구가 이루어지고 있다.

한편, 성적 시민성을 상품 및 서비스 소비와 관련된 소비자의 사회 참여 권리의 관점에서 분석하는 연구도 있다. 이러한 연구에서는 성적 시민성이 후기 자본주의의 역학을 통해, 특히 소비의 관행을 통해 실질적으로 구성된다고 본다. 즉, 성적 시민성이 주로 상업적인 민간 영역에 참여하는 것 즉, 시민이 좋아하는 사적인 여가활동이나 생활양식에서의 소비를 통해 표현된다는 것이다(Evans, 2013: 63). 이러한 연구는 퀴어 시민이 누리는 권리가 주로 자본과 신용에 대한 접근성에서 비롯된다고 주장한다. 따라서 성적 시민성 형태가 새롭게 계층화되는 것을 우려하는 약간 다른 의미의 성적 시민성 연구도 등장하고 있다(Taylor, 2011: 144).

이외에도 시민성에 내재된 기본 가정과 정책을 분석하여, 시민성이 어떻게 성에 대한 규범적 가정에 기초하게 되었는지를 역사적으로 증명하는 성적 시민성 연구가 있다(Bell & Binnie, 2000: 2). 이러한 연구에서 전통적인 시민성 개념은 지배적인 이성애 결혼 관행에 기초해서 정의되는 특정 형태의 시민성으로 언급된다. 성적 시민성 연구에서 이러한 분석은 시민성에 대한 퀴어화(queering)라고 이해될 수 있으며, 시민성의 규범이 전반적으로 변화될 가능성을 열어준다.

그러나 시민성에 대한 일반적인 정의와 성적 시민성 개념 사이에는 어느 정도의 연속성이 있다. 성적 시민성은 그동안 당연시되거나 무시되었던 신체, 정체성, 관계에 관한 권리에 초점을 두기는 하지만, 여전히 서구 자유주의 시민성 구조의 많은 전통적인 특징을 유지하고 있다(Sabsay, 2012). 가령, 현대 자유주의 체제에서 결혼, 부모 역할, 병역 등은 시민성의 핵심 기반으로 인식되는데, 이러한 기반은 성을 기반으로 하는 다양한 형태의 시민성에서 누군가를 배제하는 기준이기도 하다(Pateman, 1988). 이처럼 성적 시민성에 관한 연구는 사적인 관행을 포함하고 성적 규범을 다양화하는 새로운 시민성을 상상하게 했지만, 결과적으로는 자유주의 시민성 논의에서 성적 시민성 논의로 옮겨가는 시민성 개념을 보여준다.

4. 성적 시민성 개념에 대한 재고

성적 시민성 연구에서 주요 논쟁 중 하나는, 시민성을 구성하는 전통적 기반이 이성애규범성을 따른다는 것이다. 그러나 일부 연구자들은 성의 중요성에 초점을 맞추는 오늘날의 시민성 모델에 의문을 제기하면서 성적 시민성이 갖는 한계를 제기한다.

1) 재생산 시민성

미국의 문학 비평가인 리 에델만(L. Edelman)은 재생산적 미래주의(reproductive futurism) 개념을 통해 출산과 양육의 가치가 퀴어에 대한 혐오나 박해와 어떻게 결합하는지를 분석한다(고강일, 2019: 89). 재생산적 미래주의는 바람직한 미래 사회의 중심에 아이를 등장시키면서, 아이가 태어나고 자라는 데 필수적인 환경을 논의한다. 이성애 가족 규범 안에서 아기를 낳는 것을 행복한 가족 혹은 애국의 행위로 간주한다. 또한 아이를 낳지 않거나 못 낳는 것을 이기적 선택이나 능력 없는 행위로 치부한다. 이런 이성애 가족주의가 국민이나 시민이 수행해야 할 '의무'나 '권리'로 이해될 때 퀴어적 존재, 비혼, 비출산자, 불임여성을 적대시하는 문화가 생산된다.

에델만의 논의는 사회에 만연한 재생산적 미래주의가 어떻게 퀴어의 정치적 실천과 대안적 삶을 제압할 수 있는지 성찰하게 한다. 재생산적 미래주의는 이성애 가족, 특히 아이 있는 부부를 사회적으로 책임감이 강하고 사회를 구성하는 유일한 존재로 상상하기 때문에 퀴어를 배제하는 정치를 승인한다. 이성애자가 아닌 동성애자, 결혼을 통해 가족을 구성하지 않는 자, 결혼이나 동거를 했지만 아이를 낳지 않는 자는 책임 있는 사회구성원이 될 수 없다고 보고, 이들에 대한 '차별'이나 '응징'을 당연한 논리로 받아들인다.

이러한 관점에서 시민성은 아이를 재생산할 수 있는지, 양육의 권리와 의무를 갖고 있는지와 관련된 '재생산 시민성(reproductive citizenship)' 개념으로 대체된다(Turner, 2008: 53). 이러한 관점에서 보면, 동성애가 완전한 시민성에서 역사적으로 배제된 이유는 성 그 자체가 아니라, 동성 간 결합으로 인한 비생산성이 그들의 사회에 기여하지 못하기 때문이다.

한편, 몇몇 연구자들은 재생산 시민성의 중요성을 인정하면서도 성과 재생산 시민성 간의 관계를 더 신중하게 설명해야 한다고 강조한다. 퀴어의 비생산성이 문제라면, 논쟁의 중심은 양육권을 확장하는 방식(입양이나 보조생식기술)이 되어야 한다고 주장한다(Eggert and Engeli, 2015: 323). 나아가, 개인이 단순히 재생산적이고 자녀 양육의 부담을 짊어지고 사회에 대한 의무를 다함으로써 '좋은 시민'이 되는 것인지, 아니면 관계적 맥락에서 어떤 부모가 되는지가 중요한 것인지에 대한 질문을 제기한다. 다시 말해, 결혼 관계에서 '자연적 방식으로 재생산하는 이성애'라는 재생산 방식이 좋은 시민성의 준거가 될 수 있는지 묻는다.

2) 성의 새로운 경계와 배제

세계 여러 국가에서 동성애를 문화적으로 표준화하고 사회적으로 포용하는 움직임이 나타나면서, 일부 연구자들은 퀴어 평등을 증진하는 사회적 변화에 맞게 시민성의 이성애규범성을 수정할 필요가 있다고 주장한다(Seidman, 2009: 18). 그러나 시민성의 공간을 동성애로까지 확장하는 것이, 이성애규범성에 대한 도전인지, 오히려 이성애규범성을 지지하고 유지하는지는 논쟁의 여지가 있다.

성적 시민성에 관한 일부 연구자들은 퀴어가 완전한 시민권을 얻기 위해 어떻게 도전해 왔는지, 민족 국가들이 퀴어의 사회적·문화적 승인 요청에 어떻게 대응해 왔는지보다, 퀴어를 승인하는 비용에 더 초점을 맞추어 연구한다. 그들은 퀴어가 새로운 시민권에 접근하기 위해 필요한 조건과 그들이 평범한 시민으로 표준화되는 것이 초래하는 잠재적인 배제를 검토한다(Duggan, 2002, 175). 연구자들은 성적 민주화의 순간이 새로운 배제, 새로운 타자, 새로운 친밀 관계를 구성하여, 성과 관련하여 새로운 경계를 설정하는 수단이 되는 것을 우려한다.

새로운 시민성의 순간은 사회통합을 위한 규범적 틀을 지지하거나 변화시킬 수 있는 주류 시민으로 동화되는 순간이다. 성적 지향 및 성적 정체성에 대한 사회적 승인과 양육권에 대한 접근 가능성은 결혼이나 가족과 같은 사회 제도의 변화를 가져올 것이다. 그러나 이러한 제도화, 조건화는 개인에게 사유화, 탈정치화, 탈성애화, 성정체성의 탈중앙화를 요구하고, 그러한 특정한 성적 시민성을 요청할 수 있다(Seidman, 2004).

뉴욕 대학의 리사 더간(L. Duggan) 교수는 성적 시민성의 이러한 양상을 '신 동성애규범성(new homonormativity)'이라고 정의한다(Duggan, 2002: 175). 더간은 성의 정치라는 틀 안에서 성적 시민성으로 전환하는 것을 비판한다. 그녀는 집단의 권리보다 개인의 권리를 강조하고 승인하는 성의 정치에 젠더화되고 성애화된 불평등을 유지하는 권력과 사회 제도의 역할이 은폐되어 있다는 보았다. 그리고 소비와 권리, 가족의 가치를 강조하는 신자유주의가 퀴어 운동에 미치는 영향과 그것이 결과적으로 행동주의로 나타나는 과정에 초점을 맞추어 그것을 입증하고자 했다.

3) 동성애 민족주의와 성 제국주의

성적 시민성 투쟁에 대한 대응은 민족 국가를 관대하고 현대적인 국가로 보이게도 하지만, 관대하지 못하고 후진적인 국가로 보이게도 한다. 일부 연구자들은 서양의 후기 근대성이 신오리엔탈리즘과 식민주의 관행을 정당화했던 방식으로, '성 민주주의'가 인종적 설명을 통해 어떻게 정당화되고 국경을 만드는지 검토한다. 퀴어 이론가인 자스비르 푸아(J. K. Puar) 교수에 따르면, 문화적 타자화나 국경 만들기를 통해 새로운 형태의 동성애규범적 민족주의가 출현하기도 하

이성애규범적 민족주의가 전위되기도 한다(Puar, 2018). 실제로 미국에서는 테러와의 전쟁 동안 동성애에 대한 태도가 민족의 이미지와 연결되면서, 이슬람 문화가 여성을 억압하는 성적으로 후진적인 문화라는 혐오주의 담론으로 이어졌다. 푸아는 이것을 '동성애 민족주의(homonationalism)'라고 설명했다.

비슷한 맥락에서, 성적 권리의 평등을 적극적으로 전개하는 유럽의 정치는 유럽의 정체성을 인종차별에 맞서는 진보적이고 자유주의적이고 관용적인 세계주의로 만들었다(Mepschen et al., 2010: 962). EU에서는 성 소수자의 권리를 존중하고, 그러한 내용을 법제화하는가 하면, 동성애자 인권 보호에 소극적인 국가에 대해서는 무비자 여행을 제한하는 등 관련 법률을 강화하고 있다. 실제로 동성애 혐오와 민족주의 담론이 결합하면서, 동유럽의 일부 국가는 매우 후진적이고 충분히 문명화되지 않은 국가로 낙인되었다.

성적 시민성 투쟁의 전개는 서구 제국주의 새로운 형태를 보여준다. 서구의 성적 카테고리가 비서구의 맥락으로 확장되면서 성에 대한 지역적 이해와 문화적 의미가 무시되기도 한다. 일부 연구자들은 이와 관련하여 제3세계에서의 성적 시민성 투쟁을 신식민주의 관행을 구성하는 식민지 지식 체계라고 설명한다(Browne et al., 2010: 1567). 그러므로 동성애 정체성과 정치가 '세계화'로 정의되면서 퍼지는 것에 주의를 기울여야 한다고 주장한다.

일부 연구자들은 젠더나 퀴어의 성에 대한 이해 없이, 시민성 담론에만 초점을 맞추는 성적 시민성 논쟁을 비판하면서, 성적 권리를 뒷받침하는 시민성의 구성개념을 분석한다. 서구에서 시작되었지만, 종종 세계적인 것으로 정의되는 국제적 동성애 운동의 정치적 의제와 전략은 이러한 연구에서 비판적인 관심을 받아왔다. 동성애 운동은 동성애 정치를 인권과 관련된 보편화 접근이라고 오도하면서, 그리고 지난 20년 동안 동성애 정치가 얼마나 확대되고 전문화되었는지 강조해왔다. 이것은 서구의 동성애 정치가 다른 문화적 상황에서 행동주의의 한계를 가질 수 있음을 모호하게 만들었다.

동성애 정치의 이러한 의제와 전략은 많은 국가에서 퀴어의 인권 체계를 점점 더 지배적으로 만드는 데 이바지했다. 동성애 정치에서는 퀴어의 권리를 사회 정의나 인권 개념과 연결시키면서, 동성애 권리에 대한 세계적 규범을 확립하고자 했다. 이때 퀴어가 '보편적'이라는 개념으로 퀴어 정체성과 정치를 '서구화'하는 주체는 주로 미국과 유럽이다(Altman, 2010).

성에 대한 서구의 가치와 사고가 오늘날 '성의 민주주의'의 준거가 되는 것은, 보편주의적 '성 인식론'에 기초한 새로운 형태의 성 제국주의라고 볼 수 있다. 식민지화 과정에서 지역적 의미와 관행이 훼손될 위험이 있다는 것을 인식하는 것도 중요하지만, 지역 문화와 국제 환경 간의 복잡한 상호작용을 통해 새로운 혼종적 정체성과 정치적 목표가 생성되는 것 또한 주목할 필요가 있다.

5. 성에 대한 공적 담론과 시민교육

1) 성 선택에서의 제약

성적 시민은 성적 권리를 주장할 자격이 있는 특정 유형의 주체이다. 성적 시민은 친밀한 행위, 성적 정체성, 성적 관계와 관련하여 다양한 선택을 행사할 수 있는 원자적인 자율적 주체라는 자유주의적 개념은 성적 시민성에 대한 논쟁의 중심에 있다. 개인의 선택이라는 개념은 서구 신자유주의 시민성 모델의 핵심 개념이다. 이것은 신자유주의 시민성을 선택의 권리(파트너, 결혼, 출산, 성행위)를 중시하는 친밀한 시민성 개념으로 설명하는 방식에서도 분명히 나타난다 (Plummer, 2011). 신자유주의 시민성은 개인의 권리에 관한 담론이며 초점은 선택적 주체로서의 개인에 있다.

자유주의의 선택 개념에 기초하는 성적 시민성 개념은 몇 가지 문제점을 갖는다. 첫째, 개인주의 이데올로기에 뿌리를 둔 개인의 권리는 친족, 가족, 공동체와의 사회적 관계 안에서 구성된다. 따라서 자아의 구성이 다르게 경험되는 사회에서는 문제가 된다. 예를 들어, 무슬림 페미니스트들은 개인을 '배태된(embedded) 자아'라는 더 공동체주의적 개념으로 보기 때문에, 젠더 시민성에 대해 자유주의 페미니스트와 다른 견해를 표현한다(Prins, 2006: 234).

둘째, 개인의 권리에 초점을 두는 것은 집단의 권리에 주된 초점을 두는 문화적 맥락에서 문제가 된다. 성적 시민성을 다루는 주요 연구 방법의 하나는 북미, 호주, 뉴질랜드, 유럽에 있는 퀴어 조직의 지배적인 정치 담론을 분석하는 것이었다. 이 지역의 퀴어 조직은 퀴어의 권리로서 보편적인 '인권'과 특정 민족 국가의 '시민권'을 모두 요구한다. 그런데 '동성애'에 대한 인권과 시민권 요구는 모두 집단의 권리보다는 개개인의 권리에 기반을 둔다. 그 결과 성적 시민성 연구 대다수가 자유주의 및 개인주의 문화권 내에서의 연구로 그치게 된다. 따라서 서구의 자유주의 시민성 모델에 내재한 개인주의가 아니라, 사회 집단의 권리에 초점을 두는 상황들을 고려해야 한다. 일부 국가에서는 권리가 정부를 통해 부여되는 것이 아니라, 개인과 지역사회와의 관계 또는 친척 관계를 통해 관리되기 때문이다(Richardson et al., 2009: 259).

셋째, 성 선택의 주체로서 성적 시민이라는 개념은 '성의 민주주의'와 관련하여 선택의 한계를 갖는다. 예를 들어, 성적 시민성 또는 친밀한 시민성에 관한 논의에서 자신의 신체, 감정, 관계에 대한 통제권이 거의 없는 사람들, 그리고 성 경험, 젠더 경험, 성적 정체성과 관련하여 사회적 기반이 거의 없는 사람들의 선택권에 대해서는 추가적인 설명이 필요하다(Plummer, 2011: 93). 사회적, 경제적, 문화적 자본에 따라 자신에게 주어진 선택을 인지하고 식별하는 정도가 다를 수 있다. 예를 들어, 사회적, 경제적, 문화적으로 어떻게 조건화되느냐에 따라 개인이 함께 살 사람을 선택할 수 있는 의미있는 범위가 다를 수 있다.

많은 사회에서 개인의 선택이라는 개념은 일상의 현실과는 거리가 멀고, 특정 형태의 성적 시민성은 선택이라고 이해되기 어려울 수 있다. 예를 들어, 성적 시민의 파트너 선택이 가족 및 친족 관계에서 결정되는 문화도 있다. 그런데도 자유주의 성적 시민성 연구에서는 성 파트너에 대한 개인의 선택 기회를 제한하는 문화적 전통을 거의 다루지 않는다. 비슷한 맥락에서, 일반적으로 남성에게 경제적으로 의존하는 것이 생계의 주요 원천이고, 이성애 결혼이 거의 보편적이고, 이성애 규범에 이의를 제기하는 데 상당한 사회적, 경제적, 개인적 비용이 발생하는 사회에서는 성 선택을 행사할 수 있는 권리가 제한될 수 있다.

2) 성 사유화의 한계

리차드슨은 그의 저서 『Rethinking Sexuality』에서 이성애규범성, 성적 권리와 의무, 퀴어 이론에 대해 재고할 필요가 있음을 강조한다(Richardson, 2000: 71). 그에 의하면, 성적 시민성 연구는 사생활에 대한 자유주의 개념을 토대로 이루어지고 있다. 자유주의에 기초한 성적 시민성 연구는 시민성의 사적 영역과 사유화된 소비로서의 성적 권리에 초점을 맞춘다. 성적 권리를 '사생활권'으로 보고, '사적 영역'에 초점을 맞춘 성적 시민성에 대한 논의는 성적 시민성의 사유화로 이어진다.

그러나 성적 시민성을 사적 영역에 초점을 맞추어 논의하는 것은, 성적 시민성을 분석할 수 있는 범위를 좁힌다. 예를 들어, 성적 시민성과 경제의 관련성을 주변화하거나 모호하게 한다. 이것은 성적 시민성 개념이 사회적, 경제적 불평등이라는 대규모의 공적 문제에 많은 것을 제공하지 못한다는 것을 시사한다. 이것은 광범위한 정치 세계 안에서 성적 시민성 개념을 논의하는 것이 적절한가라는 의문으로 이어진다. 즉, 식량, 식수, 주거, 기본 욕구와 같은 사회적·경제적으로 더 중대한 상황에 대한 논의와 대조적으로, 성적 시민성이 다소 하찮은 것이라는 견해로 이어질 수 있다. 오늘날 전 세계적으로 많은 사람이 여전히 극심한 빈곤, 기근, 가뭄, 전쟁, 권위주의 정부, 부패와 폭력의 긴급 사태에 맞서, 매일의 식량을 구하는 데 어려움을 겪고 있다. 대부분 사람이 단지 생존하기 위해 고군분투하고 있을 때, 성과 신체, 자아감에 관심을 갖는 것은 매우 사소한 것처럼 보일 수 있다. 그것은 전투적인 상황에 처한 다수의 사람이 하는 걱정이라기보다는, 전통적이고 보수적인 교육을 받은 소수의 중산층이 하는 걱정으로 보일 수 있다.

3) 성적 시민성에 대한 공적 담론

'사적 영역'에 초점을 두고 성적 시민성을 논의하는 것은 성과 관련하여 사회적, 경제적, 공적 영역에서 발생하는 문제에 접근하는 것을 어렵게 한다. 사적 공간 안에서 친밀함을 체험하고 조직하는 것, 사적인 것에 특별한 사회적 권한과 기능을 부여하는 것, 사적 영역 밖에서 이뤄지는 성행위를 금지하거나 억압하는 것, 효과적인 공적인 정치 담론을 위해 사적인 것을 이용하는 것은 모두 분명 공적이다. 즉, 성은 그 자체로 공적이다. 이렇게 볼 때, 이성애는 특정한 종류의 성적 정체성이 아니라, 성을 둘러싸고 있는 공적인 것과 사적인 것 사이의 관계를 규정하는 규범이다. 그리고 그동안 이러한 이성애 규범성이 사회적 삶의 형태와 배치의 거의 모든 측면(민족성, 국가, 법, 경제, 의료, 교육 등)에 작용해 온 것이다.

사적인 것과 공적인 것의 구분 자체가 공적인 담론이라는 주장은 섹슈얼리티가 권력관계를 구성하고 재생산하며, 근대적 성의 관리 체제에 의해 훈육된 주체가 형성된다는 미셸 푸코의 생각과 일치한다(푸코, 2019: 101). 섹슈얼리티를 권력과 지식의 복합체로 규정했던 푸코의 주장에 따르면, 공적인 것과 사적인 것의 구분 역시 성을 관리하는 체제의 한 측면이다. 그러므로 성적인 것을 공적인 것으로 재규정한다는 것은 기존에 공적-사적 구분을 통해 유지되던 사회적 관계를 비판하는 것을 의미한다. 실제로 극장, 공원, 인터넷 등의 공간에서 이루어지는 퀴어들 간의 다양한 친밀 행위는 공공 영역을 만들어 내는 사회적 실천이라고 볼 수 있다. 이러한 공간에서 퀴어 주체들은 자신의 상호주관적인 세계를 구성하고, 다양한 자기정체성을 체득하며, 자신의 신체를 어떻게 규정하고 실천할 것인지 구상한다.

그러나 성적 시민성을 둘러싼 논의들은 퀴어의 공공 영역을 사유화하도록 강제한다. 퀴어의 공적인 섹스를 범죄, 위험, 유혹, 폭력 등으로 규정하고, 시민권의 담론으로부터 추방한다. 따라서 퀴어 주체들이 오랫동안 구축해 온 공공 영역은 이성애 시민들의 쾌적한 삶의 권리라는 명목으로 단속의 대상이 되기도 한다. 한편, 사적인 삶으로 은둔하는 퀴어만이 자신들의 공공 영역을 사유화한 대가로 시민권을 보장받게 된다.

퀴어는 인류사회 어디에나 어떤 시점에나 존재해 왔다. 다만 퀴어를 사회에서 어떻게 받아들이고, 그들을 배제할지 통합할지를 결정하고, 그들에게 사회적 지위를 부여하는 문화적 규칙, 법, 제도, 편견이 달라질 뿐이다. 전 지구적 관점에서 볼 때 퀴어의 시민성은 단일한 방향의 항상적 개념으로는 이해될 수 없다. 어떤 지역에서는 퀴어 주체들이 동성애 혐오와 처벌에 맞서 동성애 비범죄화 운동을 벌여나가고 있고, 다른 지역에서는 동성결혼 및 입양을 포함한 가족 구성권 등 동등한 시민의 권리를 확보하고 자긍심을 갖는 '긍정적' 권리 운동을 벌여가고 있다. 퀴어의 자존감과 행복감은 자신이 속한 사회의 다양성에 대한 존중과 민주주의의 발전 정도에 비례한다.

성적 시민성에 영향을 미치는 요소로는 해당 지역의 부의 수준과 종교적 영향력도 있지만, 가장 결정적인 요소는 그 지역의 민주주의 발전 정도라고 할 수 있다. 라틴아메리카 몇몇 나라의 사례에서 보듯

경제적 부의 수준이 아주 높지 않거나 종교적 전통이 강한 지역이라도 성숙한 민주주의 사회일 경우 동성애와 퀴어의 권리가 신장할 수 있다. 이런 의미에서 퀴어 운동의 핵심은 민주주의의 확장과 성적 시민성의 확립이라고 할 수 있다.

성적 박해를 용인하고 방관하는 사회는 민주적 가치를 옹호하는 사회라고 인정받을 수 없다. 흑인 지도자인 넬슨 만델라는 1994년 대통령 취임사에서 동성애자 인권을 언급했고, 남아프리카공화국은 성적 지향을 근거로 차별받지 않을 권리를 헌법에 명시한 세계 최초의 국가가 되었다. 인종차별의 종식을 선언한 만델라는 동성애자의 인권 또한 민주주의로의 이행을 위해 필수적인 사회통합의 길이라는 점을 인식한 것이다.

퀴어 운동은 때로는 광범위한 글로벌 정치 역학에서 쉽게 이용당하는 주제가 되기도 한다. 예컨대 반동성애 운동을 벌이는 미국의 기독교 복음주의 단체들은 게이 죽이기 법안을 통과시킨 우간다를 지속적으로 지원한다. 미국은 퀴어에게 매우 친화적이며 성적 자유를 옹호하는 국가라고 주장하지만, 그 의도는 당시 미국과 정치적 대립 관계에 있는 일부 무슬림 국가의 야만성과 폐쇄성을 전 세계에 각인하기 위한 정치 논리일 수 있다. 이처럼 퀴어 운동은 정치인들의 세력 확장이나 반대파 제거에 이용되는 사회적 의제가 되기도 하고, 글로벌 정치의 역학을 구성하는 데 활용되기도 한다.

4) 성적 시민성을 위한 시민교육

현대 시민 사회에서 퀴어의 성은 민주사회의 동등한 시민성의 형태로 발전하고 있다. 푸코의 말을 빌리자면 하나의 인간적 종으로서의 동성애자이며, 분리된 독자적인 사회적 실체이자 주체성으로서의 퀴어가 등장하고 있다. 퀴어 주체들은 자신의 체험, 기억, 자기 서사, 사회적 상호작용과 문화적 의미 등을 상대적으로 일관된 성적 주체성(레즈비언, 게이, 성전환자, 양성애자 등)으로 변형시켜 왔다. 그들은 자신을 재현하는 담론을 제작하고, 그것을 통해 자신의 정치적 주체성을 재현할 가능성을 끊임없이 모색하고 있다.

우리 사회의 다양한 성적 주체들이 완전한 시민성을 갖추는 데 필요한 정책적, 교육적 대안으로는 다음이 있다. 먼저, 우리는 다양한 성적 주체들을 특수한 이해집단으로 간주하지 않고, 성적 권리를 스스로 판단하고 결정할 수 있는 권리를 가진 포괄적인 시민으로 받아들여야 한다. 이러한 점에서 교육, 보건, 병역, 의료, 취업 등의 다양한 사회 활동에서 퀴어가 여느 시민적 주체와 동등한 권리를 누릴 수 있도록 보장해야 한다. 이것은 퀴어를 성 소수자로 규정하여 다문화주의적 정치로 우대하거나 배려하는 것이 아니라, 포괄적 시민으로 승인하는 것을 뜻한다. 따라서 현재 이성 간의 혼인과 친족 관계만을 인정하고 그것을 통해 분배되고 제공되는 사회적 부와 편익을 성 소수자도 누릴 수 있도록 하는 법적, 사회적 승인이 필요하다.

다음으로 퀴어 주체들이 사회 문제에 시민적 주체로서 참여하고 활동할 수 있도록 고무하고 장려하는 공적인 시민교육 프로그램을 고안해야 한다. 현재 다양한 성적 주체들을 중심으로 자발적인 네트워크가 조성되어 있고 그들은 인권과 공공 정책 분야는 물론, 건강, 문화예술, 학술 활동, 스포츠 등의 영역에서 다양한 단체와 조직을 형성하여 활동하고 있다. 이들의 폭넓은 사회 활동과 성과가 시민 의식을 개혁하고 사회 정책과 제도로 정착될 수 있게 하는 통로가 보장되어야 할 것이다.

성 소수자는 우리와 함께 살아가는 시민으로서 우리 사회에 그리고 학교에 함께하고 있는 존재이다. 내 주변엔 없다고 생각하는 것은 '성 소수자가 존재하지 않는 것'이 아니라, '성 소수자가 자신을 드러내기에는 안전하지 않은 곳'이어서 일 수 있다. 성 소수자들이 안전하고 행복하게 느낄 수 있는 학교가 되려면 무엇보다 그들에 대한 이해가 필요하다. 따라서 공적 교육을 통해 성 소수자와 관련된 정확한 정보를 전달하는 것이 필요하다.

또한 우리 사회의 공적 영역에서 성 소수자들이 시민으로서 어떤 활동을 하고 있는지 이해하는 것이 필요하다. 가령, 영화 〈매트릭스〉를 공동으로 연출한 두 명의 감독은 형제가 모두 여성으로 성전환 수술을 받아 '워쇼스키 자매'로 불리고 있다. 애플의 최고경영자(CEO) 팀 쿡은 2014년 미국 유력 경제주간지 'Business Week' 기고문에서 자신이 동성애자임을 밝혔다. 90년대를 풍미한 섹시 가수 리키 마틴은 2010년 자신의 홈페이지에서 동성애자로 커밍아웃했다. 아이슬란드의 전 총리인 요한나 시귀르다르도티르도, 룩셈부르크의 총리 그자비에 베텔도 동성애자로 커밍아웃했다.

한편, 학교 동료이자, 성적 시민으로서 자신의 친구가 성 소수자라는 것을 밝혔을 때, 성 소수자의 인권을 보호하기 위해 학생들이 해야 할 것과 하지 말아야 할 것을 배우는 것도 성적 시민성 교육에서 매우 중요하다. 지지자로서 할 수 있는 가장 간단하고도 중요한 일은 '듣는 것'이다. 편견 없이, 판단하지 않고 듣는 것은 매우 중요한 일이다. 또한 성 소수자의 비밀을 지켜 주고, 자신이 가진 편견을 인식하는 것도 중요하다.

한편, 하지 말아야 할 말로는 "그럴 줄 알았어!", "정말 확실하니?", "아직 좋은 여자/남자를 못 만나서 그래.", "쉿, 아무한테도 말하지 마.", "그럴 리가 없어. 이성이랑 사귀어 봤잖아." 등의 말이다. 이러한 말들은 성적 고정관념에서 추측된 말들이다.

마지막으로 성 소수자 학생들이 교사에게 듣고 싶은 말이 무엇인지 이해하는 것도 필요하다. 그것은 존재 그 자체로 인정하고, 청소년 성 소수자들이 경험하고 있을 차별에 대해 공감하고 지지해 주는 것이다.

퀴어는 문화적 다양성을 가진 동등한 존재이며, '다문화주의' 관점에서 시민권을 보장받아야 할 사회구성원이다. 퀴어와 마찬가지로 우리는 모두 각자의 타자성을 내재하고 있다. 성의 다양성을 인정하고 공존의 삶을 추구하는 운동에 동참하는 것은 곧 우리 자신의 인권을 신장하는 길이기도 하다. 민주주의는 모든 이의 동등한 사회 참여를 통해 권리를 소유하는 것이 아니라 공유하는 것이다.

참고 문헌

고강일(2016), "〈브로크백 마운틴〉과 재생산적 미래주의", 『비평과 이론』, 21.
미셸 푸코 저, 양운덕 역(2019), 『미셸 푸코』, 서울: 살림.
장미경(2005), "한국 사회 소수자와 시민권의 정치", 『한국 사회학』, 39(6).
캐롤 페이트먼 저, 이평화 이성민 역(2018), 『여자들의 무질서』, 서울: 바리에테 신서 22.
토마스 험프리 마셜 저, 김윤태 역(2013), 『시민권과 복지국가』, 서울: 이학사.
한국성 소수자연구회(2019), 『무지개는 더 많은 빛깔을 원한다』, 서울: 창비.
한국여성연구소(2014), 『젠더와 사회』, 서울: 동녘.
Altman, D. (2010), *Global sex*. In Altman, D., *Global Sex*. University of Chicago Press.
Bell, D., & Binnie, J. (2000), *The sexual citizen: Queer politics and beyond*, Cambridge: Polity.
Berlant, L., & Warner, M. (1998), "Sex in public", *Critical inquiry*, 24(2), 547-566.
Bhabha, J. (1996), "Embodied rights: Gender persecution, state sovereignty, and refugees", *Public Culture*, 9(1), 3-32.

Brown, G., Browne, K., Elmhirst, R., & Hutta, S. (2010), "Sexualities in/of the global South", *Geography Compass, 4*(10), 1567-1579.

Bubeck, C. (1995), "A feminist approach to citizenship", *European Institute-European Forum Papers*, (No. 95/1), 1-41.

Cavarero, A. (2005), "Equality and sexual difference: amnesia in political thought", In Bock, G., & James, S. (Eds.), *Beyond equality and difference*, Routledge.

Dean, J. (1996), *Solidarity of strangers*, Berkeley: University of California Press.

Dietz, M. G. (1987), "Context is all: Feminism and theories of citizenship", *Daedalus, 116*(4), 1-24.

Duggan L (2002), "The new homonormativity: The sexual politics of neoliberalism", In R. Castronova & D. D. Nelson (Eds), *Materializing democracy: Toward a revitalized cultural politics*, NC: Duke University Press.

Eggert, N., & Engeli, I. (2015), "Rainbow families and the state: How policies shape reproductive choices", In M. Tremblay & D. Paternotte (Eds.), *The Ashgate research companion to lesbian and gay activism*, Ashgate Publishing, Ltd.

Evans, D. (2013), *Sexual citizenship: The material construction of sexualities*, London: Routledge.

Hartsock, N. C. (1991), *Money, sex, and power: Toward a feminist historical materialism*, New York: Longmann.

Jones, K. B. (1988), "Towards the revision of politics", In A. G. Jonasdottir (Ed.), *The political interests of gender: Developing theory and research with a feminist face* (Vol. 20), London:

Sage.

Lennox, C., & Waites, M. (2013), *Human rights, sexual orientation and gender identity in the commonwealth*, London: University of London Press.

Lister, R. (2000), "Gender and the analysis of social policy", *Rethinking social policy 22*.

Mepschen, P., Duyvendak, J. W., & Tonkens, E. H. (2010), "Sexual politics, orientalism and multicultural citizenship in the Netherlands", *Sociology, 44*(5).

Ong, A. (1999), "Muslim Feminism: Citizenship in the shelter of corporatist Islam", *Citizenship Studies, 3*(3).

Pateman, C. (1988) *The Sexual Contrac*t, CA: Stanford University Press.

Phillips, A.(1991) *Engendering Democracy*, Cambridge: Polity Press.

Plummer, K. (1995), "Telling sexual stories in a late modern world", *Studies in symbolic interaction, 18*(1).

Plummer, K. (2011), *Intimate citizenship: Private decisions and public dialogues*, University of Washington Press.

Prins, B. (2006) "Mothers and Muslima's, sisters and sojourners: The contested boundaries of feminist citizenship", In Davis K, Evans M and Lorber J (Eds), *Handbook of Gender and Women's Studies*, London: SAGE.

Puar, J. K. (2018), *Terrorist assemblages: Homonationalism in queer times*, Duke University Press.

Richardson, D. (1998), "Sexuality and citizenship", *Sociology, 32*(1).

Richardson, D. (2000), "Constructing sexual citizenship: theorizing sexual rights", *Critical Social Policy, 20*(1).

Richardson, D. (2000), *Rethinking sexuality*. London: Sage.

Richardson, D. (2001), "Extending citizenship: Cultural citizenship and sexuality", In Stevenson, N. (Ed.), *Culture and citizenship*, London: Sage.

Richardson, D. (ed.) (1996) *Theorising heterosexuality*, Buckingham: Open University Press.

Richardson, D., & Monro, S. (2012), *Sexuality, equality and diversity*, Macmillan International Higher Education.

Richardson, D., Poudel, M., & Laurie, N. (2009), "Sexual trafficking in Nepal: constructing citizenship and livelihoods", *Gender, Place & Culture, 16*(3).

Sabsay, L. (2012), "The emergence of the other sexual citizen: Orientalism and the modernisation of sexuality", *Citizenship Studies, 16*(5-6).

Seidman, S. (2004), *Beyond the closet: The transformation of gay and lesbian life*. Psychology Press.

Seidman, S. (2009), "Critique of compulsory heterosexuality", *Sexuality Research & Social Policy, 6*(1).

Sevenhuijsen, S. (2000), "Caring in the third way: the relation between obligation, responsibility and care in Third Way discourse", *Critical Social Policy, 20*(1).

Storr, M. (1999), "New Sexual Minorities, Opposition and Power: Bisexual Politics in the UK. Storming the Millennium: The New Politics of Change", In Jordan, T., & Lent, A., *Storming the Millennium: the new politics of change*, Lawrence & Wishart.

Taylor, Y. (2011), "Lesbian and gay parents' sexual citizenship: Recognition, belonging and (re)classification", In McLaughlin, J., Phillimore, P., & Richardson, D. (Eds.), *Contesting recognition: Culture, identity and citizenship*, New York: Springer.

Turner, B. S. (2008), "Citizenship, reproduction and the state: International marriage and human rights", *Citizenship Studies, 12*(1).

Vakulenko, A., & Brown, W. (2007), "Regulating Aversion: Tolerance in the Age of Identity and Empire", *International Journal of Law in Context, 3*(4).

Vasak, K. (1982), "Human rights: as a legal reality", T*he international dimensions of human rights, 1*.

Voet, M. C. B. V. R., & Voet, R. (1998), *Feminism and citizenship*. Sage.

Vogel, U. (1988), "Under permanent guardianship: women's condition under modern civil law'", In Jonasdottir, A. G., *The political interests of gender: Developing theory and research with a feminist face* (Vol. 20). London: Sage.

Vogel, U. (1994), "Marriage and the boundaries of citizenship", In Van Steenbergen, B. (Ed.)., *The condition of citizenship*, London: Sage.

Weeks, J. (1996), "The idea of a sexual community". *Soundings, 2*.

Weeks, J. (1998), "The sexual citizen", *Theory, culture & society, 15*(3-4).

Young, I. M. (1997), "The scaling of bodies and the politics of identity", In McDowell L., Sharp J. (eds)., *Space, gender and knowledge: Feminist readings*, London: Arnold.

Young, I. M. (1995), "Mothers, citizenship, and independence: a critique of pure family values", *Ethics, 105*(3).

찾아보기

ㄱ

감상적 공동체 27
강한 공동체 82, 99, 112
개인 절대주의 109
개인주의 20, 35, 36, 40, 53, 68,
　　70~75, 95~96, 98, 110,
　　112, 130, 137, 159, 168,
　　317, 333
개인주의적 자유주의 70, 74
개체성 89
개체화 72
개화된 자기이익 10, 29, 32, 37,
　　58, 60
건설적 논쟁 183~186, 192,
　　352, 355
게마인샤프트(Gemeinsha) 78
게젤샤프트(Gesellshaft) 78

견유파(Cynic) 203
경제시민(economy citizen) 229
계몽화된 자기이익 124
계약주의 21
고립주의적 종교집단 268,
　　280~281, 288
골비(M. Golby) 86
공공성(publicity) 140
공공재 36, 73, 93
공동선 11, 19, 37, 45, 46, 72,
　　74, 85, 90, 92~93, 95, 98,
　　100~102, 114~116, 118,
　　123, 126, 128, 137~139,
　　143~146, 149, 155, 158,
　　160, 162, 164, 166, 168,
　　178, 188~190
공동의 국민문화 259, 261,
　　263~264, 272, 294, 297

공동의 권리로서의 시민성
    263~264, 269, 272,
    276~277, 292, 296
공동체 의식 74, 76, 83~84,
    96~97, 119~120,
    125~127, 161, 175, 179,
    276, 292
공동체적 자유 118
공동체 정신 108, 116
공동체주의적 자유주의 69
공리주의 35, 77
공민권(civil right) 310
공산주의 74, 259~260, 263
공유된 이해 45
공적 영역 8, 20~22, 26, 42,
    46, 62, 86, 307, 311,
    315~316, 320~321,
    323~324, 336, 340
공적 이성 55, 56, 62~63, 108,
    213
공화정 97, 188
공화주의 시민성 12, 135~138,
    152~153, 155, 159~160,
    165, 189, 191
관계적 자아 81
관용 42, 44~46, 48~49, 54~56,
    58, 62~63, 77, 94, 97, 113,
    116~118, 180, 182, 240,
    246, 274~275, 287~288,
    312, 316, 321, 331
관용론 44~45, 46
구성적 공동체 27, 79~80, 99
구심력 99
국가사회주의 74
국가시민(state citizen) 229
국가시민성(state citizenship) 189,
    196~199, 223, 227, 230,
    234, 238, 241, 246, 355
국가에 종속된 민족(substate
    nations) 281
국민국가 108, 217, 219~220, 228,
    231~233, 243~244, 319
국민 만들기(nation-building)
    258
국제연맹(Völkerbund) 212
국제이주 254, 255, 284
군주제 97, 139
규범적 종합 78
근대 민족국가 232, 255,
    258~261, 272, 279, 281,
    295~296
급진적 세계시민주의 231, 244

기억의 공동체 80

ㄴ

내부적 제재(internal restrictions) 266
내쉬(J. Nash) 85
너스바움(M. Nussbaum) 234, 245
능동적이고 변화 지향적인 시민 (active and transformative citizen) 293

ㄷ

다국적 시민성(multinational citizenship) 229
다문화주의 시민성 253~254, 257, 262, 272, 280, 291
다문화주의의 실패 256, 262
다수결주의 102, 139
다원주의의 사실 101
다이앤 리차드슨(D. Richardson 311
다인종문화적 권리(polyethnic rights) 265
다중적 관계 82
데거(R. Dagger) 97
도구적 공동체 27
도구적 공화주의 145~146, 149, 171~172, 175~176, 191
도덕 공동체 112
도덕 심리학 108, 352
도덕적 공동체 68
도덕적 대화 103~104, 106, 127
도덕적 목소리 79, 105, 122
도덕적 성찰 87
도덕철학 72
도미니움(Dominium) 150
도시국가(city state) 224
동성애 민족주의 330~331
동성애 정치 323~324, 332
동질성 가정(homogeneity hypothesis) 261
디무에트 부벡(D. Bubeck) 318
디오게네스(Diogenes) 203~204

ㄹ

러셀(B. Russell) 232

레스 푸블리카 43
롤즈(J. Rawls) 19, 24~25,
　　27, 29, 40~42, 49~50,
　　53~57, 61~62, 68~72,
　　77, 80, 106, 108, 248
루소(J-J. Rousseau) 68, 144,
　　152, 156, 158
리사 더간(L. Duggan) 330
리 에델만(L. Edelman) 327

ㅁ

마르쿠스 아우렐리우스(Marcus
　　Aurelius) 210
마셜(T. H. Marshall) 310
마음의 습관 124
매리 디에츠(M. Dietz) 318
맥시민 전략 42
맥킨타이어(A. MacIntyre) 71,
　　76, 84
모두스 비벤디 39
몽테스키외(Montesquieu) 97
무지의 베일 24, 28, 41, 61,
　　70~71
무페(Mouffe) 72
문화에 대한 본질주의적

(essentialist) 관점 279
문화적 특수성 71, 218
뮬홀(S. Mulhall) 71, 76
미드(G. H. Mead) 82
민족 및 인종문화적 집단 258
밀러(D. Miller) 107

ㅂ

바버(B. Barber) 26, 115, 124
반사회적 개인주의 75
반완벽주의 10, 42, 46~49, 58
반완벽주의자 47~49
반완전주의 71
반응적 공동체 69
배티스토니(R. Battisto) 124
버크 84
법치주의 139, 141, 144, 146,
　　152
벡(Ulrich Beck) 233
벨(D. A. Bell) 70, 79~80, 85,
　　115, 144, 189, 282
벨라(R. N. Bellah) 70, 115
벨카셈(Belkacem) 115
보이트(H. C. Boyte) 113
보편주의 71, 94, 226, 230, 332

복합적인 차별(intersectionality) 280
본래적 공화주의 145~146, 171~172, 175~176, 191
봉사 학습(service learning) 177
부담이 없는 자아 25
분리화 72
분별 32, 35, 38, 51, 58, 179, 237
불간섭 6, 31~32, 58, 147~148, 150~151, 160, 166, 213, 275
불편부당으로서의 정의 10, 37, 40~42, 61
블라우(P. M. Blau) 73
블렁킷(D. Blunke) 95, 116
비공식적 사회적 통제 100
비인종문화적 사회집단들(non-ethnic social groups) 258
비자유주의적 문화 273
비지배(non-domination) 149
비판적 문해력(critical literacy) 295
비합법적인 이민자 285~286

ㅅ

사적 영역 7, 20~21, 26~27, 42~44, 46, 48, 58, 168, 307, 312, 316, 320, 335~336
사회고유문화(societal culture) 269
사회권(social right) 310
사회자본 99, 152
사회적 관계망 83
사회적 자아 82, 121, 127
사회적 재화 11, 42, 77, 100
사회적 정체성 82
사회화 90, 121~122, 127, 173, 175
상호 이익으로서의 정의 40~42, 61
상황의 대리인 89
샌델(M. Sandel) 25~27, 69, 70~71, 76, 78, 83, 86, 89, 95~97, 99, 101, 109, 124, 126, 129, 143, 148~149, 173, 175
서사 84, 126, 339
선관 31

선의의 무관심 원칙 271
선호적 자유 87
성 사유화 15, 335
성 선택 15, 332, 334
성 소수자 7, 308~309,
　　312~314, 320, 339~341
성적 관계 320, 322~333
성적 권리 15, 136, 307, 311,
　　320~321, 323, 325,
　　331~332, 335, 339
성적 다원주의 325
성적 시민성 7, 8, 15, 305~309,
　　311~313, 316, 320,
　　322~327, 329~331,
　　333~338, 340
성적 실천 320
성적 정체성 8, 221, 307~309,
　　320~321, 323, 330,
　　333~334, 336
성적 존재 208~209, 306, 325
성적 지위 308
성적 특징 309
성 정치학 307
성 제국주의 15, 330, 332
세계 경제체제 215~216, 229
세계공화국 212~213, 233

세계국가(Völkerstaat) 212
세계시민교육 197, 201,
　　235~236, 247~248, 302
세계시민성(world citizenship)
　　195~198, 200~201,
　　215, 218~227, 230, 238,
　　241~244, 246~247
세계시민주의(cosmopolitanism)
　　201, 203, 223
세계주의 73, 224, 243, 331
세계화 136, 196, 215~218,
　　220~222, 229, 231,
　　233, 240, 243, 247~248,
　　254~255, 260, 331
셀즈닉(P. Selznick) 68, 73, 83,
　　90
소극적 자유 30, 44, 147, 150,
　　166
소수민족 14, 86, 255, 257~258,
　　264~266, 268, 274, 276,
　　278, 280~283, 288, 290,
　　298
슈미트(C. Schmitt) 226
스위프트(A. Swift) 71, 76
스토아학파 203, 206~211,
　　223~225, 234, 242~243,

245
시민 공화주의 112, 173, 191,
　　193, 318, 352
시민교육 17~19, 49, 50~58,
　　62, 64, 66~68, 113~124,
　　127, 135~136, 138,
　　160~166, 168, 171,
　　175~178, 181, 186,
　　190~191, 193, 195~198,
　　201, 230, 234~236, 241,
　　245, 247~248, 253~254,
　　257, 291~294, 297, 303,
　　305~306, 332, 338~339,
　　352~355
시민권 19, 72, 110~114, 116,
　　136, 190, 211, 213, 229,
　　301, 307~313, 316~317,
　　319, 323, 325, 329, 333,
　　337, 341~342
시민불복종 행위 57
시민성의 통합적 기능 278
시민 심의 137, 146, 162, 165,
　　177~178, 182, 186, 190
시민 역량 115~116, 123, 127
시민의 덕 98, 137, 141~143,
　　145~146, 148, 152,

154, 163, 165, 169, 170,
　　171~178, 188, 190
시민의 미덕 97, 123~124, 128
시민의 책무 137, 146, 166, 169,
　　190
시민적 덕목 21, 112~123
시민적 미덕 114
시민적 우정 21
시민적 유대 19, 233
시민적 정의 39
신공동체주의 69, 78, 80, 86,
　　88~94, 126~127
신 동성애규범성(new
　　homonormativity) 330
실존론 22
심리적 공동체 80
심의민주주의 107, 129, 178,
　　179
심의 인성(deliberative character)
　　180
싱어(P. Singer) 231

ㅇ

아노미 75

아롱(R. Aron) 229
아리스토텔레스(Aristoteles) 18,
　　22, 24, 61, 68, 75~76, 98,
　　125, 143~145, 148, 176, 204
악마의 변론 48
안정성(stability) 276
애국심의 윤리적 역설 198
애피아(K. A. Appiah) 233
에우젠 39
에치오니(A. Etzioni) 68,
　　77~78, 90~91, 97,
　　104~107, 111, 115, 119,
　　121, 126
에픽테투스(Epictetus) 210
엘브로우(M. Albrow) 232
역할이론 82
연고 깊은 정체성 80, 85
열린 공동체 83
영(I. M. Young) 318
영구평화론 211, 247
예의 바름 5, 54, 56~58, 63, 98
오캄의 면도날 24
온건한 반완벽주의자 48
온건한 세계시민주의 232, 244
올드필드(Oldfield) 101, 115,
　　118, 123~124, 148, 173

옳음 21, 109
왈저(M. Walzer) 26, 71, 76,
　　78, 126
외부적 보호(external protections)
　　266
원심력 99
원자적 자아 25
원초적 상황 61, 70
월프(A. Wolfe) 73
위해 원리 34, 52~53
윌(Will) 78, 126
유덕한 공동체 112
유사 공동체주의 88, 129
유사 자유주의 88, 129
유엔 인권선언 226
의사소통 45, 79, 90, 94, 96,
　　116, 122~123, 128, 215
이기적 자유 118
이모티비스트 47
이민자 255, 257~258,
　　261~262, 265~266, 275,
　　279~281, 284~286, 288,
　　290, 354
이상적 담화상황 71
이성애규범성 308~309, 315,
　　327, 329, 335~336

이성애규범성(heteronormativity) 308~309
이성적 반성 86
이성적 자유 88, 110, 118
이익사회 78, 79, 114
인간다움 29, 236, 245
인간의 주체적 삶과 문화의 상관성 293
인격교육 123~124, 128
인권 29, 78, 126, 201, 211, 220, 224, 226, 230, 233, 242~243, 256, 260, 267, 283, 310, 319, 323, 331~333, 338~341
인성교육(character education) 176
인식론적 중립성 44
인정의 정치(politics of recognition) 260
인종적 카스트 집단 280, 281, 289~291
임페리움(Imperium) 149

ㅈ

자기결정 31~32, 53, 58

자기 이익 32, 41, 61, 80, 85, 93, 98, 143, 155~156, 159, 162, 181, 211
자기충족적 자아 83, 126
자립 52~54, 58, 81, 213
자발적인 결사체 82
자발적 협력 93
자스비르 푸아(J. K. Puar) 330
자아실현 59, 76, 89~90
자아정체성 68
자연 상태 18, 28, 36, 39, 47, 75
자연상태 24, 211~212
자연적 정의 39
자유민주주의 76~77, 98, 225, 227, 260, 268, 275, 286~288, 296, 325
자유의 결핍 88
자유의 과잉 88
자유의 역설 33
자유주의 시민교육 51, 53~54, 62, 113
자유주의 시민성 10, 17~19, 27, 49, 57~59, 62, 64, 189, 326~327, 333
자유주의의 공동체화 69
자유주의적 개인주의 74, 112,

168
자유주의적 공동체주의 69, 78, 126
자유주의적 다문화주의(liberal multiculturalism) 268
자유주의적 세계시민주의 232
자유지상주의 35, 72, 77, 108
자유평등주의 72, 77
자치권(self-government rights) 265
재사회화 122
재생산 시민성 15, 327~328
적극적 자유 30, 147, 149, 166
전체주의 74, 87, 186, 226, 234
전통적 시민성 264, 309
절차적 자유주의 102
절차적 정의 22
정서 81~82, 93, 122, 124, 138, 145, 262, 308, 324
정서적 애착 81
정의감 61~62
정체성 정치(identity politics) 260
정치권(political right) 310
정치적 덕목 50, 54, 62~63
정치적 동물 18, 75

정치적 자연주의 75
정치적 자유주의 55, 64~65
정치적 쾌락주의 38
정치철학 72, 129, 137, 145, 170, 301, 354
제논(Zenon) 209
젠더 306~307, 309, 311~313, 315~317, 320~325, 330~331, 333~334
젠더 다원주의 325
젠더 시민성 311~312, 316~317, 320, 322~323, 325, 333
젠더 이분법 315
젠더-중립적 관점 323
젠더-차별화 관점 324
존재론적 중립성 45
좋은 사회 94, 99, 102, 180
좋은 삶 20~21, 29, 39, 60, 71, 84, 101, 123, 128, 138, 145~146, 149, 180, 299
좋은 질서를 가진 사회 61
좌파적 공동체주의 76
중립성 42, 44~46, 58, 64, 71, 323
중첩적 합의 55~56, 62~64,

106, 108
지구적 사고 221
진정성 77, 83
집단주의 74, 119
집단 차별적 시민성(group differentiated citizenship) 264
집합적 효능감 100, 127

ㅊ

차별적 시민성(differentiated citizenship) 264
참여 민주주의 120
최고선 21, 39, 46, 60, 247
최고악 21
최소 수혜자 42
최소 정의주의 108
측면 제약 35
친밀한 시민성(intimate citizenship) 320

ㅋ

칸트(I. Kant) 202, 210, 224, 243
켄 플러머(K. Plummer) 319

코스모스(cosmos) 203
코스모폴리스(cosmopolis) 206~209, 224~225, 248
퀴어 308~309, 315~316, 32~333, 335, 337~339, 341
퀴어 시민성 325
퀴어 운동 316, 322, 330, 338
키케로(Cicero) 143~145, 207, 209, 247
킴리카(W. Kymlicka) 101, 258, 264, 266~268, 272~273, 275~278, 280~281, 291~292, 295, 299

ㅌ

테일러(C. Talyor) 71, 76, 78, 92, 126, 144, 263
토착민(indigenous people) 259, 263, 265, 268, 281~283
토크빌(A. Tocqueville) 32, 74, 110, 155~156, 159
퇴니스(F. Tönnies) 78
특별집단대표권(special group representation rights) 265

특수주의 94

ㅍ

파나에티우스(Panaetius) 209
파시즘 74
패터슨(A. Peterson) 97
퍼트남(R. Putnam) 115
페르소나 43
페미니스트 87, 311, 316, 319, 323~324, 333
페미니즘 314, 316~317, 319, 322
페미니즘 운동 316, 322
평화연맹(foedus pacificum) 212
평화조약(pactum pacis) 212
포괄적 교리 55
포퓰리즘(populism) 139
폴리스(polis) 203
푸코(M. Foucault) 336, 339, 342
프랭클린(Franklin) 124
피히테(J. G. Fichte) 214

ㅎ

하버마스(J. Habermas) 71, 232, 248
합당성 54~55, 61, 63
합당한 다원주의 62
합법적인 이민자 285~286
헤겔(G. W. F. Hegel) 68, 75, 125, 215, 229
현대성 73, 120
현실주의 93, 248
현실주의자 93
형성 정치(formative politics) 143
회페(Otfried Höffe) 233
후견인적 보호주의 52~53
흄(D. Hume) 80
히터(D. Heater) 239

저자 소개

추병완

서울대학교 사범대학 윤리교육과 및 대학원을 졸업하고 미국 조지아대학교에서 도덕교육을 전공하여 철학박사 학위를 취득하였다. 1998년부터 춘천교육대학교 윤리교육과 교수로 재직하고 있으며, 주요 관심 분야는 도덕교육, 도덕 심리학, 응용 윤리학, 다문화교육이다. 최근에는 교육부 및 한국연구재단의 지원을 받아 예비 교사의 시민교육 역량 강화 사업 추진에 주력하는 중이다. 한국초등도덕교육학회 회장을 역임하였으며, 대표 저서로는 『신경윤리학과 신경도덕교육』, 『긍정 도덕교육론』, 『회복탄력성』, 『도덕교육 탐구』, 『도덕교육의 이해』, 『도덕교육의 새 지평』, 『도덕발달과 도덕교육』, 『정보윤리교육론』, 『문화 감응 교육』, 『다문화 시대의 반편견 교수 전략』, 『디지털 시민성 핸드북』 등이 있고, 대표 역서로는 『시민 공화주의와 시민교육』, 『4차 산업혁명 시대의 혁신 교수법: 건설적 논쟁의 이론과 실제』, 『긍정 심리학의 강점과 약점』, 『미래 사회를 위한 준비: 도덕적 생명 향상』 등이 있다.

이범웅

충북대학교 교육학과를 졸업하고 서울대학교 대학원에서 정치사상 및 민주시민교육을 전공하여 교육학 박사 학위를 취득하였다. 1999년부터 공주교육대학교 윤리교육과 교수로 재직하고 있으며, 도덕교육 이론 및 도덕과 교육 지도법, 통일교육론, 민주시민윤리교육론 등을 강의하고 있다. 최근까지 공감, 행복, 감사, 긍정심 등을 주제로 도덕교육과 연관 지어 논문을 쓰며, 연구해 왔다. 그리고 북한이해교육 및 통일교육 등과 관련된 논문과 책을 저술하였다. 한국윤리학회 및 한국초등도덕교육학회의 부회장을 역임하였으며, 현재 『정신전력 연구』 학술지 편집위원장을 맡고 있다. 저서로는 『도덕과 교육론』, 『도덕과 교육의 실제』, 『21세기 북한学』, 『정치사회사상』, 『고통과 공감의 연대』 등이 있고, 대표 역서로는 『넥스트』, 『인성교육』, 『감사와 행복한 삶』, 『마르크스의 생태학』 등이 있다.

변종헌

청주고등학교와 서울대학교 사범대학 윤리교육과를 졸업하고 서울대학교 대학원에서 교육학 박사학위를 받았다. 1997년부터 제주대학교 교육대학에 재직하고 있다. 2002년 LG연암문화재단 해외연구교수로 선정되어 UT Austin에서 그리고 2008년에는 Duke University에서 연구 활동을 하였다. 현재 제주대학교 부총장 겸 교육대학장, 한국윤리학회 회장의 직을 맡고 있다. 체계론적 방법론을 기반으로 정치와 사회현상의 변동 과정을 규명하는 연구에 관심이 많다. 정치사회사상, 시민교육, 남북한 관계와 통일교육 등에 관한 다수의 연구 결과를 발표하였다. 『비전 2020』, 『현대사회와 이데올로기』, 『신자유주의 테러리즘』, 『학교 통일교육의 새로운 이해』, 『사회사상과 정치 이데올로기』, 『남북한 관계와 한반도 통일』, 『시민교육의 성찰』, 『정치사회사상: 민주·국가·정의』 등의 저서와 역서를 펴냈다.

조주현

서울대학교 사범대학 윤리교육과를 졸업하고 동 대학원에서 도덕교육(정치철학)을 전공하여 교육학 박사 학위를 취득하였다. 2014년부터 목포대학교 윤리교육과 교수로 재직하고 있으며, 중·고등학교 교과서인 『도덕 1, 2』, 『생활과 윤리』 과목의 개발에 참여하였다. 현재 국민권익위원회 청렴연수원 전문 강사와 한국도덕윤리과교육학회 출판이사를 맡고 있으며, 대표 저서로는 『미디어와 윤리』, 『현대 한국 사회와 시민성』(공저) 등이 있다.

김형렬

서울대학교 사범대학 윤리교육과 및 대학원을 졸업하고 미국 UCLA에서 국제비교교육 및 시민교육을 전공하여 철학박사 학위를 취득하였다. 2014년부터 서울대학교 사범대학 윤리교육과 교수로 재직하고 있으며, 최근에는 교육부 및 한국연구재단의 지원으로 국가의 다문화정책이 자국민과 이주 청소년의 애국심과 기관 신뢰, 이민자 및 종족적 소수자들에 대한 태도에 미치는 영향에 대해 연구하고 있다. 대표 논문으로 "Global Convergence or National Identity Making?: The History Textbook Controversy in South Korea, 2004-2018," "Immigrant Integration Policy and Native Adolescents' Attitudes Towards Ethnic Minorities: A Comparative Study of European Countries," "A Cross-national Examination of Political Trust in Adolescence: The Effects of Adolescents' Educational Expectations and Country's Democratic Governance," "글로벌 역량

교육의 핵심 학습요소와 영역에 대한 질적 메타분석」, "중·고등학교 도덕 교과서에의 국가시민성과 세계 시민성 관련 내용의 변천" 등이 있다.

박보람

한국교원대학교 사범대학 윤리교육과 및 동 대학원을 졸업하여 교육학박사 학위를 취득하였다. 2019년부터 강원대학교 윤리교육과 교수로 재직하고 있으며, 최근에는 한국연구재단의 지원을 받아 「청소년 집단 극단화의 심리적 요인 분석에 기초한 시민교육 방안 연구」에 주력하는 중이다. 대표 저서로는 『디지털 시민성 교육과정』, 『BIG FIVE 시민성 측정 도구』, 『건설적 논쟁학습의 이론과 실제』, 『고등학교 『생활과 윤리』 교과서』 등이 있고, 대표 논문으로는 「다문화 경험학습을 통한 글로벌 리더십 발달」, 「문화에서의 도덕적 보편성과 다양성: 탈북 청소년의 도덕적 성격을 중심으로」 등이 있다.